高等院校财经类专业应用型本科系列教材

电子商务概论

（第3版）

DIANZI SHANGWU GAILUN

◎主　编　文薏涵
◎副主编　李媛媛　李　雪

重庆大学出版社

内容提要

随着我国推出"互联网+"战略,移动互联网日益普及,网络技术飞速发展,商务活动电子化的优越性显而易见,传统的商务交易方式正向电子商务方向转变。电子商务类的课程已成为高校经济管理类专业的主要课程。本书将全面介绍电子商务领域的基本理论与基本知识,具体包括电子商务概述、电子商务模式、电子商务技术基础、电子支付与网上银行、电子商务安全、网络营销、移动电子商务等。同时,本书广泛吸收电子商务领域的发展成果,深入浅出地介绍电子商务的相关知识,做到理论联系实际,运用案例分析介绍电子商务的理论知识及存在的问题。本书每章的开始先确定本章的学习目标,每章的末尾都给出了思考题。

本书可作为工商管理、企业管理、市场营销等经管类各专业学生学习电子商务的基础教材,也可作为企业管理者、电子商务从业者的参考书。

图书在版编目(CIP)数据

电子商务概论／文薏涵主编. --3 版. --
重庆:重庆大学出版社,2024.1
高等院校财经类专业应用型本科系列教材
ISBN 978-7-5689-4052-8

Ⅰ.①电… Ⅱ.①文… Ⅲ.①电子商务—高
等学校—教材 Ⅳ.①F713.36

中国国家版本馆 CIP 数据核字(2023)第 199365 号

高等院校财经类专业应用型本科系列教材
电子商务概论
DIANZI SHANGWU GAILUN
(第 3 版)
主 编 文薏涵
策划编辑:尚东亮

责任编辑:黄菊香   版式设计:尚东亮
责任校对:邹 忌   责任印制:张 策

*

重庆大学出版社出版发行
出版人:陈晓阳
社址:重庆市沙坪坝区大学城西路 21 号
邮编:401331
电话:(023) 88617190 88617185(中小学)
传真:(023) 88617186 88617166
网址:http://www.cqup.com.cn
邮箱:fxk@ cqup.com.cn(营销中心)
全国新华书店经销
重庆市国丰印务有限责任公司印刷

*

开本:787mm×1092mm 1/16 印张:16.75 字数:390 千
2018 年 3 月第 1 版 2024 年 1 月第 3 版 2024 年 1 月第 4 次印刷
印数:7 001—10 000
ISBN 978-7-5689-4052-8 定价:45.00 元

前言 PREFACE

　　电子商务作为一种新的商业模式,其产生与发展已经影响到企业经营、个人生活、政府行政、国家安全等方方面面。因此,各行各业的相关人员在网络经济蓬勃发展的趋势下,迫切需要掌握电子商务方面的专业知识。电子商务的快速发展需要电子商务人才的支撑,培养电子商务人才,尤其是应用型电子商务人才成为各经济管理类高等院校的重要工作之一。本书作为培养电子商务人才的专业基础书籍,旨在使学生了解电子商务的基本理论、基本方法和基本技能,培养学生正确分析和解决电子商务应用问题的综合能力。

　　本书包括电子商务概述、电子商务模式、电子商务技术基础、电子支付与网上银行、电子商务安全、网络营销、电子商务物流、电子商务的其他应用、移动电子商务。本书突出应用性和适用性,将能力培养贯穿于各章节中。本书通过分析一些中小企业电子商务实际运作的典型案例,介绍电子商务的运用领域、特点以及急需解决的问题。本书特别注重与时俱进性、创新性和简单易学性。和同类书籍相比,本书独到之处在于"注重应用性""兴趣引导""案例丰富""内容新颖""教与学相结合"。

　　(1)注重应用性。本书主要面向以培养应用型人才为目标的院校。本书在编写过程中,注重基本理论的阐述,言简意赅,简单明了,不仅融合和借鉴了电子商务领域较前沿的研究成果,而且集理论性与实践性于一体。电子商务概论是一门应用性很强的课程,本书在编写过程中,注重将应用嵌入理论中,向学生传达电子商务是什么,有哪些工具以及怎么使用,使学生掌握电子商务的基本技能。

　　(2)兴趣引导。在网络经济形势下,学生获取信息的能力和容易度大大提高了,学生在课堂教学中接受枯燥的理论知识学习变得更加困难,所以,本书强调培养学生的学习兴趣。电子商务就在我们身边,它改变了学习、生活、工作的方式。本书采用很多热点新闻和经典案例,结合相应的理论知识,以培养学生的学习兴趣和分析问题、解决问题的能力。

　　(3)案例丰富。本书在每章的开头都设置了"案例导入",在具体的知识点内穿插了大量案例,有助于学生加深理解。本书通过案例对知识点进行阐述和分析,再回归案例,深入浅出,循序渐进,以提高学生的理解和分析能力。

　　(4)内容新颖。本书将最近几年出现的网络经济和电子商务方面的理论与知识进行了系统的梳理和总结,紧扣时代发展脉搏,对当前火爆的社交电子商务、短视频等也进行了介绍,展现了当前电子商务发展的新态势。

　　(5)教与学相结合。本书各章内容不仅具有较大的灵活性,还存在内在联系,教师可根据学生的特点及专业需要灵活安排教学内容,也可补充某些章节内容以充分调动学生的积极性。本书将理论介绍简洁化,采用通俗易懂的表述,以提高学生的学习兴趣。

本书的编写分工如下:文蕙涵负责全书的总体构思,并负责编写第 1 章至第 6 章;李媛媛负责编写第 7 章和第 8 章;李雪负责编写第 9 章。

本书在编写过程中参考了大量的文献资料,在此,向各相关作者表示深深的敬意和诚挚的感谢。另外,由于编者水平有限及电子商务知识更新速度较快,本书难免存在疏漏之处,敬请各位前辈及读者不吝指正。

为了方便教学,编者制作了与教材配套的电子课件和习题资料,欢迎向重庆大学出版社或编者联系索取。

文蕙涵

2023 年 2 月

目录 CONTENTS

第1章 电子商务概述

【学习要点】

1. 电子商务的概念、特点及分类。
2. 电子商务的产生背景及发展阶段。
3. 电子商务的影响。
4. 我国电子商务的发展现状及趋势。

【案例导入】

唯品会新年礼盒销量同比增长68%　兔年元素受热捧

新春将至，又到各大美妆品牌争奇斗艳的时刻。近期，天猫、京东、唯品会等电子商务平台已陆续上新"春节限定""兔年限定"等新年美妆产品套装。其中，新年红、萌兔、IP联名兔等元素受到热捧，还有品牌在彩妆色系、产品造型上"大做文章"，将春节氛围感拉满。

唯品会发布的"2023唯美榜——兔年美妆礼盒清单"显示，随着消费回暖向好，民众送礼需求恢复，各大美妆品牌纷纷在春节前夕推出礼盒套装迎接新一波消费热潮。不少品牌联合知名IP推出独家设计、限定款，既能提高产品销量，又能增强用户心智。

唯品会平台数据显示，最近两月，美妆新年礼盒销量同比增长68%。其中，广东、四川、江苏等地用户的美妆消费热情尤其高涨。

随着消费信心提振，许多美妆品牌决定在今年加大市场投入、增强平台合作力度。例如：欧莱雅针对视黄醇系列推出新年限定包装，覆盖水乳、眼霜等各种产品；美宝莲首次与潮流艺术家张戈合作，推出"奈美兔"IP联名彩妆；在观察到消费者出行需求激增后，薇诺娜在唯品会礼盒套装中增加"随行装"，以迎合市场变化。

值得一提的是，为抢抓春节销售旺季，越来越多的美妆品牌与天猫、京东、唯品会等电子商务平台开展密切合作。例如，娇韵诗、薇诺娜、自然堂等十余个美妆品牌近期首次与唯品会IP形象"特卖兔"合作，推出联名定制套装，相关产品销量增势迅猛。

自然堂品牌负责人表示："我们与唯品会每年都会联合推出独家定制礼盒，今年我们有不少创新。例如，我们在套装内加入了自然堂×唯品会独家联名款红包，在设计上结合了'特卖兔'与自然堂品牌元素。2023年，双方在独家定制、爆款打造、客户服务等方面进一步加强合作。"

全国工商联礼品业商会发布的报告显示，中国礼品市场销售规模已达到万亿元，在全球礼品市场中排名第一，预测2023年中国礼品市场将达到15 000亿元的规模。前瞻产业研究院指出，未来随着礼品行业电子商务渗透率的提高，我国礼品行业电子商务交易规模将逐步扩大。

业内人士认为，今后品牌联手电子商务平台开展礼品定制合作与精准营销将成为常态，"不同平台、不同产品"的市场特征将越发凸显。对美妆品牌而言，这既是创新营销的突破口，也是业绩增长的驱动力之一。

（资料来源：网经社，有删改）

1.1　电子商务基础知识

电子商务伴随着信息经济的快速发展兴起于美国。经过多年的发展，作为与制造业、流通业和生活服务业关系最密切的电子商务，不仅形成了规模庞大、就业人数众多、经济带动性强的产业，而且促进了各行各业的转型。它改变了人们的购物方式，由此引发企业的管理模式、生产流程和组织结构的变革，对政府职能、法律制度和文化教育产生了巨大的影响和冲击。

1.1.1　电子商务的概念

随着网络和电子商务的发展，大多数企业已经用电子商务的方式进行管理和营销。关于电子商务的定义，国内外有关组织、公司从不同的角度进行了表述。

经济合作和发展组织（OECD）的定义：电子商务是发生在开放的网络上的包含企业与其他企业之间（B2B）、企业和消费者之间（B2C）的商业交易。

国际商会从商业角度提出了电子商务的定义：电子商务是指实现整个贸易活动的电子化。从涵盖范围方面可以定义为：交易各方以电子交易方式而不是通过当面交换或直接面谈方式进行的任何形式的商业交易。从技术方面可以定义为：电子商务是一种多技术的集合体，包括交换数据（如电子数据交换、电子邮件）、获得数据（如共享数据库、电子公告牌）以及自动捕获数据（如条形码）等。

世界贸易组织（WTO）的定义：电子商务就是通过电信网络进行的生产、营销、销售和流通活动，不仅指基于互联网的交易，而且指所有利用电子信息技术解决问题、降低成本、增加价值和创造商机的商务活动，包括通过网络实现从原材料查询、采购、产品展示、订购到出品、储运以及电子支付等一系列的贸易活动。

IBM公司认为：电子商务是把买方、卖方、厂商和合作伙伴在互联网（Internet）、企业内部网（Intranet）和企业外部网（Extranet）结合起来的应用。即电子商务＝Web＋IT（Information Technology）＋Business。它强调的是在网络计算环境下的商业化应用。

惠普公司（HP）认为：电子商务是通过电子化手段完成商业贸易活动的一种方式，电子商务使人们能以电子交易为手段完成物品和服务等的交换，是商家和客户之间的联系纽带。它包括两种基本形式：商家之间的电子商务，商家与最终消费者之间的电子商务。

通用电气公司（GE）认为：电子商务是通过电子方式进行商业交易，分为企业与企业间的电子商务和企业与消费者之间的电子商务。

电子商务在不同的领域有不同的定义，但其关键依然是依靠电子设备和网络技术进行的商务交易。随着电子商务的高速发展，它不仅应包括其购物的主要内涵，还应包括物流配送以及附带服务等。

综合各种电子商务的定义，本书将从广义和狭义的角度给出电子商务的定义。

从广义上讲，电子商务（Electronic Business，EB），是指使用各种电子工具从事商务活动。通过使用互联网等电子工具，使公司内部、供应商、客户和合作伙伴之间，利用电子业务共享信息，实现企业间业务流程的电子化，提高企业的生产、库存、流通和资金等各个环节的效率。

从狭义上讲，电子商务（Electronic Commerce，EC），是指使用互联网从事商务活动，是以计算机网络为基础所进行的各种商务活动，包括商品和服务的提供者、广告商、消费者、中间商等有关各方行为的总和。人们一般理解的电子商务是指狭义上的电子商务。

无论是广义的还是狭义的定义，电子商务都涵盖了两个方面：一是离不开互联网这个平台，没有了网络，就称不上电子商务；二是通过互联网完成的商务活动。

"电子商务"的"电子"是一种技术、手段，而"商务"才是最核心的目的，一切手段都是为达成目的而产生的。电子商务存在的价值就是让消费者通过网络在网上购物、网上支付，节省了客户与企业的时间，大大提高了交易效率。

从电子商务的定义中可以归结出电子商务的内涵。完整的电子商务内涵包括4个方面的内容：电子商务的前提、电子商务的核心、电子商务的基础以及电子商务的对象。

1）电子商务的前提

电子商务的前提是商务信息化，具体指利用各种现代信息技术，如计算机技术、网络技术、数据库技术进行的商务活动，没有现代信息技术及网络技术的产生和发展就不可能有电子商务，要开展电子商务就必须使商务信息数字化。

2）电子商务的核心

电子商务的核心是人。虽然电子商务采用电子工具进行商务活动，但围绕着商品交易活动以及各种利益关系所组成社会系统的中心还是人。商务活动是为人服务的，也是由人掌握和控制的。

3）电子商务的基础

电子商务的基础是现代化电子工具的应用。这些现代化电子工具包括计算机、互联网络、电子支付平台、条码扫描仪和 POS 机、射频识别系统、银行卡、IC 卡、卫星定位系统、地理信息系统、自动化立体仓库、自动分拣系统等。

4) 电子商务的对象

电子商务的对象是指从事商务活动的主体，包括企业、中间商、客户、银行以及政府部门等，他们是电子商务活动的实际参与者。

1.1.2　电子商务的特点

作为一个依赖互联网的、发展历史不长的事物，电子商务的出现给社会带来了巨大的变化，这与它自身的一些特点分不开。

1) 虚拟化

这里的虚拟是指整个贸易过程，交易双方完全在网络和计算机组成的虚拟环境下完成。从贸易磋商、签订合同到货款支付，都是通过以互联网为代表的计算机互联网络进行的。对卖方来讲，可以通过网站实现产品和服务信息发布、市场营销、网上交易、电子支付、售后服务以及信息反馈；对买方来讲，可以通过网络寻求合作伙伴、进行网上交易等。比如在当当网上买一本书，从查找书的相关信息、下订单到支付书款都可以直接通过网络完成。

2) 低成本

互联网是国际性的开放网络，使用费用非常低廉，特别是对中小企业来讲，电子商务极大地提高了它们的竞争力。与传统贸易相比，距离越远，网络传输信息成本的低廉性就越明显；存储在计算机内部的信息可以反复使用和修改，减少了信息发布成本；互联网使无纸贸易成为可能，大约减少90%的文件处理费用；互联网也是产品营销的渠道，极大地降低了传统营销的费用；买卖双方可以直接交易，减少了中间环节的费用。

3) 效率高

在电子商务系统中，各项业务可以在计算机系统中自动处理，如电子采购等。这使电子商务避免了传统商务中存在的费用高、易出错、处理速度慢等缺点，极大地缩短了交易时间，使交易活动更快捷高效。

4) 透明化

买卖双方从交易的洽谈、签约、货款的支付到交货通知等过程都在网络上进行。通畅、快捷的信息传输可以保证各种信息之间互相核对，使交易更透明。

5) 安全性

目前，电子商务的安全性主要通过安全技术和安全电子交易协议标准来保证。安全技术包括加密机制、签名机制、分布式安全管理、存取控制、防火墙、安全万维网服务器、防病毒保护等。安全电子交易协议标准较多，符合国际标准的主要有安全套接层（SSL）协议和安全电子交易（SET）协议。采用这些已有的安全技术和协议标准可以为企业和个人营造一个安全、可靠的电子商务环境。

6) 开放性和全球性

由于互联网跨越国界，穿越时空，只要有网络的地方，就有可能创造贸易机会。它使地球变成了一个地球村，距离和时间不再是贸易的障碍。

综合以上特点，电子商务作为一种新的商业模式有很多优势，它可以突破地域和时间限制，使处于不同地区的人们自由地传递信息，互通有无，开展贸易。它的快捷、迅速、自由和交换的低成本为人们所乐道，这也是电子商务在最近几年飞速发展的主要原因。

1.1.3　电子商务的分类

电子商务的实现，是一个逐渐成熟的过程。对企业和消费者来说，不同种类、不同层次的电子商务过程蕴含着不同的发展机遇。根据不同的分类标准，电子商务主要有以下几种类型。

1）按照商业活动运作方式的不同划分

按照商业活动运作方式的不同，电子商务可以分为完全电子商务和非完全电子商务。

（1）完全电子商务

完全电子商务，即可以完全通过互联网及电子工具实现整个交易过程。换言之，完全电子商务是指商品或服务的完整过程都是在信息网络上实现的。比如可以直接通过网络传输的商品和服务，包括计算机软件、音乐作品、视听作品、电子报刊、资讯报告等。完全电子商务使交易双方跨越地理空间的障碍进行电子交易，可以使交易辐射全球市场，也使物流过程不再受传统方式的约束。

（2）非完全电子商务

非完全电子商务，即无法完全通过互联网及电子工具实现整个交易过程，需要依靠一些外部因素，如配送系统等来完成交易。如果一般在网上交易的是实物而非虚拟产品，那么物流过程不可避免地要通过传统的方式来实现。比如，消费者在京东商城购买一部手机，在交易过程中的商品信息浏览、咨询、下单、付款等环节都可以在网上实现，但是将手机从京东的仓库转移给消费者这个过程离不开传统的物流运输和配送。

2）按照交易主体的不同划分

按照交易主体的不同，电子商务可以分为以下几类：企业对企业（Business to Business，B2B）、企业对消费者（Business to Consumer，B2C）、消费者对消费者（Consumer to Consumer，C2C）、企业对政府机构（Business to Government，B2G）、消费者对政府机构（Consumer to Government，C2G）。

（1）企业对企业的电子商务

企业对企业的电子商务，即B2B电子商务，是指企业与企业之间使用互联网及电子工具进行的商务活动。如阿里巴巴1688是中国领先的小企业国内贸易电子商务平台，以批发和采购业务为核心，通过专业化运营，完善客户体验，全面优化企业电子商务的业务模式。目前，阿里巴巴1688已覆盖原材料、工业品、服装服饰、家居百货、小商品等16个行业大类，提供原料采购—生产加工—现货批发等一系列的供应服务。其首页如图1.1所示。

图 1.1　阿里巴巴 1688

（2）企业对消费者的电子商务

企业对消费者的电子商务，即 B2C 电子商务，这类电子商务主要借助互联网开展在线销售活动。目前，互联网上已经遍布各种类型的商业中心，提供各种商品和服务，主要有服装、书籍、保健品、家政服务和食品等。当当网是知名的综合性网上购物商城，从早期的网上卖书拓展到网上卖各品类百货，包括图书音像、美妆、家居、母婴、服装和 3C 数码等几十个大类，其中在库图书、音像商品超过 80 万种，百货 50 余万种。其首页如图 1.2 所示。

图 1.2　当当网

（3）消费者对消费者的电子商务

消费者对消费者的电子商务，即 C2C 电子商务，可以是个人闲置商品交易，也可以是全新商品交易。淘宝网是亚太地区较大的网络交易平台，由阿里巴巴集团在 2003 年 5 月创立，提供各类服饰、美容、家居、数码、话费/点卡充值等数亿优质商品。其首页如图 1.3 所示。

图 1.3 淘宝网

（4）企业对政府机构电子商务

企业对政府机构的电子商务，即 B2G 电子商务，如政府采购、海关报税的平台、国税局和地税局报税平台等。图 1.4 是中国政府采购网首页。

图 1.4 中国政府采购网

（5）消费者对政府机构的电子商务

消费者对政府机构的电子商务，即 C2G 电子商务，不以营利为目的，主要包括政府采购、网上报关、报税等，对整个电子商务行业不会产生大的影响。政府各部门向社会纳税人提供的各种服务，如社会福利金的支付等，都可以在网上进行。目前，C2G 电子商务模式的主要应用范围有电子身份认证、电子社会保障服务、电子民主管理、电子医疗服务、电子就业服务和电子教育与培训服务等。图 1.5 是武汉市人民政府网政务服务专区。

图 1.5　武汉市人民政府网政务服务专区

3）按照交易对象的不同划分

按照交易对象的不同，电子商务可以分为 3 类：有形商品电子商务、数字商品电子商务和服务商品电子商务。

（1）有形商品电子商务

有形商品电子商务是指将实物商品的交易尽可能地通过网络来完成，这是电子商务的重要部分，也是传统商务与电子商务相互交叉的产物。

（2）数字商品电子商务

数字商品电子商务是指通过网络传输数字商品达成交易的电子商务形式。在数字商品交易过程中，由于没有实物商品流通过程，因此也没有商品的储存、包装和运输费用。

（3）服务商品电子商务

服务商品电子商务的交易对象是服务商品，如 58 到家，该平台业务以"直约服务"为核心，其中涵盖保洁清洗、家电清洗、家电维修、鲜花绿植、管道疏通、开锁换锁等近 50 大品类、1 000 种以上的多元化家庭生活上门服务。

1.2　电子商务的产生背景及发展阶段

可以说，在几十年前主机系统出现时电子商务就诞生了。但是，互联网的出现给了电子商务新的活力，基于互联网的电子商务已经引起了全世界的注意。从诞生至今，电子商务无论是在模式上还是在技术上都发生了巨大的变化。

1.2.1 电子商务的产生背景

电子商务始于网络计算。网络计算是电子商务的基础，没有网络计算，就没有电子商务。其发展形式多种多样，从最初的电话、电报到电子邮件以及之后的电子数据交换（Electronic Data Interchange，EDI），都可以说是电子商务的发展形式。

电子商务的发展有其必然性。一方面，传统的商业是以手工处理信息为主，并且通过纸上文字交换信息的，但是随着处理和交换信息量的剧增，该过程变得越来越复杂，这不仅增加了重复劳动量和额外开支，也增加了出错机会，在这种情况下需要一种更加便利和先进的方式来快速交流与处理商业往来业务。另一方面，计算机技术的发展及其广泛应用和先进通信技术的不断完善及使用导致了 EDI 和互联网的出现，全球社会迈入了信息自动化处理的新时代，这又使电子商务的发展成为可能。

电子商务产生和发展的重要条件主要有以下几个方面。

1）经济全球化的发展

经济全球化是指世界各国的经济在生产、分配、消费各个领域发生的一体化趋势。经济全球化促进了跨国公司的发展，使国际范围内的商务活动变得频繁，还使国际贸易成了各国经济发展的重要组成部分。

经济全球化促使人们寻找合适的方式满足这种商务活动，电子商务由此应运而生，并以其独特的优势成为这场革命中的重要力量，在国际商务活动中扮演着越来越重要的角色。

2）计算机和网络技术的发展、普及和广泛应用

近 30 年来，计算机的运行速度越来越快，处理能力越来越强，价格越来越低，应用也越来越广泛，这为电子商务的应用提供了基础。

由于国际互联网逐渐成为全球通信与交易的媒体，全球上网用户增长迅速，互联网快捷、安全、低成本的特点为电子商务的发展提供了应用条件。

3）信用卡和电子金融的普及应用

信用卡以其方便、快捷、安全等优点成为人们消费支付的重要手段，并由此形成了完善的全球性信用卡计算机网络支付与结算系统，使"一卡在手，走遍全球"成为可能，也成为电子商务中网上支付的重要手段。

各大银行也都看到了电子商务的发展前景，纷纷推出了支持在线交易的电子金融服务，在安全技术的保障下，电子银行的发展解决了商务活动中的支付问题，成为促进电子商务发展的强大动力。

4）电子安全交易协议的制定和安全技术的发展

1997 年 5 月 31 日，由美国 VISA 和 Mastercard 国际组织等联合制定的电子安全交易协

议（Secure Electronic Transfer Protocol，SET）出台，该协议得到了大多数厂商的认可和支持，为在网络上进行电子商务活动提供了一个关键的安全环境。

计算机和网络安全技术的发展为电子商务的开展提供了技术与安全保障，这些技术包括 HTML、XML、数据库技术、动态网页技术、SSL 协议、SET 协议、加密技术、防火墙技术和数字签名技术等。

5）政府的支持与推动

1997 年，欧盟发布了欧洲电子商务协议，美国随后发布了《全球电子商务纲要》，之后，电子商务受到了世界各国政府的重视，多国政府开始尝试"网上采购"，这为电子商务的发展提供了有力的支持。各国政府都非常重视电子商务的发展，为电子商务的发展提供了良好的生存环境，同时为电子商务制定法律规范和技术标准，这就保障了电子商务的合法进行和长远发展。

1.2.2　电子商务的发展阶段

一般研究认为，电子商务的发展经历了以下 3 个阶段：20 世纪 60—90 年代基于 EDI 的电子商务阶段、20 世纪 90 年代基于互联网的电子商务阶段和 2000 年以后的 E 概念电子商务阶段。

1）基于 EDI 的电子商务阶段

从技术角度来看，人类利用电子通信的方式进行贸易活动已有几十年历史。早在 20 世纪 60 年代，人们就开始了用电报报文发送商务文件的工作；70 年代人们又普遍采用方便、快捷的传真机替代电报，但是由于传真文件是通过纸面打印传递和管理信息的，不能将信息直接转入计算机信息管理系统中，因此，人们开始采用 EDI 作为企业间进行电子商务交易的应用技术，这就是电子商务的雏形。

20 世纪 60 年代末，EDI 产生于美国，当时的贸易商们在使用计算机处理各类商务文件时发现，由人工输入到一台计算机中的数据有 70% 是来源于另一台计算机输出的文件，由于更多的人为因素影响了数据的准确性和工作效率的提高，人们开始尝试在贸易伙伴之间的计算机上使数据能够自动交换，EDI 便应运而生。

20 世纪 70 年代，美国银行家协会（American Bankers Association，ABA）提出的无纸金融信息传递的行业标准，以及美国运输数据协调委员会（Transportation Data Coordinating Committee，TDCC）发表的第一个 EDI 标准，开始了美国信息的电子交换。

随着美国政府的参与和各行业的加入，美国全国性的 EDI 委员会——X.12 鉴定标准委员会于 20 世纪 80 年代初出版了第一套全国性的 EDI 标准，接着，80 年代末联合国公布了 EDI 运作标准 UN/EDIFACT（United Nations/Electronic Data Interchange for Administration，Commerce and Transport），并于 1990 年被国际标准化组织正式接受为国际标准 ISO9735。随着这一系列 EDI 标准的推出，人们开始通过网络进行如产品交换、订购等活动，EDI 也得到广泛使用和认可。

EDI 是将业务文件按一个公认的标准从一台计算机传输到另一台计算机的电子传输方

法。由于 EDI 大大减少了纸张票据，因此，被称为"无纸贸易"或"无纸交易"。

从技术上讲，EDI 包括硬件和软件两个部分。硬件主要是计算机网络，软件包括计算机软件和 EDI 标准。

从硬件方面讲，20 世纪 90 年代之前的大多数 EDI 都不通过互联网传输，而是通过租用的计算机传输线在专用网络上实现，这类专用网络被称为增值网（Value Added Network，VAN），这样做主要是出于安全的考虑。但随着互联网安全性的日益增强，其作为一个费用更低、覆盖面更广、服务更好的系统，已表现出替代 VAN 而成为 EDI 的硬件载体的趋势，因此，有人把通过互联网实现的 EDI 直接称为互联网 EDI。

从软件方面看，EDI 所需的软件主要是将用户数据库系统中的信息翻译成 EDI 的标准格式以供传输交换。由于不同行业的企业是根据自己的业务特点来规定数据库的信息格式的，因此，当需要发送 EDI 文件时，必须把从企业专有数据库中提取的信息翻译成 EDI 的标准格式才能进行传输，这时就需要相关的 EDI 软件来处理。

2）基于互联网的电子商务阶段

EDI 的运用，使单证和文件处理的劳动强度、出错率和费用大为降低，极大地促进了国际贸易的发展，显示出巨大的优势和强大的生命力。由于 EDI 通信系统的建立需要较大的投资，且 VAN 的使用费用很高，因此限制了基于 EDI 的电子商务应用范围的扩大，而且 EDI 对信息共享的考虑较少，比较适合大型跨国公司。大型跨国公司对信息共享的需求和中小公司对 EDI 的渴望，迫切需要建立一种新的成本低廉、能够实现信息共享的电子信息交换系统。

20 世纪 90 年代中期以后，互联网迅速普及，逐步走向企业和寻常百姓家，其功能也从信息共享演变成为一种大众化的信息传播工具。从 1991 年起，一直被排斥在互联网之外的商业贸易活动也正式进入这个领域，使电子商务成为互联网应用的最大热点。互联网弥补了 EDI 的不足，满足了中小企业对电子数据交换的需要。互联网作为一个费用低廉、覆盖面广、服务更好的系统，替代 VAN 成为 EDI 的硬件载体。在互联网基础上建立的电子信息交换系统，既成本低廉又能实现信息共享，为在所有企业中普及商务活动的电子化提供了可能。

基于互联网的电子商务，最初主要利用互联网的电子邮件功能进行日常商务通信，后来发展到利用互联网进行信息发布，让公众了解企业的全部情况，并直接通过网络获得企业的产品和服务。以 Web 技术为代表的信息发布系统迅速发展起来，成为互联网的主要应用。

基于互联网的电子商务发展非常迅速，它与基于 EDI 的电子商务相比，具有以下几个优势。

①成本低。因为互联网是覆盖全球的开放性网络，任何人通过接入互联网进行商务活动的成本比传统的 VAN 成本都要低很多。

②覆盖广。互联网覆盖全球，基于互联网的应用可以在全球范围内运行，用户通过接入互联网就可以方便地与贸易伙伴进行商务信息的沟通和传递。

③功能全。因为互联网可以提供许多不同的应用，有相当丰富的资源，基于互联网的电子商务可以支持不同类型的用户，实现不同层次的商务目标，如建立商务网站、发布商情信息、在线商务洽谈和建立虚拟商城等。

④灵活度高。基于互联网的电子商务可以灵活地针对不同的客户提供不同的服务，如针对不同年龄的用户提供个性化的服务界面，针对不同国家和地区的用户提供不同的语言显示等。

3）E 概念的电子商务阶段

自 2000 年以来，人们对电子商务的认识逐步由电子商务提升到 E 概念的高度，人们认识到电子商务实际上就是电子信息技术同商务应用的结合。电子信息技术与医疗、教育、军事、政府等有关的应用领域相结合，形成有关领域的 E 概念。例如：电子信息技术与医疗结合产生了在线医疗；电子信息技术与教育结合产生了在线教育；电子信息技术与金融结合产生了在线金融；电子信息技术与支付结合产生了电子支付。随着电子信息技术的发展和社会需求的不断增加，电子信息技术会不断地被应用到新的领域，必将产生越来越多的 E 概念。

1.3　电子商务的影响

电子商务是一个发展潜力巨大的市场，具有极大的发展前景。电子商务双向的信息沟通、灵活的交易手段和快速的交货方式等特点，给社会带来了巨大的经济效益，促进了整个社会生产力的提高。它是商务领域的一场信息革命，对人们的生活方式、企业的生产经营以及社会的发展都产生了巨大的影响。

【案例 1.1】

网上买菜

多多买菜是拼多多顺应广大消费者家庭生活方式的变化，推出的一项实惠、安心、便民的买菜服务。通过拼多多 App 或微信多多买菜小程序，消费者足不出户就可以挎起菜篮子选购全国农产品产区的精选好货。多多买菜采取"线上下单+线下自提"的半预购模式，消费者每天 23 点前下单，次日便可到最近的自提点取回商品。目前，多多买菜可为消费者平均节省买菜时间 40 分钟。拼多多已经与全国 1 000 多个农产品产区达成合作，目前上线商品覆盖了蔬菜、水果、肉蛋、米面、粮油、乳品、轻食、百货用品等各类生活必需品。

（资料来源：百度百科，有删改）

【案例1.2】

网上订票

携程旅行网是中国领先的在线旅行服务公司，为超过9 000万会员提供酒店预订、酒店点评及特价酒店查询、机票预订、飞机票查询、时刻表、票价查询、航班查询、度假预订、商旅管理及旅游资讯在内的全方位旅行服务，被誉为互联网和传统旅游无缝结合的典范。

（资料来源：携程旅行网，有删改）

【案例 1.3】

网上医疗服务

好大夫在线创立于 2006 年，是中国领先的互联网医疗平台之一。用户可以通过好大夫在线 App、PC 版网站、手机版网站、微信公众号、微信小程序等多个平台，方便地联系到 25 万名公立医院的医生，一站式解决线上服务、线下就诊等各种医疗问题。好大夫在线拥有数量众多的优质医生群体。截至 2022 年 7 月，好大夫在线收录了国内 10 000 余家正规医院的 89 万名医生信息。其中，25 万名医生在平台上实名注册，直接向患者提供线上医疗服务。在这些活跃的医生中，三甲医院的医生比例占 73%，具有很高的医疗服务权威性。

（资料来源：百度百科，有删改）

【案例 1.4】

在线教育

中国大学 MOOC 是由网易与高教社携手推出的在线教育平台，承接教育部国家精品开放课程任务，向大众提供中国知名高校的 MOOC 课程。该平台上有来自众多 985 高校的优质课程、更好更全的大学课程，可以与名师零距离。当完成课程学习后，用户可以获得讲师签名证书。全新完整的在线教学模式，定期开课、提交作业，与同学和老师交流。无论是在家里，还是在咖啡馆，用户都可以随时随地学习。MOOC 是 Massive Open Online Course（大规模在线开放课程）的缩写，是任何人都能免费注册使用的在线教育模式。MOOC 有一套类似于线下课程的作业评估体系和考核方式。每门课程定期开课，整个学习过程包括观看视频、参与讨论、提交作业、穿插课程的提问和考试等多个环节。

（资料来源：中国大学 MOOC 网站，有删改）

1.3.1 电子商务对人们生活及工作方式的影响

信息革命和网络经济浪潮迅猛而强烈地冲击着人们的传统消费方式、工作方式和思维方式，迅速改变着人类社会的面貌，电子商务正在走进我们的生活。我们的生活、工作与电子商务的联系正逐渐变得紧密。"一网打尽""无网不胜"正成为人们生活和工作的时尚，也许在不远的将来，离开了网络、离开了电子商务人们将寸步难行。

1）电子商务对人们生活方式的影响

（1）网上购物改变人们的消费观念

在传统购物方式下，尽管有人对逛商店直接面对营业员的讨价还价乐此不疲，但随着生活节奏的加快，出于逛商店购物太费时间、不愿面对营业员冷淡或过于热情的态度、不善于讨价还价、不想公开自己的购物隐私等多方面的原因，许多人视逛商店购物为一种负担。互联网的出现，革新了人们的消费观念。随着网络技术的普及和上网人数的增加，消费者在互联网上浏览商品，直接在网上完成商品选择、支付，由商家将商品送到消费者手中已成为一种趋势，并正被越来越多的人接受和使用。网上销售的商品一般可以分为3 类：实物商品、信息商品和在线服务。前一类是消费者在网上订购，由网上商店将商品送到消费者手中；后两类是由销售商直接传输到购买者的计算机终端，由消费者进行消费或接受服务。

网上购物可以给消费者带来以下几个方面的好处：

①多选择性。电子商务中电子商店的容量是无限大的，可以陈列比大型超市多得多的商品。例如，在美国著名电子商务企业亚马逊网上书店出售的图书品种数量，比世界上任何一家实体大型书店都多。陈列的商品越多，消费者的选择就越多。此外，多选择性还表现在空间距离上，电子商务中的商店不仅可以是本城本国的商店，还可以是全球所有的网上商店，可以说不受地域限制。

②节省时间。通过电子商务，人们不必花大量时间去商场超市逐层逐柜搜索，寻找自己想要购买的商品，也不用货比三家选择商品的价格和款式。在电子商务模式下，人们只要用鼠标轻轻一点就可以从一家商店转到另一家商店、从一类商品转到另一类商品，节省了宝贵的时间。

③享受低价。通过电子商务，消费者能够获得价格上的实惠，能够享受价格相对低一些的商品和服务。因为，对传统商店来说，电子商务减少了许多中间环节，也就减少了许多中间费用。在一些网络书店，图书的价格折扣可以高达40%，读者在网上购书可以比在传统书店购书便宜得多。

④满足个性化消费需要。电子商务提供的商品与在线服务可以为单个消费者"量身裁衣"，定制个性化产品与服务，满足消费者的个性化需求。

（2）为消费者提供在线服务

互联网是一个开放的网络系统，它的资源和服务将被无限扩大，每个人都可以通过它获取自己所需要的信息和服务。电子商务为消费者提供的在线服务主要有以下3类。

①信息发布。在信息社会，信息作为日益重要的资源正受到越来越多的个人和企业的重视，接受在线服务有助于人们迅速获取各种信息，保持在激烈的竞争中处于优势地位。目前，电子商务可以利用网络方便快捷地发布信息，提供法律咨询、医药咨询、疾病会诊、产品竞标、远程教育、投资理财、证券分析、金融服务等许多服务。

②预订服务。在信息社会，人们生活节奏越来越快，在线预订可以帮人们节省大量时间，增加自主安排的时间，增加工作和生活的计划性，提高生活质量。访问相关电子商务网站可以帮助人们预订票务、预订饭店、预订各种入场券、预约专家门诊等。

【案例 1.5】

同程旅行网

同程旅行网创立于2004年，总部设在中国苏州，是中国领先的休闲旅游在线服务商。网站拥有国内齐全的旅游产品线，为旅游者提供国内20 000余家及海外100 000余家酒店房间预订，覆盖全国所有航线的机票预订，8 000余家景区门票预订，全球热门演出门票预订，200多个城市租车预订，境内外品质旅游度假预订。同程旅行网还提供互联网预订、手机无线预订和365×24小时电话预订。

③互动式服务。通过网络的交互性，人们可以实现原来无法想象的服务。如可以接受远程教育，每个人都可以随意选择全国乃至全世界自己喜欢的专业和大学进行远程学习；可以与家政网站联系，享受上门提供的家政服务；也可以在网上求职，填好个人求职意向书通过网络发布，之后就可以在家中等候通知，减少四处奔波。

2) 电子商务对人们工作方式的影响

电子商务除了影响人们的生活方式，在互联网日益普及的今天，它对人们的工作方式同样产生了极大的影响。

(1) 改变就业结构

电子商务的发展改变了社会就业结构，对人们的知识、能力和技能提出了更高的要求。企业员工、政府职员、学校教师，甚至是社会各行各业的就业者都必须熟悉和掌握电子商务的一些基本操作规程，那些既懂得经营管理业务又懂得电子商务技术的复合型人才在劳动力市场将非常抢手。

(2) 改变就业方式

电子商务对整个社会就业状况的改善有重要作用。在电子商务高速发展的大背景下，微商、网络直播等多样化的自主就业、分时就业等兼职就业、副业创业的形式得到了政府的大力支持。

1.3.2　电子商务对企业的影响

电子商务的出现，给众多企业带来了新的战略转折点。企业经营管理面临挑战，传统的管理方法失灵，一些传统企业逐渐走向衰败，企业间兼并重组，主导企业群发生改变。所有企业都受此转折点的影响，因势利导，抓住机遇的企业迅速崛起，未抓住机遇的企业迅速衰落。电子商务对企业的影响主要表现在以下四个方面。

（1）改变商务活动的方式

借助互联网，从采购到商品销售的全过程都可以实现电子化，并且可以实现全球拓展和全天营业。

（2）改变企业的生产方式

企业通过改进供应链，减少了时间延迟、减少了库存和降低了成本，促进了企业生产过程的现代化，同时可以满足客户个性化产品的定制生产。

（3）改变传统市场模式

电子商务减少了传统商务活动的中间环节，拉近了企业与用户需求之间的距离，提高了效率，同时，催生了一批无实体店铺的小微企业，为传统服务业提供了全新的服务方式。

（4）改善客户服务及客户关系

通过互联网平台，企业可以更好地与顾客进行实时交流，与客户进行互动，从而加强客户关系管理。

1.3.3　电子商务对社会经济的影响

作为一种不同于传统的新型交易模式，电子商务将生产企业、流通企业以及消费者和政府引入一个数字化的虚拟空间，让人们不再受地域、时间的限制，以一种很简单的、快速的方式完成更复杂的业务活动，优化了资源的配置，提高了业务系统运行的严密性和效率。因此，电子商务的发展对社会经济的影响是多方面的。

1）电子商务将带来一个全新的金融业

随着电子商务的发展，网上银行、银行卡支付网络、银行电子支付系统以及电子支票、电子现金等服务，都将金融业发展推上了新的台阶。电子商务促使金融业发生了改变，出现了新兴的业务范围：

①安全电子交易服务；

②企业和个人网上银行；

③网上银行；

④网上证券交易和管理；

⑤电子货币管理；

⑥网上保险业务；

⑦网上金融信息服务等。

2）电子商务便于为人们提供更多的公共服务

电子商务使远程教育、远程医疗、就业指导、技能培训等公共服务成为可能。

3）电子商务有助于转变政府管理行为

政府承担着大量的社会、经济、文化的管理和服务职能，在规范市场经济运行、防止市场失灵带来的不足方面起着很大的作用。电子商务的发展对政府管理行为提出了新要求，政府也越来越重视电子商务对经济发展的重要推动作用，根据环境的变化而改变其管理行为。

4）改变传统的社会秩序和法律制度

在电子商务环境中，人们对安全、隐私、可靠、信任的要求进一步提高，电子商务立法需要进一步完善。

总之，电子商务对社会经济的影响会远超商务本身，除了上述这些影响，电子商务将带来一场史无前例的革命，对整个社会秩序和法律制度等产生深远的影响。

1.4 我国电子商务的发展现状及趋势

【案例 1.6】

中国第一笔互联网上的电子交易

1998 年 3 月 18 日，北京友谊宾馆、世纪互联通信技术有限公司向首都各新闻单位的记者宣布：中国第一笔互联网电子交易成功。为本次交易提供网上银行服务的是中国银行，扮演网上商家的是世纪互联通信技术有限公司。

中国第一笔互联网电子交易的时间是 1998 年 3 月 18 日下午 3 点 30 分。第一位网上交易的支付者是浙江电视台播送中心的王轲平；第一笔费用的支付手段是中国银行长城卡；第一笔支付费用是 100 元；第一笔认购物品是世纪互联通信技术有限公司的 100 元上网时长。

中国银行开展网上银行服务的最早时间是 1996 年。1997 年年底，王轲平发现了这个站点，并填写了申请书。在接到王轲平的申请后，世纪互联通信技术有限公司开始着手进行这次交易的内容，实质时间大约为 15 天。王轲平成为第一个在中国互联网上进行电子交易的人。

（资料来源：豆丁网，有删改）

随着网络的进一步普及，电子商务的规模正在逐年扩大，它带来的商机是巨大而深远的。同时，电子商务在我国的发展也经历了许多曲折，在发展过程中也出现了各种各样的问题，要想使我国的电子商务茁壮成长，重视和扫清各种障碍是关键。

1.4.1 我国电子商务的发展历程

我国电子商务的发展历经几十年，从最开始的萌芽阶段到起步发展阶段，再到调整阶段，今天的电子商务已经到了快速发展阶段。本节将我国电子商务的发展分为 4 个主要阶段。

1) 萌芽阶段

在萌芽阶段，我国主要开展的是基于电子数据交换（EDI）的电子商务应用，1993年的"三金工程"，为我国未来电子商务的发展奠定了基础。

这一阶段的典型事件如下：

·1994年10月，"亚太地区电子商务研讨会"在北京召开，电子商务概念开始在我国传播。

·1996年，金桥信息网互联网业务正式开通；同年，中国国际电子商务中心正式成立。

·1997年4月，我国第一个用于商品流通领域的广域网商品交易系统——中国商品订货系统正式启用并投入运行。

·1997年12月，中国化工网（英文版）上线，成为国内首家垂直B2B网站。

2) 起步发展阶段

互联网的概念鼓舞了第一批网络经济的创业者，马云、丁磊、马化腾、李彦宏等在我国电子商务的起步阶段发挥了重要作用，他们创造了具有中国特色的商业模式。

这一阶段的典型事件如下：

·1998年2月，中国制造网在南京上线。

·1998年3月，中国第一笔互联网电子交易成功。

·1998年10月，国家经济贸易委员会与信息产业部联合宣布启动以电子贸易为主要内容的"金贸工程"，这是一项推广网络化应用、开发电子商务在经贸流通领域的大型应用试点工程。

·1998年12月，阿里巴巴正式在开曼群岛注册成立，次年3月，其子公司阿里巴巴中国在杭州创建。

·1999年5月，王峻涛创办了中国第一家在线销售软件和图书的B2C网站——8848；6月，沈南鹏、季琦和范敏等创办了提供网上销售机票和酒店预订服务的携程旅行网；8月，邵亦波和谭海音在上海开办了国内首家C2C平台——易趣网；11月，李国庆和他的妻子俞渝创建了中国第一家网上书店——当当网。网上购物进入实际应用阶段。

·1999年兴起政府上网、企业上网，电子政务、网上纳税、网上教育、远程诊断等广义电子商务开始启动，并进入实际试用阶段。

3) 调整阶段

在互联网泡沫破灭的大前提下，在这一阶段我国电子商务的发展也遭受重创，很多电子商务企业发展异常艰难。

这一阶段的典型事件如下：

·2000年5月，卓越网成立，主营音像、图书、软件、游戏、礼品等流行时尚文化产品。6月，中国电子商务协会正式成立。这是一个面向电子商务产业，不受地区、部门、行业、所有制限制，与电子商务有关的企业、事业单位和个人自愿参加的非营利性、全国性社团组织。

·2000年年底，随着纳斯达克市场下挫，8848最终无缘上市。8月，由于无法调和股东之间的矛盾，王峻涛离职，曾经作为中国互联网电子商务领域旗舰的8848开始逐渐没落。

·2000年，中国互联网三大门户——新浪网、网易网、搜狐网相继登陆纳斯达克。其中，新浪网在4月率先上市，网易网在6月上市，搜狐网在7月紧随而来，上市美国纳斯达克。

·2001年7月，中国人民银行颁布《网上银行业务管理暂行办法》；9月，卓越网成为国内首家实现盈利的电子商务企业；11月，中国电子政务应用示范工程通过论证。

·2002年3月，eBay以3 000万美元收购易趣33%股份。

·2002年8月，由中国人民银行牵头，中国工商银行、中国农业银行、中国银行、中国建设银行、交通银行等14家全国商业银行联合共建的中国金融认证中心（CFCA）证书系统通过中国信息安全测评认证中心测评，被中国信息安全测评认证中心正式授予"国家信息安全认证系统安全证书"，在网上交易和支付安全方面有了重大突破。

4）复苏与快速发展阶段

经历了电子商务发展的低谷之后，中国互联网经济逐步复苏并进入了快速发展阶段。阿里巴巴、易趣、携程、百度等企业如雨后春笋般蓬勃发展起来，与此同时，大批网民逐步接受了网络购物的生活方式，物流、支付、诚信等企业的瓶颈得到了较好的突破，我国电子商务基础环境不断完善，伴随而来的是数不清的传统企业和资金流入电子商务领域，使电子商务世界异彩纷呈。

这一阶段的典型事件如下：

·2003年5月，阿里巴巴投资1亿元人民币推出个人网上交易（C2C）平台——淘宝网；12月，慧聪网在香港上市。

·2004年6月，第一届网商大会在杭州浙江世界贸易中心召开；同年，卓越网以7 500万美元卖给了亚马逊，成功变身卓越亚马逊；京东开始涉足电子商务；腾讯启动拍拍购物网；网易、盛大、九城、巨人、腾讯等公司在网络游戏领域各显神通，在中国网游市场形成了群雄逐鹿的局面。同年，博客、播客等的发展进入如火如荼的时代。

·2005年4月，《中华人民共和国电子签名法》正式施行；8月，阿里巴巴集团并购雅虎中国，同时被雅虎控股。

·2006年5月，环球资源收购慧聪国际，结成中国最大B2B战略联盟；12月，网盛科技上市，标志A股"中国互联网第一股"诞生。

·2007年6月，网盛科技并购中国服装网；11月，阿里巴巴在香港上市；2007年，凡客诚品（VANCL）诞生。

·2008年5月，中国电子商务协会授予杭州"中国电子商务之都"称号；9月百度"有啊"宣布上线，正式进军C2C。

·2009年1月，中华人民共和国工业和信息化部为中国移动、中国电信和中国联通发放了第三代移动通信（3G）牌照，预示着中国互联网 3G 时代的到来；5月，当当网宣布率先实现盈利；7月，淘宝网诚信自查系统上线，为 C2C 历史上规模最大的一次反涉嫌炒作卖家自查举措。同年，中国互联网信息中心统计数据显示，我国的网民人数已经突破 3 亿，成为全球互联网第一人口大国；传统企业如格兰仕、七匹狼纷纷加入电子商务行列。

·2010 年，微博、网络团购呈现爆发态势；移动互联网领域、杀毒软件领域、搜索领域以及 SNS 网站之间产生新一轮竞争。

·2011 年，国内 B2C 市场全面爆发。京东商城涉足日用百货、图书音像、奢侈品等领域；亚马逊中国、当当网持续推进百货化；苏宁易购也从主营家电数码向图书、百货拓展。同年 11 月，淘宝商城宣布正式启动独立域名，并在 2012 年 1 月改名为"天猫"。

·2012 年，《2012 年中国互联网产业发展综述报告》数据显示，2012 年我国电子商务交易额超过了 7 万亿元，其中，网购交易额超过 1.2 万亿元。

·2013 年，移动电子商务兴起，微信电子商务加速 O2O 模式发展；6月，余额宝上线，逆袭引领互联网金融发展。

·2014 年 4 月，聚美优品在纽交所挂牌上市；5 月京东商城在美国纳斯达克正式挂牌上市；9 月阿里巴巴在美国上市。

1.4.2　我国互联网的发展现状

中国互联网络信息中心（CNNIC）2023 年 3 月 2 日发布了第 51 次《中国互联网络发展状况统计报告》（以下简称《统计报告》）。《统计报告》显示，截至 2022 年 12 月，我国网民规模达 10.67 亿，较 2021 年 12 月增长 3 549 万，互联网普及率达 75.6%。

1）网民用网环境持续改善，物联网终端增长推动"万物互联"

《统计报告》显示，在网络基础资源方面，截至 2022 年 12 月，我国域名总数达 3 440 万个，IPv6 地址数量达 67 369 块/32，较 2021 年 12 月增长 6.8%；我国 IPv6 活跃用户数达 7.28 亿。在信息通信业方面，截至 2022 年 12 月，我国 5G 基站总数达 231 万个，占移动基站总数的 21.3%，较 2021 年 12 月提高 7 个百分点。在物联网发展方面，截至 2022 年 12 月，我国移动网络的终端连接总数已达 35.28 亿户，移动物联网连接数达到 18.45 亿户，万物互联基础不断夯实。

2）工业互联网体系构建逐步完善，"5G+工业互联网"发展步入快车道

一是工业互联网网络体系建设加速推进，平台构建逐步完善。《统计报告》显示，工业互联网总体网络架构国家标准正式发布，工业互联网标识解析体系国家顶级节点全面建成，具有影响力的工业互联网平台达到了 240 个。二是"5G+工业互联网"发展步入快车道。"5G+工业互联网"的发展促进了传统工业技术升级换代的步伐，加速人、机、物全面连接的新型生产方式落地普及，成为推动制造业高端化、智能化、绿色化发展的重要支撑。"5G+工业互联网"发展已进入快车道，一大批国民经济支柱产业开展创新实践，全国"5G+工业互联网"项目超过 4 000 个。

3) 传统领域应用线上化进程加快，推动农村数字化服务发展

《统计报告》显示，2022 年，我国互联网应用用户规模基本保持稳定。一是线上办公市场快速发展，吸引更多网民使用。截至 2022 年 12 月，我国线上办公用户规模达 5.40 亿，较 2021 年 12 月增长 7 078 万，占网民整体的 50.6%。二是互联网医疗规范化水平持续提升，成为 2022 年用户规模增长最快的应用。互联网医疗领域相关监管政策框架日益完善，引导互联网医疗行业规范化发展。截至 12 月，我国互联网医疗用户规模达 3.63 亿，较 2021 年 12 月增长 6 466 万，占网民整体的 34.0%。三是互联网成为实现乡村振兴重要抓手，推动农村数字化服务发展。在线教育、互联网医疗等数字化服务供给持续加大，促进乡村地区数字化服务提质增效。截至 2022 年 12 月，我国农村地区在线教育和互联网医疗用户分别占农村网民整体的 31.8% 和 21.5%，较上年分别增长 2.7 和 4.1 个百分点。

1.4.3 我国电子商务的发展现状及趋势

2023 年 5 月 4 日，网经社电子商务研究中心发布了《2022 年度中国电子商务市场数据报告》。

1) 发展现状

（1）电子商务行业交易规模达 47.57 万亿元，同比增长 12.9%

该报告显示，2022 年中国电子商务行业交易规模达 47.57 万亿元，较 2021 年的 42.13 万亿元同比增长 12.9%。此外，2018—2021 年电子商务行业交易规模分别为 32.55 万亿元（13.57%）、35.63 万亿元（9.46%）、38.16 万亿元（7.1%）、42.13 万亿元（10.4%），如图 1.6 所示。

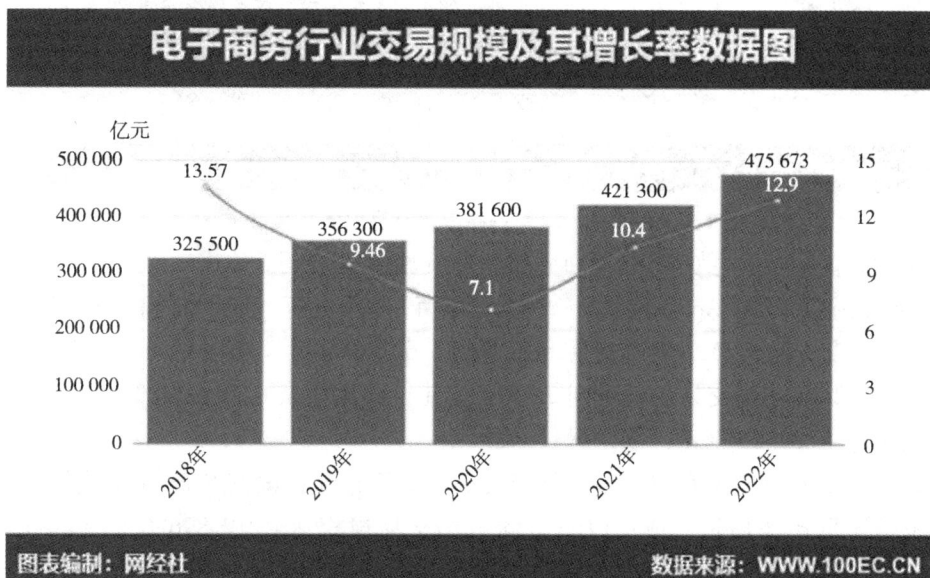

图 1.6 2018—2022 年电子商务行业交易规模及其增长率

电子商务作为当前中国最具活力的经济活动之一，从商品交易领域拓展到物流配送领域和互联网金融领域，从商品供应链拓展到产业供应链，成为扩大消费的新亮点、成为带动就业的新载体，也成为促进经济转型升级的新引擎、推动经济增长的新亮点。

（2）网络零售交易规模超 13 万亿元，用户规模约 8.45 亿人

2022 年，国内网络零售市场交易规模达 137 853 亿元，同比增长 4.89%。网经社电子商务研究中心网络零售部主任、高级分析师莫岱青表示：从 2015 年到 2021 年，网络零售交易规模持续增长。从 2015 年到 2017 年，增速保持在超 30%，此后徘徊在 20% 左右。2021 年增速大幅下滑到 10% 左右，而今年（2022 年）首次进入个位数，这意味着网络零售市场从高速增长进入缓慢增长时期。

从 2015 年到 2021 年，网络零售交易规模持续增长。网络零售交易市场规模为137 853 亿元，占社会消费品零售总额的 31.3%。2022 年网络零售用户规模达 8.45 亿人，占网民整体的 79.2%，同比增长 0.35%。从 2015 年到 2017 年网购用户的增速逐年下降，2018 年有小幅回升，2019 年相较前几年回升明显。2009—2022 年网络零售交易规模及其增长率如图 1.7 所示。

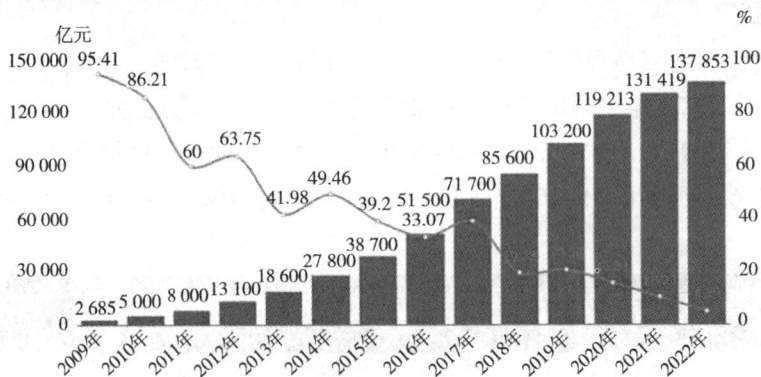

图 1.7　2009—2022 年网络零售交易规模及其增长率

该报告发布了"2022 数字零售'百强榜'"，包括阿里巴巴、京东、拼多多、唯品会、小米商城、苏宁易购、得物 App、网易严选、抖音电商、快手电商、淘宝直播等 100 家企业。

在生鲜电商方面，2022 年市交易场规模约 5 601.4 亿元，同比增长 20.25%。在社交电商方面，2022 年市场交易规模达到 27 648 亿元，同比增长 9.17%。2022 年二手电商市场交易规模达 4 802.04 亿元，同比增长两成。

另外，2022 年母婴电商市场交易规模突破 1.2 万亿元；电商 SaaS 市场交易规模达到965.81 亿元，同比增长超三成；汽车电商市场交易规模达到 12 896.6 亿元，同比增长6.99%；在农村电商方面，2022 年市场交易规模为 38 086 亿元，同比微增；在美妆电商方面，2022 年市场交易规模超 1 700 亿元；在进口跨境电商方面，2022 年市场交易规模为

34 000 亿元，同比增长 6.25%。

（3）跨境电商行业交易规模达 15.7 万亿元，同比增长 10.56%

报告显示，2022 年中国跨境电商行业交易规模达 15.7 万亿元，较 2021 年的 14.2 万亿元，同比增长 10.56%。此外，2018—2021 年跨境电商行业交易规模（增速）分别为 9 万亿元（11.66%）、10.5 万亿元（16.66%）、12.5 万亿元（19.04%）、14.2 万亿元（13.6%）。其中，2022 年中国出口跨境电商行业交易规模达 12.3 万亿元，较 2021 年的 11 万亿元，同比增长 11.81%；进口跨境电商行业交易规模达 3.4 万亿元，较 2021 年的 3.2 万亿元，同比增长 6.25%。2018—2022 年跨境电商行业交易规模及其增长率如图 1.8 所示。

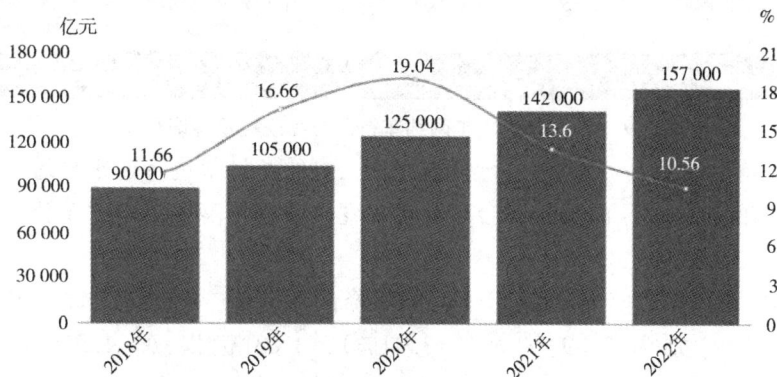

图 1.8 2018—2022 年跨境电商行业交易规模及其增长率

在模式结构方面，2022 年中国跨境电商的交易模式中跨境电商 B2B 交易占比达 75.6%，跨境电商 B2C 交易占比 24.4%。近年来，跨境电商零售模式发展迅猛、政策助力等也带来了在跨境电商中模式占比的提升。

在用户规模方面，2022 年中国进口跨境电商用户规模 1.68 亿人，较 2021 年的 1.55 亿人同比增长 8.38%。在国内消费升级大背景下，特别是跨境电商零售进口商品清单将进一步优化，海外商品可选择性增加，海淘用户规模也将随之增加。

此外，跨境电商行业具有明显的区域性特征，其发展与区域经济发展水平、地理位置及交通等因素密不可分。国内跨境电子商务企业主要分布于深圳、上海、北京、广州和杭州等电子商务发达的地区。上述地区得到了较强的政策支持、具有较为先进的互联网技术、较为发达的物流体系、较强的市场需求，从而吸引大量的跨境电子商务企业聚集。

（4）网约车行业交易规模达 3 146 亿元，同比下降 1.38%

报告显示，网约车行业交易规模约为 3 146 亿元，同比下降 1.38%，用户规模为 4.37 亿人，同比降低 3.32%。此外，2018—2021 年网约车行业交易规模（增速）分别为 2 865 亿元（24.83%）、3 058 亿元（6.73%）、2 691 亿元（-12.01%）、3 190 亿元（18.54%），如图 1.9 所示。

网约车行业交易规模及其增长率数据图

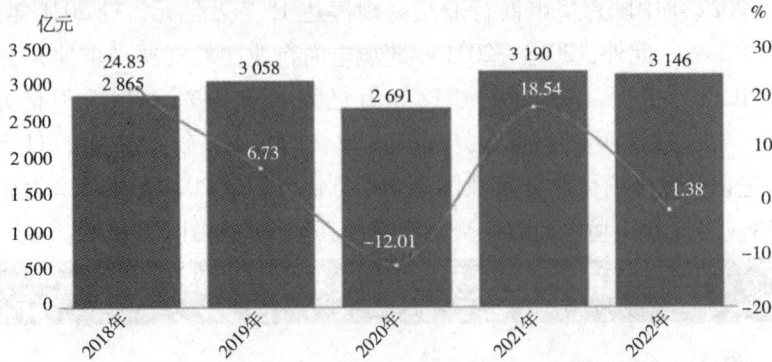

图表编制：网经社　　　　　　　　　　　　数据来源：WWW.100EC.CN

图 1.9　2018—2022 年网约车行业交易规模及其增长率

随着疫情影响逐渐减小，用户出行恢复正常，网约车订单也将迎来显著的增长。这是网约车公司获客的机会期，而聚合平台以及自动驾驶的成熟落地，网约车公司的竞争也将更加激烈。

2022 年网约车用户规模为 4.37 亿人，同比降低 3.32%。此外，2018—2021 年市场用户规模（增速）分别为 3.89 亿人（13.41%）、3.83 亿人（-1.55%）、3.65 亿人（-4.7%）、4.52 亿人（23.83%）。

（5）在线旅游行业交易规模为 7 460 亿元，同比减少 13.61%

报告显示，2022 年在线旅游行业交易规模为 7 460 亿元，同比降低 13.61%。此外，2018—2021 年在线旅游行业交易规模（增速）分别为 8 750 亿元（17.82%）、10 059 亿元（14.96%）、6 386 亿元（-36.52%）、8 635 亿元（35.21%），如图 1.10 所示。

在线旅游行业交易规模及其增长率数据图

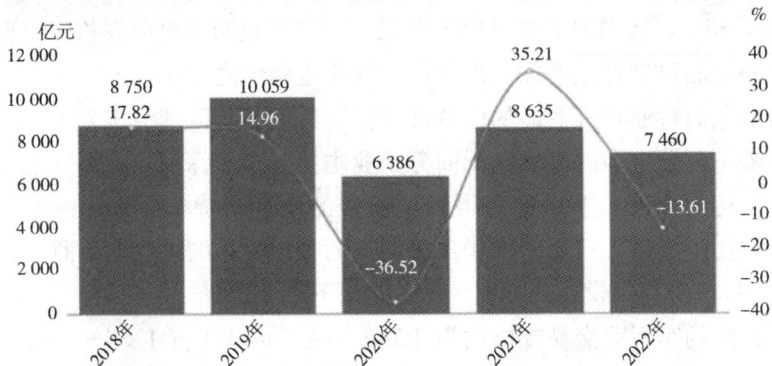

图表编制：网经社　　　　　　　　　　　　数据来源：WWW.100EC.CN

图 1.10　2018—2022 年在线旅游行业交易规模及其增长率

随着旅游消费回暖，旅游出行方面的投诉也会不可避免地增多。尤其在国庆、春节等旅游消费旺季结束后，在线旅游成为消费投诉的"重灾区"。其中行程变动要求退票退款遭拒、预订的酒店无法入住、实际住宿条件与平台宣传不符，预订的酒店、景点、机票被无故取消订单等问题经常滋扰用户，影响出行体验。2022 年全国在线旅游用户投诉问题类型前三名依次为：退款问题（52.29%）、霸王条款（9.48%）、网络欺诈（5.88%）。

2）发展特点

（1）新业态新模式驱动电子商务持续性增长

短视频、流媒体直播逐步成为常态化的电商营销渠道。截至 2021 年 12 月，中国电商直播用户规模为 4.64 亿，较 2020 年 12 月增长 7 579 万，已占网民整体的 44.9%。自新冠疫情发生以来，平台企业加大直播电商布局力度，直播用户增长迅速，品牌企业通过发布优质内容激发消费者购买兴趣，提升流量转化率和用户黏性。

"种草"内容传播方式通常为图文、直播和短视频等。内容社区平台采用 UGC（用户原创内容）模式鼓励 KOC（关键意见消费者）发表笔记、攻略等原创优质内容，分享产品真实体验，辅助用户完成购买决策，促进网购交易达成。

传统电子商务平台也纷纷试水"内容种草"，构建"社区+电商"的运营模式，迎合用户消费习惯由"搜"到"逛"的转变，拓展新的获客渠道。

小程序助力企业打造数字新基建。越来越多的企业品牌基于小程序和微信生态搭建有效私域，全面覆盖多场景需求，打造 DTC（直接面对消费者）营销模式，提升用户体验，建立有温度、有深度的客户关系。相关第三方数据显示，2021 年微信小程序开发者突破 300 万，DAU（日活跃用户数量）超过 4.5 亿，日均使用次数同比增长 32%，活跃小程序增长 41%。电子商务平台加速生态扩建，小程序成为重要阵地。

（2）新消费新国货电商助力消费市场提质扩容

在新供给、新技术、新模式和新消费关系的共同作用下，新的消费理念和消费价值主张不断涌现，我国正进入新的消费时代。

以"90 后"和"00 后"为代表的"新生代"消费人群成为潮流消费巨大推动力量，对表达多样化、个性化、包容化的品牌更加青睐。城市中产及富裕人群的增多推动了品质消费，对高端产品以及生活方式类产品服务的青睐使得消费需求进一步精细化。下沉市场消费人群逐渐成为网络购物主力军，电商渠道下沉也开拓了县城、农村的消费市场，为新消费品牌创造了巨大的发展空间。

3）发展趋势

电子商务在我国发展得相当迅速，到目前为止，已经初步形成了功能完善的业态体系。我国电子商务的发展趋势主要体现在以下 4 个方面。

（1）个性化趋势

个性化定制信息的需求将会越加强劲。互联网的发展和普及本身就是对传统秩序型经济社会组织中个人的一种解放，为个性的张扬和创造力的发挥提供了一个更加有利的平台，并使消费者权益的实现有了更有效的技术保障。在这方面，个性化定制信息的需求将成为主流，消费者的个人偏好会渗透到商品的设计和制造过程中。对所有面向个人消费者的电子商务来说，提供多样化的、比传统商业更具个性化的服务，是其今后获得发展的关键因素。

（2）区域化趋势

立足我国国情采取有重点的区域化战略是有效扩大网络营销规模和提高效益的必然途径。我国电子商务的区域化趋势与国际化趋势并不矛盾。区域化趋势是就我国国情而言的，我国是一个人口众多、幅员辽阔的大国，社会群体在收入、观念、文化水平等很多方面都有不同的特点。我国虽然总体上仍然属于发展中国家，但地区经济发展的不平衡反映出来的经济发展的阶段性，使收入结构层次十分明显。在可以预见的今后相当长的时间内，网民仍将集中于一、二、三线城市。B2B 的电子商务模式的区域性特征也非常明显。以这种模式为主的电子商务企业在进行资源规划、配送体系建设、市场推广等都必须充分考虑这一现实，并采取有重点的区域化战略，以有效扩大网络营销规模和提高效益。

（3）国际化趋势

我国电子商务企业将随着国际电子商务环境的规范和完善逐步走向世界，我国企业可以同发达国家的企业站在同一起跑线上，将我国在市场经济轨道上的后发劣势变为后发优势。电子商务的迅速发展有利于我国的中小企业开拓国际市场和利用好国外各种资源。同时，国外电子商务企业将努力开拓中国市场。随着世界电子贸易平台与世界贸易组织、世界经济论坛的合作，我国加快了电子商务国际化的步伐。

（4）融合化趋势

电子商务网站在最初的全面开花之后将走向新的融合。一是同类网站之间的合并。目前，大量网站属于"重复建设"，定位相同或相近，业务内容相似。大量同类网站激烈竞争的结果只能是少数网站最终胜出，处于弱势地位的网站最终免不了被"吃掉"或"关门"。二是同类别网站之间互补性的兼并。具备良好基础和发展前景的网站在扩张过程中一般会采取收购策略，主要为互补性收购。三是战略联盟。由于个性化、专业化是电子商务发展的两大趋势，每个网站所拥有的资源总是有限的，客户需求却是全方位的，因此不同类型的网站以战略联盟的形式进行协作将成为必然。

总之，随着经济全球化和信息技术与信息产业的迅速发展，电子商务将成为今后信息交流的热点，成为各国争先发展、各个产业部门最关注的领域之一。我国电子商务虽然面临着技术、管理等诸多问题，但是已迈出可喜的一步。我们只有具备战略性和前瞻性的眼光，适应全球经济一体化的趋势，才能努力发展出适合我国国情的电子商务。

【本章小结】

本章是整本书的先导，是本书学习的基础。本章应重点掌握电子商务的概念、内涵、特点及分类，同时要了解电子商务的产生背景、发展阶段及在我国的发展现状和趋势。

【案例分析】

全域兴趣电商发力　国货品牌"出圈"

近年来，"国货之光"盛行，作为传统文化实物载体的民族品牌逐渐超越洋货占领高地。国潮兴起，老字号升级，新品牌发展……"短视频+直播"的推波助澜，让国货品牌的发展更进一步。

一、顺势而为 国货品牌抢占 C 位

近年来，蜜雪冰城、鸿星尔克频繁出圈，一时间成为网络热门话题。不论是线下还是线上，"国货之光"逐渐成为当前消费者的追求。尤其是借助电子商务平台的发展，国货品牌逐渐向 C 位靠近。

国家统计局数据显示，2021 年，国内生产总值突破 114 万亿元，占世界经济总量的 18.5%。在这当中，我国品牌总价值达 1.9 万亿美元，全球排名第 18 位。此外，2021 年，中国 500 强品牌贡献近 90 万亿元营收，而中国品牌创造的电商经济规模也达到了 2 950.9 亿元。

国货品牌经济实力的增长正印证了当下国人的消费趋势，随着文化自信的提升，买国货成了不少消费者的首选。当前，各大电子商务平台都出台扶持国货政策，助力国货取得新增量。

在 2020 年"双 11"期间，国货也得到了消费者的热捧，在抖音商城"双 11"热卖商品榜前 100 中，国产商品占比超过了 90%。网经社电子商务研究中心网络零售部主任莫岱青表示：国货崛起成为内循环消费的重要路线，国潮崛起的背后是国货产品力的提升，并且受到年轻消费者的追捧。

"双 11"对国货品牌来说机会陡增，是重要的拉新窗口，也是打开市场的重要途径。当前不少国货品牌凭借电子商务平台及直播电商快速出圈。在直播电商的推动下，国货品牌逐渐摆脱刻板印象，廉价、山寨、质量不好等标签被渐渐撕去。短视频、直播的多样化形式让消费者逐渐看到国货品牌潜在的价值，在提升品牌知名度的同时也让销量得到增长。

二、国潮巨浪掀起 直播电商造势

随着居民消费的升级，国货崛起的格局正在形成。抖音电商联合发布的《2022 国货市场发展报告：新媒介、新消费与新文化》报告显示，近年来，国家出台多项措施刺激消费，扩大内需，加速释放消费潜力，为国货品牌提供了潜力更大的市场空间。

尤其是在"文化强国"战略推动下，国民的爱国热情、文化自信、民族自豪感被激发，这为国潮的兴起奠定了基础，也为国货品牌的持续投入打了一剂强心针。接下来，就是寻找新的出口。

自 2022 年 5 月 31 日抖音电商总裁魏雯雯宣布抖音电商升级为全域兴趣电商开始，抖音电子商务平台就将短视频和直播内容、商城、搜索等多场域逐渐融合。以优质内容将商品和消费者连接起来，是兴趣电商的价值所在，也是国货品牌得以发展的重要原因。

在碎片化时代，用户的时间主要分配在短视频、直播、购物中，新鲜、有价值、有差异化的内容更能吸引用户眼球，这也是当初东方甄选在抖音平台能够爆火的原因。而在大数据的驱动下，直播电子商务平台能够精准洞察用户兴趣，实现较完美的"人货"匹配，继而让消费者完成"刷着刷着就下单"的动作。

正如报告显示的，消费者通过国货品牌直播间购买商品的比例涨幅明显，直播观看浏览量同比提升 2 106%，直播销量同比增长 102%，可见国货品牌正通过直播持续释放潜力。

三、新渠道更要耐得住寂寞

国货品牌崛起的背后是产品力的提升，并且受到年轻消费者的追捧。随着中国制造业升级、年轻一代消费观念的变化、电子商务平台推出扶持国货计划，各类大促节日对国货品牌来说机会陡增，也是国货品牌打开市场的重要途径。需求侧与供给侧共同发力，国货品牌的崛起成为必然。抖音电子商务平台抓住这个趋势，大力扶持国货发展。

2022年6月，抖音电商正式启动"遇见好国货"计划，宣布将通过直播、短视频、互动道具等多种形式，将优质国货展示在消费者眼前。同时，还将根据时间节点设立大牌国货榜单、潮流单品排行榜等一系列活动，为国货品牌发展助力。

过去一年来，抖音电商通过投入多项补贴，为品牌、商家、消费者打造多样化的参与方式，达成了国货品牌销量同比增长110%的成绩。平台国货商品直播观看浏览量同比增长2 106%，国货短视频数量同比增长3 652%，国货直播销量同比增长102%。

2022年，一批新锐国货品牌和老字号品牌不断创新，借助平台"遇见新国潮"等行动实现品牌"出圈"。这一年，抖音电子商务平台老字号品牌共入驻223家，直播间在线观看浏览量提升1 681%，品牌销量同比增长156%。在"怀旧""复古"趋势的推动下，年轻消费群体关注到老字号品牌，如上海药皂、上海表等。这些品牌通过抖音短视频直播成功破圈，打破了传统用户印象，引起情感共鸣，从而促进用户消费。

案例评析：

"情感共鸣是第一消费驱动力，与消费者建立情感联系，让消费者共情消费，正是新消费时代国货品牌能够崛起的一个重要原因。"老字号品牌正通过抖音电商印证着这一点。

不过，直播电子商务平台在发展新锐品牌或扶持老字号品牌时也要注意，情怀只是出发点，培养消费习惯更为重要。品牌的建立和发展是一个系统工程，是非常复杂的，绝不可能在短期内塑造出来，这一定是个长期过程。

对于国货来说，新品牌"从无到有"，老字号"从老到新"，都不是一蹴而就的，产品研发、品牌经营、供应链打造，这是一条很长的路。"内容+货架"，这是全域兴趣电商的优势，也是国货品牌持续发展的新渠道。

（资料来源：网经社，有删改）

【本章习题】

1.电子商务的发展经历了哪几个阶段？每个阶段有哪些特点？

2.电子商务的类型有哪几种？请举例说明。

3.简述我国电子商务的发展趋势。

【推荐站点】

1.阿里巴巴国际站

2.亚马逊网上书店

3.速卖通

第2章 电子商务模式

【学习要点】

1. 电子商务系统的框架结构、组成和支撑环境。
2. 电子商务的主要模式：B2B、B2C、C2C。
3. 电子商务的其他模式：B2G、C2G、C2B、O2O。

【案例导入】

拼多多：从营销手段到商业模式完成逆袭

一、关于拼多多

拼多多成立于2015年9月，是一家专注于C2B拼团的第三方社交电商平台。用户通过发起和朋友、家人、邻居等的拼团，可以以更低的价格，拼团优质商品。其中，通过沟通分享形成的社交理念，形成了拼多多独特的新社交电商思维。上线一年时间拼多多的单日成交额即突破1 000万元，付费用户数突破1亿。用不到10个月的时间就走完了老牌电商三四年走的路。

二、拼多多解决的行业问题

拼多多最初只是一种营销手段，随着它的逐步发展，渐渐成为一种商业模式。拼多多解决了用户的什么问题？

（1）价格便宜；

（2）购买支付便捷；

（3）放心购买。

有人说拼多多解决了用户参与的问题，其实参与只是行动而不是用户的需求，如果不是因为参与了之后可以便宜谁愿意费那么多劲去参与呢？

拼多多的参与感，让廉价变得合理。人们普遍认为一分钱一分货，如果价格便宜往往都没有好货。小米手机单款产品为了满足用户都费了很大的工夫，更不用说一个多品类的综合电商平台了。如果让用户觉得占了便宜，那就需要让廉价变得合理，比如买一赠一、秒杀、折扣、满减等都是在解决廉价合理的问题。

四、五、六线城市以及农村地区的很多用户早期并没有接触过淘宝、天猫、京东，没有经历过PC互联网就进入了移动互联网，他们中很多人没有支付宝，但是却很有可能用微信支付，因为他们经常在群里抢红包，而且抢到的钱都可以在拼多多上购买商品。交易的信任转变，从信任平台到信任亲友。有了亲友的背书，让用户可以更加放心地购买。

拼多多解决了商家的什么问题？电商流量与销量问题。目前淘宝、天猫、京东等平台的获客成本越来越高，订单开始逐步往头部集中，因而需要新的平台来满足新的电商获客需求。拼多多的成功，更多的是解决了这个行业的问题，还有很多用户是淘宝没有渗透的，以四、五、六线城市以及农村地区为主。拼多多的诞生解决了这些问题。这些都是拼多多快速扩张的基础。

三、拼多多用户画像分析

性别上，女性用户占据绝对优势，占比达到了72.3%，男性用户偏少，仅占27.7%。这与女性用户更偏爱网购有关，同时女性购物相比男性更细致，更有耐心，所以在选择商品时更愿意在购物平台上精挑细选，希望能淘到更多低价好货，也更愿意和自己的闺蜜、好友分享，而在拼多多上既可以淘到好货又可以"晒"出好货，所以拼多多更受女性用户喜爱也不难理解。

年龄上，25~30岁用户占比最多，达到30.08%，其次是31~35岁用户，占比达到27.65%。由此可见，一方面"80后"是目前社会上的主要劳动力，消费能力较强，对网购的态度也比较乐观；另一方面，这类用户往往亲戚朋友较多，更容易受到他人影响，一传十，十传百，所以，拼多多的拼团购在这类人群中更容易实现。

使用区域上，中部地区、沿海城市都是使用拼多多人群最多的地方，东北、西南、西北等地区使用拼多多人数较少。拼多多的总部在上海，相应的在上海以及东部沿海地区的市场推广做得更多，知名度也更高。同时，这些区域的人群购买力也更强。

根据上面的用户特征分析，可以构建出三个用户模型。

第一个用户模型特征：青年、女性、未婚、收入中等、生活品质较高；第二个用户模型特征：中年、女性、已婚、收入中等偏下、空闲时间较多、爱网购；第三个用户模型特征：学生、女性、无收入、消费能力不强、爱网购。

四、拼多多产品分析

1. 拼团

站在开团者的角度，在购物过程中有交流、互动的需求，分享给朋友、熟人，一方面可以对该商品进行筛选和甄别，另一方面双方都可以获得优惠的产品价格。站在被分享者的角度，如果这件商品拼团后确实非常优惠，可以和朋友一起买，还能顺便帮朋友一把。

2. 海淘

海淘是拼多多主打的一项业务，在App菜单最中间的位置，特点是"正品保障，包税包邮，极速发货"，选择海淘作为核心功能可能与网易考拉、丰趣海淘等多家知名海淘品牌的入驻有关，除价格优势外，海淘产品的质量还有保障。

3. 亮点

拼多多有一个特色：每次有人开团，在App界面左上角的位置都会显示"xxx1秒前开团了"的通知，这样实时的显示开团信息可以营造团购气氛，增加买家剁手的欲望。

拼多多一大核心优势是有温度。"购物不全都是目的型的。很多时候，你就是想约上三两好友，去大悦城、沃尔玛逛逛。购物是社交，是娱乐，是生活的一部分。"拼多多

CEO 黄峥将这样的购物行为称为"有温度的购物",而拼多多的运营理念即是如此,通过"社交+电商"的模式让更多的用户享受到购物的乐趣,将线下生活中的购物场景移植到线上。体验到更多"有温度的购物",拼多多的出现让整个行业看到了电商"高效冰冷"外的另一种可能。

(资料来源:人人都是产品经理网站,有删改)

2.1　电子商务系统的组成及应用

电子商务系统是由计算机、通信网络、有关人员与组织机构,以及有关的法律、制度、标准、规范组成的统一体。下面从电子商务系统的框架结构、组成以及支撑环境这三方面讨论电子商务的构成。

2.1.1　电子商务系统的框架结构

电子商务系统的框架结构是指电子商务活动环境中涉及的各个领域以及实现电子商务应具备的技术保证。从总体上来看,电子商务系统的框架结构由四个层次和两大支柱构成,如图 2.1 所示。其中,电子商务系统的框架结构的四个层次分别是网络层、信息发布与传输层、服务层和应用层;两大支柱是指公共政策和法律法规以及技术标准和网络安全协议。

图 2.1　电子商务系统的框架结构

1) 网络层

网络层指网络基础设施,是实现电子商务的最底层的基础设施,是信息的传输系统,也是实现电子商务的基本保证。它包括远程通信网、有线电视网、无线通信网和互联网。因为电子商务的主要业务是基于互联网的，所以互联网是网络基础设施中最重要的部分。

2）信息发布与传输层

网络层决定了电子商务信息传输使用的线路，而信息发布与传输层则解决如何在网络上传输信息和传输何种信息的问题。目前互联网上最常用的信息发布方式是在 WWW 上用 HTML 语言的形式发布网页，并将 Web 服务器中发布传输的文本、数据、声音、图像和视频等多媒体信息发送到接收者手中。从技术角度而言，电子商务系统的整个过程就是围绕信息的发布和传输进行的。

3）服务层

服务层实现标准的网上商务活动服务，如网上广告、网上零售、商品目录服务、电子支付、客户服务、电子认证（CA 认证）、商业信息安全传送等。其真正的核心是 CA 认证。因为电子商务是在网上进行的商务活动，参与交易的商务活动各方互不见面，所以身份的确认与安全通信变得非常重要。CA 认证中心充当着网上"公安局"和"工商局"的角色，而它给参与交易者签发的数字证书就类似于"网上身份证"，用来确认电子商务活动中各自的身份，并通过加密和解密的方法实现网上信息交换与交易的安全。

4）应用层

在基础通信设施、多媒体信息发布、信息传输以及各种相关服务的基础上，人们就可以进行各种实际应用。现在已经实现的有网上广告、网上购物、电子商城、网上银行、网上报税、电子缴税、EDI 报关、工程招投标、信息咨询服务、福利金及保障费发放、个性化服务、竞价拍卖、视频直播、网上娱乐、供应链管理、客户关系管理等。随着电子商务的进一步发展，必将出现更多的应用。

5）公共政策和法律法规

法律维系着商务活动的正常运作，对市场的稳定发展起到了很好的制约和规范作用。进行商务活动，必须遵守国家的法律、法规和相应的政策，还要有道德和伦理规范的自我约束与管理，二者相互融合，才能使商务活动有序进行。

随着电子商务的产生，由此引发的问题和纠纷不断增加，原有的法律法规已经不能适应新的发展环境，制定新的法律法规并形成一个成熟、统一的法律体系，成为世界各国发展电子商务的必然趋势。

6）技术标准和网络安全协议

技术标准定义了用户接口、传输协议、信息发布标准等技术细节。它是信息发布、传递的基础，是网络信息一致性的保证。就整个网络环境来说，技术标准对保证兼容性和通用性是十分重要的。

网络安全协议是计算机网络通信的技术标准，对处在计算机网络中的两个不同地理位置上的企业来说，要进行通信，必须按照通信双方预先共同约定好的规程进行。常用的网络安全协议有：安全超文本传输协议（S-HTTP、HTTPS）、安全多媒体互联网邮件扩展协议（S/MIME）、安全套接层协议（SSL）、安全电子交易协议（SET）。

2.1.2 电子商务系统的组成

影响电子商务发展的因素是多方面的，且电子商务覆盖的范围很广泛，我们有必要探讨一个完整的电子商务系统由哪几部分组成。在电子商务活动过程中，完整的电子商务系统由以下6个部分组成，如图2.2所示。

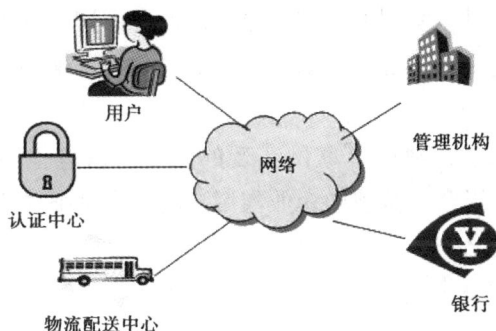

图2.2 电子商务系统的组成

（1）网络

网络主要包括Internet、Intranet、Extranet。Internet是电子商务的基础，是商务、业务信息传送的载体；Intranet是企业内部商务活动的场所；Extranet是企业与企业以及企业与个人进行商务活动的纽带。

（2）用户

用户包括企业用户和个人用户，具体包括购物单位、厂家、商户、网上商城、消费者等。

（3）认证中心

认证中心是指被法律承认的权威机构，负责发放和管理数字证书。

（4）物流配送中心

物流配送中心是根据商家的要求，组织运送商品，跟踪商品流向，将商品送到消费者手中，包括物流公司、邮政局等。

（5）银行

银行包括手机银行和网上银行，为用户和商家提供24小时的金融服务。

（6）管理机构

管理机构的作用是保障电子商务活动安全、有序进行，包括工商、税务、海关和经贸等部门。

2.1.3 电子商务系统的支撑环境

同自然界的其他任何系统一样，电子商务系统的顺畅运行，也有其赖以生存的支撑环境，主要包括电子商务的支付环境、物流环境和信用环境等。

1) 电子商务的支付环境

随着网上电子交易业务量的增加，支付问题日益突出，如何处理不同范围内的大宗交易，成为电子商务活动的关键，而答案是唯一的，即利用电子支付。

电子支付是电子商务活动的关键环节，是电子商务能够顺利发展的基础条件。对商家来说，如果缺乏良好的网上电子支付环境，电子商务高效率、低成本的优势就难以发挥，只能是网上订货、网下支付，实现的是较低层次的商务应用，从而使电子商务的应用与发展受到极大的阻碍。因此，提供安全、高效、快捷的网上金融服务就成为整个电子商务交易过程中最重要的环节。

但由于电子支付是通过开放的互联网实现的，支付信息很容易受到黑客的攻击和破坏，这些信息的泄露和受损会直接威胁企业与用户的切身利益，因此安全性一直是电子支付要考虑的最重要的问题之一。

2) 电子商务的物流环境

随着电子商务时代的到来，企业销售范围不断扩大，企业和商业销售方式以及消费者购买方式的转变，使送货上门等业务成为一项极为重要的服务业务，这些极大地促进了物流行业的兴起。少数商品和服务可以直接通过网络传输的方式进行配送，如各种电子出版物、信息咨询服务、有价信息软件等。而对大多数商品和服务来说，物流仍要经由物理方式传输。目前，由于一系列机械化、自动化工具的应用，准确、及时的物流信息对物流过程的监控，将使物流速度加快、准确率提高，能有效地减少库存，缩短生产周期。

在这一发展过程中，物流不仅已成为有形商品网上商务的一个障碍，而且已成为有形商品网上商务活动能否顺利进行和发展的一个关键因素。电子商务优势的发挥需要有一个与电子商务相适应的，高效、合理、畅通的物流系统，否则电子商务就难以得到有效的发展。

3) 电子商务的信用环境

传统商务和电子商务在商贸交易过程的实务操作步骤是相同的，但交易具体使用的运作方法是不同的。在电子商务条件下，商务活动是通过网络进行的，买卖双方在网上沟通、签订电子合同、使用数字签名和电子支付等，这完全改变了传统商务模式下面对面的交易方式，因此，商业信用体系的建立对电子商务来说就显得更加重要。它不是仅依靠交易双方单方面的努力就能解决的，电子商务信用环境的建立是一个综合性任务，其中既有公民道德素质的提高和意识觉悟问题，也有技术问题和法律问题，同时信用环境的建立还有待时间让电子商务系统各个角色逐渐习惯和适应。首先需要社会各方面的大力引导，创建一个具有良好信用意识的社会环境；其次是建立和完善电子商务认证中心，这是改善电子商务信用环境最基本的技术手段，是电子商务活动正常进行的必要保障；再次是制定相关法律和制度，规范电子商务的交易行为，保障电子商务活动的正常进行；最后是建立社会信用评价制度和体系，为电子商务交易提供资信服务。

2.2　B2B 电子商务

【案例 2.1】

美菜网：让老百姓生活更简单

2014 年 6 月 6 日，美菜网正式成立。美菜网一直致力于用互联网思维改变国内现代农业和餐饮供应链，以独有的"两端一链一平台"模式，创新升级农产品供应链，提高流通效率，让利两端。美菜网专注为全国近千万家餐厅，提供全品类、全程无忧的一站式餐饮食材采购服务。美菜网前期以中小型餐饮商户为切入点，专注为全国近 1 000 万家餐厅提供一站式、全品类且更低价、更新鲜的餐饮原材料采购服务，为客户提供省时省力、省钱省心的原材料，实现全程无忧的采购。

美菜网将互联网、农产品电商、农产品物流基地进行有机整合，减少农产品流通环节，降低商户供应链成本，减少供应链人力。其打造的农产品垂直电商平台运营模式需形成闭环，产地直采、终端配送是关键。餐厅通过美菜 App 下单；在汇集所有餐厅的需求后，购买量增大，从而可以在供应商那里降低采购成本；购买后，通过自建仓储物流直接送进餐厅厨房。

（资料来源：美菜网，有删改）

2.2.1　B2B 电子商务的概念和特点

作为电子商务的重要模式之一，B2B 电子商务有自身的特点和优势，对 B2B 电子商务模式的研究已成为电子商务领域的热点之一。

目前，著名的 B2B 电子商务网站有阿里巴巴、上海钢联、怡亚通、慧聪、摩贝、宝尊电商、国联股份、生意宝和科通芯城等。

2022 年中国电子商务行业交易规模达 47.57 万亿元，较 2021 年的 42.13 万亿元同比增长 12.9%。此外，2018—2021 年市场规模（增速）分别为 32.55 万亿元（13.57%）、35.63 万亿元（9.46%）、38.16 万亿元（7.1%）、42.13 万亿元（10.4%）。2018—2022 年产业电商行业交易规模及其增长率如图 2.3 所示。

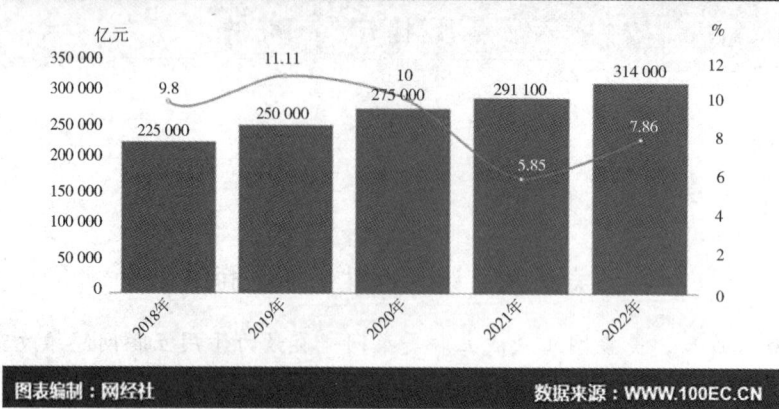

图 2.3　2018—2022 年产业电商行业交易规模及其增长率

目前，国内 B2B 电子商务市场总体上较稳定，竞争呈现出"一超多强"的格局，其中阿里巴巴通过建立涵盖消费者、商家、品牌、零售商、第三方服务提供商、战略合作伙伴及其他企业的全球贸易生态圈，是行业领军者。上海钢联、怡亚通、慧聪、摩贝、宝尊电商、国联股份、生意宝和科通芯城等则在各自细分行业具备较强的市场地位，多强各具优势。阿里巴巴的业务包括核心零售、云服务、数字媒体及娱乐和创新业务等，但其核心业务占比最大，超过 85%，各业务之间存在高度的协同效应。多强企业也纷纷在各自擅长领域深耕多年，增强自身核心竞争力。如上海钢联专注钢铁、有色、能源化工等大宗商品；慧聪集团则在内贸服务、广电、工程机械等领域具有优势；国联股份已在涂料化工、玻璃、卫生用品、造纸、化肥、粮油等行业占据了领先优势。

1) B2B 电子商务的概念

B2B（Business to Business），即企业对企业的电子商务，是指企业与企业之间通过互联网进行产品、服务及信息的交换。

B2B 电子商务是电子商务的主流模式，主要是指企业与企业之间的批发业务。B2B 模式主要是通过互联网平台聚合众多的企业商家，形成买卖的大信息海洋，买家与卖家在平台上选择交易对象，通过在线电子支付完成交易。就目前来看，电子商务在供货、库存、运输、信息流通等方面大大提高了企业效率。企业与企业之间的交易是通过引入电子商务能够产生大量效益的地方。对一个处于流通领域的商贸企业来说，由于它没有生产环节，电子商务活动几乎覆盖了整个企业的经营管理活动，是利用电子商务最多的企业。通过电子商务，商贸企业可以更及时、准确地获取消费者的信息，从而准确订货、减少库存，并通过网络促进销售，以提高效率、降低成本，获取更大的利益。

2) B2B 电子商务的特点

B2B 是企业实现电子商务、推动企业业务发展的一个最佳切入点。企业获得最直接的利益就是降低成本和提高效率，从长远来看也能带来巨额回报。与传统的商务模式相比，B2B 电子商务具有以下特点。

（1）交易金额大

B2B 是企业与其供应商、客户之间大宗货物的交易与买卖活动的电子商务模式，其交易金额远大于 B2C，但其交易次数相对较少。根据阿里巴巴集团发布的 2022 年第二季度业绩公告，其 B2B 业务营业收入达 98.85 亿元人民币，同比增长 18.72%。其中 1688 平台营收 49.58 亿元人民币，阿里巴巴国际站营收 49.27 亿元人民币。

（2）交易对象广泛

B2B 电子商务活动的交易对象可以是任何一种产品，可以是原材料，也可以是半成品或成品。其范围涉及石油化工、水电、运输、仓储、航空、国防、建筑等诸多领域。

（3）交易操作规范

B2B 电子商务活动是各类电子商务交易中最复杂的，主要涉及企业间原材料、产品的交易以及相应的信息查询、交易谈判、合同签订、货款结算、单证交换、库存管理和物品运输等。如果是跨国交易还要涉及海关、商检、国际运输、外汇结算等业务，企业间信息交互和沟通非常多。因此，在交易过程中，对合同及各种单证的格式要求比较严格，操作过程比较规范，同时比较注重法律的有效性。与之相比，B2C 电子交易操作简单，涉及部门和人员相对较少，操作的随意性较大，相关的法律条文相对较少。

2.2.2　B2B 电子商务在线交易流程

B2B 电子商务在线交易应遵循的基本流程如下：

①采购方向供应方发出交易意向，提出商品报价请求并询问想购买商品的详细信息。

②供应方向采购方回答该商品的报价，并反馈信息。

③采购方向供应方发出商品订购单。

④供应方对采购方发出的商品订购单作出应答，说明有无此商品及目前存货的规格型号、品种、质量等信息。

⑤采购方根据供应方的应答决定是否对订购单进行调整，并最终作出购买商品信息的决定。

⑥采购方向供应方提出商品运输要求，明确使用的运输工具和交货地点等信息。

⑦供应方向采购方发出发货通知，说明所用运输公司的名称、交货的时间和地点、所用的运输设备和包装等信息。

⑧采购方向供应方发回收货通知。

⑨交易双方收发汇款通知。采购方发出汇款通知，供应方告之收款信息。

⑩供应方备货并开出电子发票，采购方收到货物，供应方收到货款，整个 B2B 交易流程结束。如果是外贸企业，中间还涉及海关、商检、国际运输、外汇结算等业务。

2.2.3 B2B 电子商务模式的分类

B2B 电子商务模式很多，可以根据不同的分类标准对其进行分类。在这里，主要讨论的是根据买方和卖方在交易中所处地位的不同进行分类，可划分为以下 3 种模式。

1）以卖方为主导的模式

这是 B2B 商务模式中最普通的一种，也就是网上直销型的 B2B。在这种模式里，卖方企业发布欲销售的产品的信息（产品名称、规格、数量、交货期、价格），吸引买方企业前来认购。卖方企业可以是制造商或分销商，向批发商或零售商直接销售，即一个卖家对应多个潜在的买家。这种模式可以加快企业产品销售的过程，实现新产品推广，降低销售成本，扩展卖方渠道（包括数量、区域）等。这种模式的一个显著特征是比较偏向于为卖方服务，而不会更多兼顾买家的利益。海尔商城就属于这一模式，如图 2.4 所示。

图 2.4　海尔商城

2）以买方为主导的模式

以买方为主导的 B2B 电子商务也称为网上采购，是一个买家与多个卖家之间的交易模式。买方，也就是需求方，发布需求信息（产品名称、规格、数量、交货期）吸引供应商前来报价、洽谈和交易。这种模式为买方提供更好的服务，汇总了卖方企业及其产品的信息，让买家能够综合比价，绕过分销商和代理商，从而加速买方的业务开展。一般企业自建的、服务于本企业的电子采购平台就是这种模式。这种模式使采购过程公开化、规范化，实现了信息共享，加快了信息流动的速度，扩大了询价、比价的范围，节省了交易费用，强化了监督控制体系，提高了整个运营环节的工作效率。招标采购导航网就属于这一模式，如图 2.5 所示。

图 2.5 招标采购导航网

3) 中立的网上交易市场模式

中立的网上交易市场模式是指由买方、卖方之外的第三方投资而自行建立起来的中立的网上交易市场，是一对多卖方集中和多对一买方集中交易模式的综合。这一模式又包括综合型 B2B 模式和专业型 B2B 模式。

综合型 B2B，又称水平型 B2B，可服务于多个行业与领域，是将各个行业的交易过程集中到一个场所，为采购商和供应商提供一个交易机会。综合型 B2B 平台为买卖双方创建起一个信息发布和进行交易的平台，买方和卖方可以在此分享信息、发布广告、竞拍投标、进行交易。综合型 B2B 网站追求的是"全"，这一模式能够获得收益的机会很多，而且潜在的用户群也较大，它能迅速获得收益。但是其风险主要体现在用户群不稳定，被模仿的风险也很大。目前，综合型 B2B 网站主要代表有阿里巴巴 1688（图 2.6）、慧聪网（图 2.7）、国联资源网（图 2.8）、生意宝（图 2.9）等。

图 2.6 阿里巴巴 1688

图 2.7　慧聪网

图 2.8　国联资源网

图 2.9　生意宝

专业型 B2B，又称垂直型 B2B，是指提供某一类产品及其相关产品（互补产品）的一系列服务（从网上交流到广告、网上拍卖、网上交易等）的电子商务交易平台。专业型 B2B 之所以称为"垂直型网站"，是因为这些网站的专业性很强，它们将自己定位在一个特定的专业领域内，如 IT、化学、医药、钢铁、农业、服装等领域。

专业型 B2B 平台通过向客户提供会员资格收费或按每笔交易收费，常以行业联盟网站的形式出现。行业联盟网站是由供应商和其他厂商共同加盟，将行业内的相关企业联合组建的 B2B 电子商务网上交易平台。行业联盟网站是将本行业内的竞争对手联合在一起，实现技术合作和利润共享。行业合作的实现是一件十分困难的事情，联盟的技术实现难度大，内部利益协调困难，能够走向联盟的企业必须具有高瞻远瞩的气魄，这样的企业较少。如果联盟的问题能够较好地解决，则行业联盟对促进 B2B 的电子商务发展将起到巨大的推动作用。目前，专业型 B2B 网站有我的钢铁网（图 2.10）、摩贝网（图 2.11）、科通芯城（图 2.12）等。

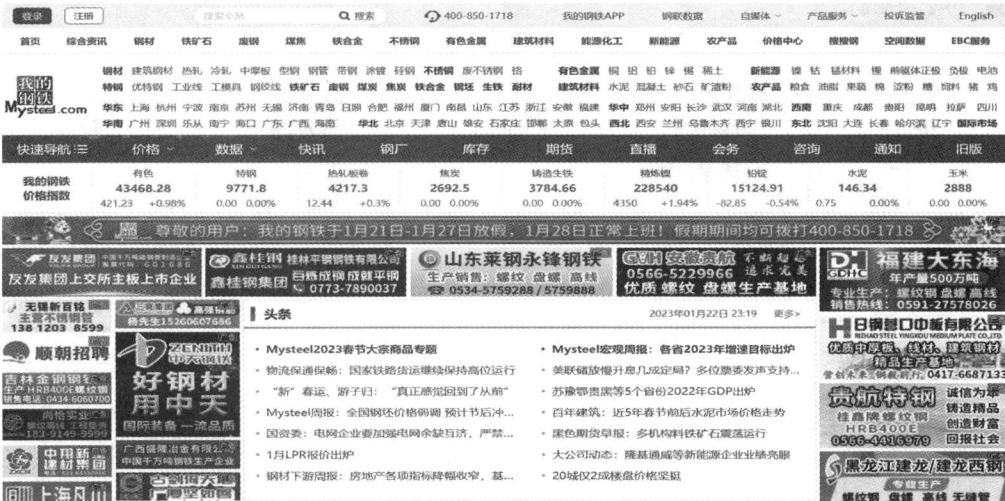

图 2.10　我的钢铁网

图 2.11　摩贝网

图 2.12　科通芯城

2.2.4　B2B 电子商务的盈利模式

目前，各类 B2B 网站的主要收入来源包括会员费、广告费、竞价排名费、增值服务费、信息化技术服务费、代理产品销售收入、交易佣金、展览或活动收入等，下面介绍前

4种盈利模式。

1）会员费

企业通过第三方电子商务平台参与电子商务交易，必须注册为B2B网站的会员，每年要交纳一定的会员费，才能享受网站提供的各种服务，目前会员费已成为我国B2B网站最主要的收入来源。阿里巴巴共有3个会员等级，他们对应的服务和权限分别是以下3个方面。

①诚信通会员，诚信通会员年费2 800元。诚信通主要面向国内的生产厂家、贸易商、批发商。对应的服务：可以查看所有的求购信息，可发布供应信息，每日重发400条以内，有诚信认证，可以参加网销宝按点击付费。有相关的培训。赠送旺铺。

②中国供应商，年费2.8万~10万元不等。其主要是面向出口型企业，依托网上贸易社区，向国际采购商推荐中国的出口供应商。

③免费会员。不用支付给阿里巴巴任何费用，可以通过参加社区活动获取旺铺，通过在社区活跃结识买家。

2）广告费

网络广告是门户网站的主要盈利来源，也是B2B电子商务网站的主要收入来源。阿里巴巴网站的广告根据其在首页的位置及广告类型收费。中国化工网有弹出广告、漂浮广告、Banner广告、文字广告等多种表现形式可供用户选择。

3）竞价排名费

企业为了促进产品的销售，都希望在B2B网站的信息搜索中使自己的排名靠前，而网站在确保信息准确的基础上，根据会员交费的不同对排名顺序做相应的调整。阿里巴巴的竞价排名是诚信通会员专享的搜索排名服务，当买家在阿里巴巴搜索供应信息时，竞价企业的信息将排在搜索结果的前三位，被买家第一时间找到。中国化工网的化工搜索是建立在全球最大的化工网站上的化工专业搜索平台上的，对全球近20万个化工及化工相关网站进行搜索，收录的网页总数达5 000万条，同时采用搜索竞价排名方式，确定企业的排名顺序。

4）增值服务费

B2B网站通常除了为企业提供贸易供求信息，还会提供一些独特的增值服务，包括提供行业数据分析报告、产品行情资讯服务、企业建站服务、企业认证、线下会展、培训等。

2.2.5 B2B电子商务的优势

在经济全球化、社会信息化的新时代，企业不仅要协调企业内部的计划、采购、制造、销售和客服等各个环节，还要与供应商、经销商等其他企业密切配合。B2B模式利用供应链技术，整合企业在采购和销售过程中的上下游产业以及与银行等相关组织的关系，构成一个最终面向顾客的、完整的电子商务供应链。B2B电子商务模式的优势具体体现在以下4个方面。

1）减少企业库存

企业为应对变化莫测的市场需求，通常需保持一定的库存量。以信息技术为基础的电子商务可以改变企业决策中信息不确切和不及时问题。互联网可以将市场需求信息传递给企业决策生产，也可以把需求信息及时地传递给供应商而适时补充供给，从而实现"零库存管理"。在传统的交易中，由于不确定市场的需求有多大，因此必须经常准备充足的货物，而 B2B 网站通过建立高效的电子商务系统实现了生产和销售的无缝对接，实现以销定产和以产定供，从而最大限度地减轻了库存压力。比如通过允许顾客网上订货，实现企业业务流程的高效运转，大大降低库存成本。

2) 降低采购成本

企业通过与供应商建立企业间电子商务，实现网上自动采购，可以减少双方为进行交易投入的人力、物力和财力。另外，采购方企业可以通过整合企业内部的采购体系，统一向供应商采购，实现批量采购获取折扣。如沃尔玛将美国的 3 000 多家超市通过网络连接在一起，统一进行采购配送，通过批量采购节省了大量的采购费用。另外，借助互联网，企业还可以在全球市场上寻求最优价格的供应商，而不是局限于原有的几个商家。

3) 缩短周转时间

企业可以联合供应商和顾客建立统一的电子商务系统，实现企业的供应商与企业的顾客直接沟通和交易，减少周转环节。如波音公司的零配件是从供应商那里采购的，而这些零配件很大一部分是满足它的顾客航空公司维修飞机时使用。为减少中间周转环节，波音公司通过建立电子商务网站实现波音公司的供应商与顾客之间的直接沟通，大大缩短了零配件的周转时间。

4) 扩大市场机会

企业联合潜在的客户建立网上商务关系，可以覆盖原来难以通过传统渠道覆盖的市场，增加企业的市场机会。如通过网上直销，有 20% 的新客户来自中小企业，联合这些企业建立企业间电子商务，大大减少了双方的交易费用，增加了中小企业客户网上采购的利益动力。

2.3 B2C 电子商务

【案例 2.2】

唯品会

唯品会在中国开创了"名牌折扣+限时抢购+正品保障"的创新电商模式，并持续深化为"精选品牌+深度折扣+限时抢购"的正品特卖模式——这一模式被形象地誉为"线上奥特莱斯"。唯品会每天早上 10 点和晚上 8 点准时上线 500 多个正品品牌特卖，以低至 1 折的折扣实行 3 天限时抢购，为消费者带来高性价比的"网上逛街"的购物体验。

一、产品定位

唯品会是一家专注于品牌特卖的电子商务平台,为喜欢逛街的女性提供线上逛街服务。

二、用户需求分析

唯品会的目标用户是年龄在25~34岁的中高等收入女性。360指数显示,唯品会的用户人群年龄段占比最大的是25~34岁,占比58%,主要目标用户年龄分布在19~49岁;同时,女性用户达总数的69%,女性更喜欢衣物、配饰等商品,对打折正品更没有抵抗力,愿意花费大量精力浏览商品。

唯品会用户主要分布在沿海和交通便利的地区,因为这些地区经济较发达,物流方便;而且更加注重品牌和质量,所以,使用唯品会的用户较多。

唯品会用户爱好主要有网购、看视频、资讯、社交、阅读。

唯品会用名牌折扣、保证正品的方式满足用户在购买商品时用超低的价格购买到低价正品的商品,同时为用户带来高性价比的"网上逛街"的购物体验;而线上平台商品低于线下实体店商品的价格,以及汇集精选品牌的筛选功能能够吸引众多消费者消费。

总的来说,唯品会是集19~49岁年龄用户的电商平台,特别是25~34岁中高等收入女性用户,追求优质商品;对打折正品更没有抵抗,愿意花费精力浏览商品;在发达城市,人们更注重品牌和质量,而唯品会汇集精选品牌给消费者带来更高的性价比吸引着众多消费者消费。

三、竞品对比

唯品会更倾向于女性用户,而天猫(前身是淘宝商城)则属于综合性电商产品,男女比例差别不大。在竞品中,天猫的用户在搜索引擎上搜索到的概率更大;随着用户群体的增多,追求生活质量的用户也在慢慢增多;唯品会应提高关键词覆盖率,品牌曝光率次数增多,可以精准带来人群流量,提高转化能力。

整体而言,唯品会的优势取决于其产品定位"名牌折扣+限时抢购+正品保险"的网购模式。

(1)产品逻辑结构清晰,与天猫等电子商务平台产品相比,属于轻量级产品,产品使用流程较多,比较符合产品定位的角色,满足了用户"逛"的需求。

(2)从市场规模看,PC端用户逐渐转变为移动端用户,网购占比逐年提高,网民数量增长逐渐趋于平缓,国内网民数量趋近饱和,唯品会在移动网购市场排名第六,活跃人数还有更多的提升。

(3)产品主营服饰、美妆、母婴等,女性用户居多,占比六成以上,女性天生对品质和时尚感和服务的追求更多,所以用户注重的不仅是商品质量还有服务。

(资料来源:人人都是产品经理,有删改)

目前在互联网上遍布的各种类型的网上商城、商业中心提供各种商品和服务,消费者只要拥有一台计算机、手机、PDA等,就可以从网上买到图书、鲜花、水果、土特产、海鲜、飞机票、珠宝乃至汽车、房子,这就是网上购物B2C的一种主要形式。无疑,这是人们最熟悉的一种电子商务模式。

2.3.1 B2C 电子商务的概念

B2C（Business to Consumer），即企业对消费者的电子商务，是指企业通过互联网向个人消费者直接销售产品和提供服务。

B2C 电子商务是人们最熟悉的一种电子商务模式，由于互联网提供了强大、直观、安全的交互式功能，这种交易模式大大节省了客户与企业双方的时间和空间，提高了交易效率，因而逐渐得到了人们的广泛认同。这种形式的电子商务一般以网络零售业为主，主要借助互联网开展在线销售活动，如经营各种书籍、鲜花、计算机、通信产品等商品。

2.3.2 B2C 电子商务在线交易流程

以消费者进行网上购物为例，B2C 交易过程如下：

①消费者使用自己的计算机，通过互联网搜索想要购买的商品。

②消费者在网上浏览，将选购的商品放入购物车内，填写系统自动生成的订货单，包括商品名称、数量、单价、总价等，并注明何时将此商品送到何地以及交给何人等详细信息。

③通过服务器与有关商店联系并取得应答，告之消费者所购货物的单价、应付款数、交货等信息。

④消费者确认上述信息后，用电子钱包付款。在系统中装入并打开电子钱包，输入自己的密码口令，取出其中的电子信用卡进行付款。

⑤电子信用卡号码被加密发送到相应的银行，网上商店收到订购单，等待银行付款确认。当然商店不知道也不应该知道顾客的信用卡信息，无权也无法处理信用卡中的钱款。

⑥如果付款不成功，则说明信用卡上的钱款已经超过透支限额或是上了黑名单，消费者已不能使用该卡。消费者可再次打开电子钱包，取出另一张电子信用卡，重复上述操作。

⑦如果经银行证明信用卡有效并已授权，网上商店就可付货，同时网上商店留下整个交易过程中发生往来的财务数据，并出示一份电子收据发送给消费者。

⑧在上述交易成交后，网上商店就按照消费者提供的电子订单，将货物在指定地点交到消费者指明的收货人手中。

就上述网上购物而言，在实际进行过程中，即从顾客输入订货单后开始到拿到网上商店出具的电子收据为止的全过程仅用 5~20 秒的时间。这种网上购物方式十分省事、省力、省时。购物过程中虽经过信用卡公司和商业银行等多次进行身份确认、银行授权、各种财务数据交换和账务往来等，但所有业务活动都是在极短的时间内完成的。总之，这种购物过程彻底改变了传统的面对面交易、一手交钱一手交货和面谈等购物方式，是一种新颖有效、保密性好、安全保险、可靠的购物过程，利用各种电子商务保密服务系统，就可以在互联网上使用自己的信用卡放心地购买自己所需要的物品。

2.3.3 B2C 电子商务的分类

B2C 电子商务主要可以分为综合型 B2C 模式和专业型 B2C 模式。

1) 综合型 B2C

综合型 B2C 模式是指以综合型的 B2C 网站为平台，为消费者提供种类丰富的商品和服务的模式。综合型 B2C 电子商务模式可以充分发挥企业自身品牌的影响力，寻求产品或服务的新的利润点，培养核心业务。综合型的 B2C 平台涵盖商品种类丰富，以京东商城为例，该平台是综合的网上购物商城，销售数万种品牌、4 020 万种商品，囊括家电、手机、计算机、服装、家居、母婴、个护、食品、旅游等 13 大品类。综合型 B2C 平台有庞大的购物群体，有稳定的网站平台，有完备的支付体系，如天猫（图 2.13）、京东商城（图 2.14）、当当网（图 2.15）、苏宁易购（图 2.16）、唯品会等。

图 2.13 天猫

图 2.14 京东商城

图 2.15 当当网

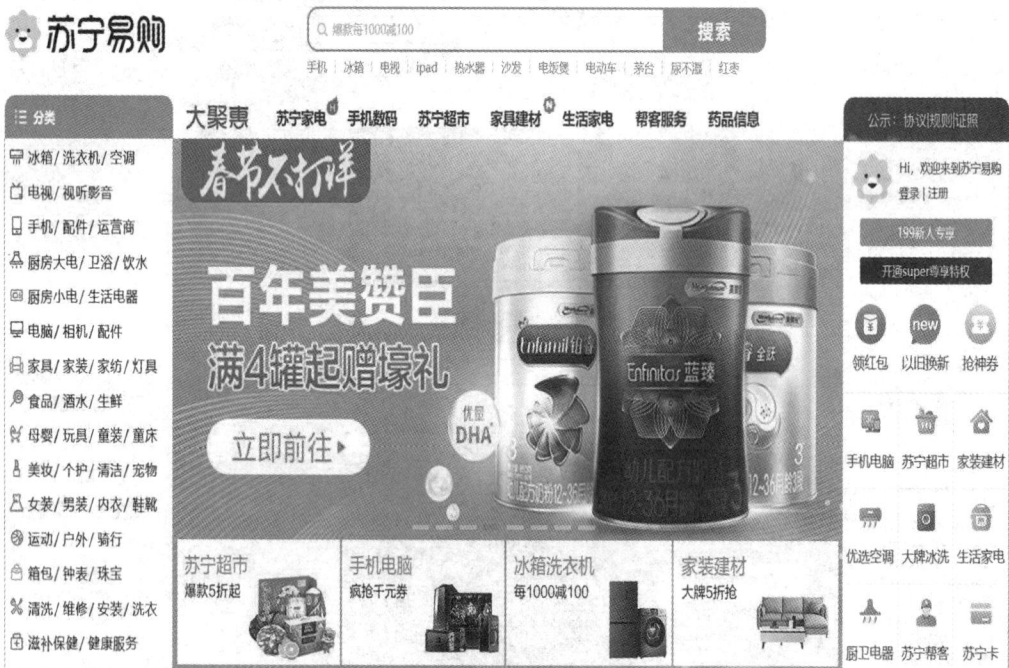

图 2.16 苏宁易购

2) 专业型 B2C

专业型 B2C 模式是指以专业型的 B2C 网站为平台，销售单品类、单品牌产品或销售单一品类下多个品牌产品的模式。专业型 B2C 又称为垂直型 B2C，垂直电商需要有强大的品牌影响力才能够吸引足够的流量。垂直电商"小而精"的特点会强化购物体验，满足一些差异化需求，如对于非标准化的、专业性较高的细分市场，消费者需要有细分平台为其提供有特色的和专业化的服务。常见的一些垂直型 B2C 平台包括：销售母婴用品的孩子王商城（图 2.17）；销售医药的康爱多健康商城（图 2.18）；销售奢侈品、名表、名包、名服饰等的珍品网（图 2.19）。

图 2.17 孩子王商城

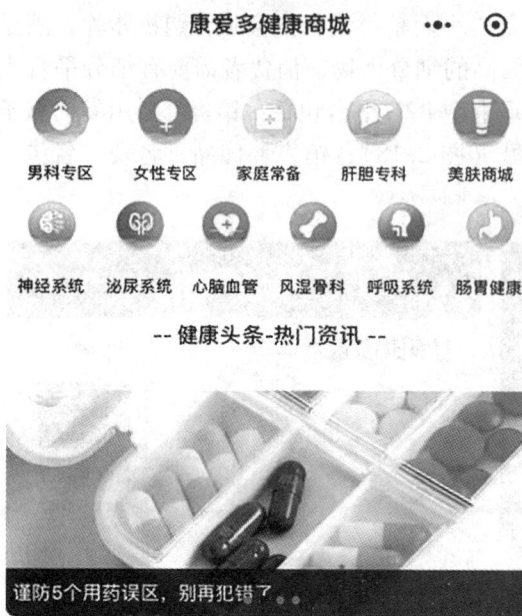

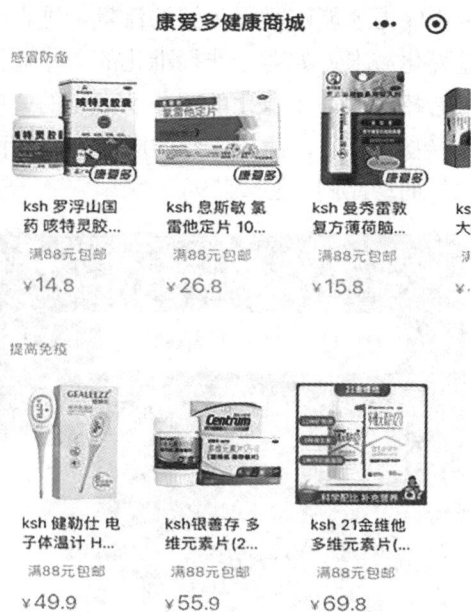

图 2.18　康爱多健康商城

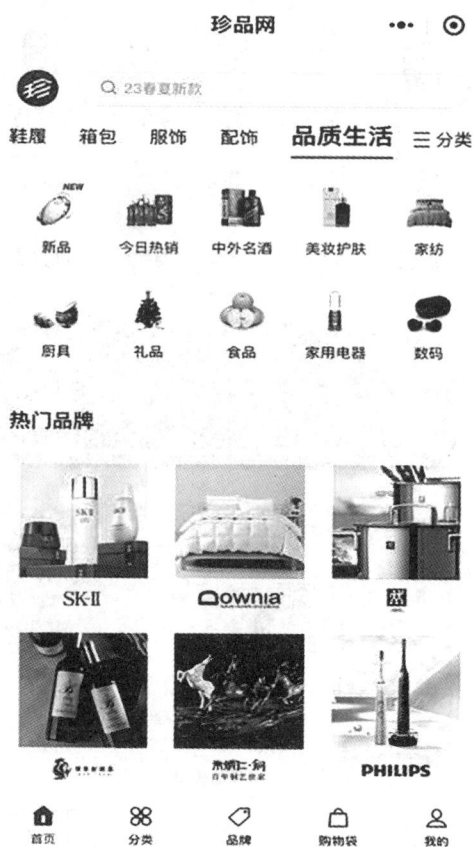

图 2.19　珍品网

2.3.4 B2C 电子商务的盈利模式

B2C 电子商务企业的盈利模式主要有以下两种：经营无形产品和劳务的电子商务盈利模式与经营实物商品的电子商务盈利模式。

1) 经营无形产品和劳务的电子商务盈利模式

（1）网上订阅模式

网上订阅模式是指企业通过网页向消费者提供网上直接订阅、直接信息浏览的电子商务模式。消费者通过网络订阅相关信息服务，并在网上支付相关费用，企业按用户要求的时间，将相关的信息发送到用户指定的地点，通常是用户的邮箱。该模式主要用于销售报纸杂志、有线电视节目等。网上订阅模式有 3 种主要方式：在线服务（Online Services）、在线出版（Online Publication）和在线娱乐（Online Entertainment）。

在线服务是指在线经营商通过每月向消费者收取固定的费用而提供各种形式的在线信息服务。例如，喜马拉雅是一个高品质的音频分享平台，通过收取会员费为 VIP 会员提供优质的音频服务。喜马拉雅涵盖泛知识领域的金融、文化、历史类专辑，泛娱乐领域的小说和娱乐类专辑，适合少儿的教育内容，适合中老年的经典内容，内容上既有音频播客的形式，也有音频直播的形式。喜马拉雅首页如图 2.20 所示。

图 2.20 喜马拉雅

在线出版是指出版商通过互联网向消费者提供除传统出版物之外的电子出版物。在线出版商在网上发布电子刊物，消费者可以通过订阅下载该刊物所包含的信息。现实的运作情况表明，以订阅方式向一般消费者销售电子刊物被证明存在一定的困难。因为一般消费者大多可从其他途径获得相同或类似的信息。在线出版模式主要靠广告支持。

在线娱乐是无形产品和服务在线销售中令人瞩目的另一个领域。一些网站向消费者提供在线游戏，并收取一定的订阅费。目前这一领域的成功实例有不少。

【案例2.3】

爱奇艺

爱奇艺，中国高品质视频娱乐服务提供者。2010年4月22日，爱奇艺正式上线，秉承"悦享品质"的品牌口号，积极推动产品、技术、内容、营销等全方位创新，为用户提供丰富、高清、流畅的专业视频体验，致力于让人们平等、便捷地获得更多、更好的视频。

爱奇艺品质、青春、时尚的品牌调性深入人心，网罗了全球的年轻用户群体。爱奇艺打造涵盖电影、电视剧、综艺、动漫在内的十余种丰富的正版视频内容库。作为拥有海量付费用户的视频网站，爱奇艺倡导"轻奢新主义"的VIP会员理念，主张人们对高品质生活细节的追求，坚持为广大VIP会员提供专属的精品内容、极致的视听体验，以及独有的线下会员服务。

（资料来源：爱奇艺官网，有删改）

（2）付费浏览模式

付费浏览模式是指企业通过网站向消费者提供计次收费的网上信息浏览和信息下载的电子商务模式。如在万方数据库中下载一篇论文，按篇收费，每篇为3元；如要浏览和下载百度文库的一些付费资料，就需要购买百度文库VIP。百度文库VIP收费标准具体如图2.21所示。

图2.21　百度文库 VIP 收费标准

网上订阅模式下，从事电子商务的企业主要提供影视娱乐节目、报纸杂志等并要求顾客付费。这一模式与付费浏览模式的相同点在于它们都没有存货数量，不同点在于它们所要求支付的费用不同。网上订阅模式要求的价格要比网上付费浏览的价格贵。这一模式下的数字商品的价格同现实生活中有载体的商品的价格是相差无几的，有时可能还会更高一点，客户在网上购买是因为可以第一手获得这件商品。

（3）广告支持模式

广告支持模式是指在线服务商免费向消费者或用户提供在线信息服务，而营业活动全部依靠广告收入支持。例如，新浪（Sina）和搜狐（Sohu）在某种程度上是依靠广告收入来支持运作的。中文搜索引擎百度，90%的收入来源于竞价排名的广告费。在信息浩瀚的互联网上，搜索引擎是寻找信息的最基础的服务手段，很多企业愿意在门户网站上设置广告，特别是设置旗帜广告，访问者单击旗帜广告就可直接到达广告企业的网站，了解更多详细的内容。

由于广告支持模式决定了网站的主办企业要依靠广告收入维持其生存与发展，因此其网页能否吸引大量的广告就成为其生存的关键，而能否吸引网上广告又主要依赖于该网站的知名度。提高网站知名度的办法就是增加网站访问次数。不难看出，为访问者提供信息的程度是吸引广告的决定性因素。

（4）网上赠予模式

网上赠予模式是一种非传统的商业运作模式，是指企业借助互联网的全球广泛性优势，向互联网上的用户赠送软件产品，以扩大知名度和市场份额。企业通过让消费者使用该产品，从而让消费者下载一个新版本的软件或购买另外一个相关的软件，最终获取收益。

由于赠送的是无形的计算机软件产品，用户可以通过网络传输自行下载，无须配送等服务，因此企业投入较低。只要软件确实有其实用特点，很快就会被消费者接受。这种电子商务模式通常被软件公司和出版商采用。

2）经营实物商品的电子商务盈利模式

实物商品是指传统的有形商品，这种商品的交付不是通过网络来完成的，而是通过传统的方式来实现的。实际上，大多数企业的经营模式并不是单一的，而是将各种模式综合起来实施电子商务，总的来说有以下6种盈利模式。

（1）广告费

收取广告费是大部分 B2C 网站的主要盈利模式，能否盈利取决于其网站能否成功吸引大量访客，形成庞大的访问流量，同时能不能使其广告受到访客的关注。

（2）出售商品的费用

一些 B2C 网站通过网上销售商品，赚取采购价与销售价之间的差价，以获取更大的利润，如京东商城、唯品会、苏宁易购、当当网等。

（3）商品租赁费

商品租赁行业在 B2C 网站也特别盛行，如通过玩具租赁、汽车租赁、服饰租赁、设备租赁等赚取租赁费用。目前，很多旅游网站除了销售机票、酒店、景点门票，还提供租车服务，如携程旅行网、去哪儿网等。在租车平台方面，有神州租车（图2.22）、悟空租车等。

图2.22　神州租车

（4）拍卖中间费

一些拍卖网站通过拍卖商品收取中间费，如雅昌拍卖网（图2.23）为收藏者提供书画、玉石等各种藏品的拍卖服务；如京东拍卖（图2.24）是具有独特性或有较高附加值商品的拍卖平台，主要拍卖珠宝、玉器、艺术品、陶瓷、房产等品类。

图 2.23 雅昌拍卖网

图 2.24 京东拍卖

（5）出租虚拟商铺

第三方平台型 B2C 网站，其主要收入来源就是通过出租虚拟商铺收取一定的费用。以天猫平台为例，商家在天猫开店需要交纳以下 3 笔费用：

①入驻品牌旗舰店/专卖店保证金：带有 TM 商标的为 10 万元，全部为 R 商标的为 5 万元。

②技术服务费年费：商家在天猫经营必须交纳年费。年费金额以一级类目为参照，分为 3 万元或 6 万元两档。

③实时划扣技术服务费：商家在天猫经营需要按照其销售额（不包含运费）的一定比率交纳技术服务费。

（6）会员费

目前，一些 B2C 网站推出了付费会员制，为付费会员提供了一些特权。付费会员比普通会员享有更优惠的商品价格、更优质的服务。

【案例 2.4】

盘点各大网站的会员

一、美团会员（15 元/月）

消费权益：

1. 会员红包（5 元 6 张）全场通用；与满减、折扣同享。

2. 通用红包可兑换成会员商家红包，享受更多折扣。

3. 低价购买会员加量包（八折）。

会员特权：

1. 身份名牌。根据等级不同发生变化。

2. 积分抵现。订单不同使用积分抵扣的金额也不同。

3. 免费试吃。按照等级用户专门出试吃活动，部分用户可能获得一张免单体验券。

4. 极速退款。仅支持团购订单、美团券。酒店和旅游订单暂不支持。

5. 客服优先接入。

二、淘宝 88VIP（88 元/年）

购物权益：

1. 精选品牌、国际直营、天猫奢品、阿里健康、天猫超市享 9.5 折。

2. 大额满减购物券。

会员权益：

1. 饿了么超级吃货卡。

2. 优酷 VIP。

3. 网易云会员/虾米音乐会员。

4. 飞猪省钱卡优享版。

5. 飞猪亲子酒店礼遇。

6. 万豪旅享家（直通金卡）、希尔顿荣誉客会精选特权。

7. 运费险会员 88VIP 专属特权。

8. 高德打车精选特权。

9. 淘票票精选特权。

10. 夸克网盘精选特权。

三、京东 PLUS 会员 (99 元/年)

会员权益：

1. 十倍京东豆返利。

2. 100 元/月全品类券。

3. 360 元/年运费券礼包。

4. PLUS 价商品，会员专享。

5. 品牌 9.5 折，每月 500 元的额度，与其他优惠同享。

6. 免费退换货。

7. PLUSDAY。

8. 专属客服。

9. 服饰 9 折，每月折扣券。

10. 健康特权，免费问医生。

11. 读书会员，电子书畅想。

12. 生活特权，包括餐饮娱乐、出行酒店和生活服务。

四、唯品会超级 VIP (原价 199 元，VIP 优惠价 159 元，连续包年 79 元)

会员权益：

1. 折上 9.5 折，自营商品折上 9.5 折，同享其他优惠。

2. 专属会员价。

3. 无限免邮。

4. 生日当天起 7 天内可在本页面领取礼券，仅正式会员可享 50 元生日礼券。

5. 尊享客服。

五、喜马拉雅会员 (218 元/年，连续包年 178 元/年)

会员特权：

1. 带 VIP 标识的付费精品专辑会员免费听。

2. 会员专享。

3. 抢先听。

4. 无法免费听的精品课可以特惠购买。

5. 免声音广告。

6. 尊贵标识。

7. 专属客服。

（资料来源：知乎，有删改）

2.3.5 B2C 电子商务成功的关键因素

促使 B2C 电子商务可持续发展的关键是在 B2C 电子商务模式中采取适合企业发展的对策，B2C 电子商务要想获得成功必须从以下 5 个方面着手。

1）解决物流问题

进货渠道的好坏决定了产品进货的成本，而销售渠道物流则决定了商品能否顺利到达顾客手中并得到顾客认可。因此，物流是 B2C 电子商务发展中的一个关键因素，尤其像我国物流配送成本等存在较大的问题，解决物流问题迫在眉睫。如一些农产品网站，在保障农产品安全的前提下，首先要解决的问题就是农产品如何快速安全地从农户送到消费者手中。

2）诚信与安全保障

诚信与安全保障是 B2C 电子商务网站发展的关键之一。要建立健全网络诚信与安全制度体系，保证电子商务安全，提高买卖双方的信任度，降低双方风险感知度。

3）特色经营

只有在产品、服务和客户定位上下功夫，灵活经营，寻找特色，才能在 B2C 电子商务发展中找到一条特色经营的盈利之路。京东商城的特色在于它们在数码产品这一专业化领域做到了产品全和折扣低；携程旅行网的特色在于可提供酒店预订、机票查询、订火车票、旅游度假、订汽车票、办签证、租车、买门票等一站式服务；唯品会的特色在于正品特卖，涵盖名品服饰鞋包、美妆、母婴、居家等各大品类，唯品会开创了"名牌折扣+限时抢购+正品保障"的电子商务模式，被形象地誉为"线上奥特莱斯"。

4）网站黏性

网站黏性越高则说明用户的忠诚度越高，不易流失，也说明网站盈利能力强，商业价值高。提高用户黏性可以从以下两个方面着手：

①做好客户关怀工作。法定节假日、客户生日、大促前后、上新、日常活动、周年庆，只要想关怀，出发点就有很多，就可以围绕这些去开展一些活动促进转化。

②做好营销信息推送。经常推送营销内容、优质产品、特价产品、新品上新、促销活动、爆款推荐、免费试用等内容，可以有效提升用户黏性。

5）有效控制成本

B2C 电子商务本质上是一种零售业，零售业代表利润低，首要条件是要有效控制成本。顾客选择网上买手机和数码产品，大部分原因是价格低，而京东商城之所以成功就是因为有效控制成本，使之能维持较低的价格。

2.4　C2C 电子商务

【案例 2.5】

闲鱼发展的困境与突破

闲鱼是阿里巴巴集团旗下的一个闲置交易平台，定位为二手交易，致力于打造一个安全可靠的闲置物品交易社区，使社会的闲置资源得到充分利用，促进社会财富流通。几乎每个人都有闲置物品，这些闲置物品占用一定的空间，卖家希望通过处理这些闲置物品，释放自己的空间，以及为自己的冲动性消费回血，而买家希望以较低的价格买到好的物品。闲鱼零门槛发布闲置物品，以及改版后"淘宝一键转卖"的功能，使用户可以花费较少的时间和精力，处理闲置物品，也满足了手头不宽裕的用户的消费需求，从而实现物尽其用，低碳生活。

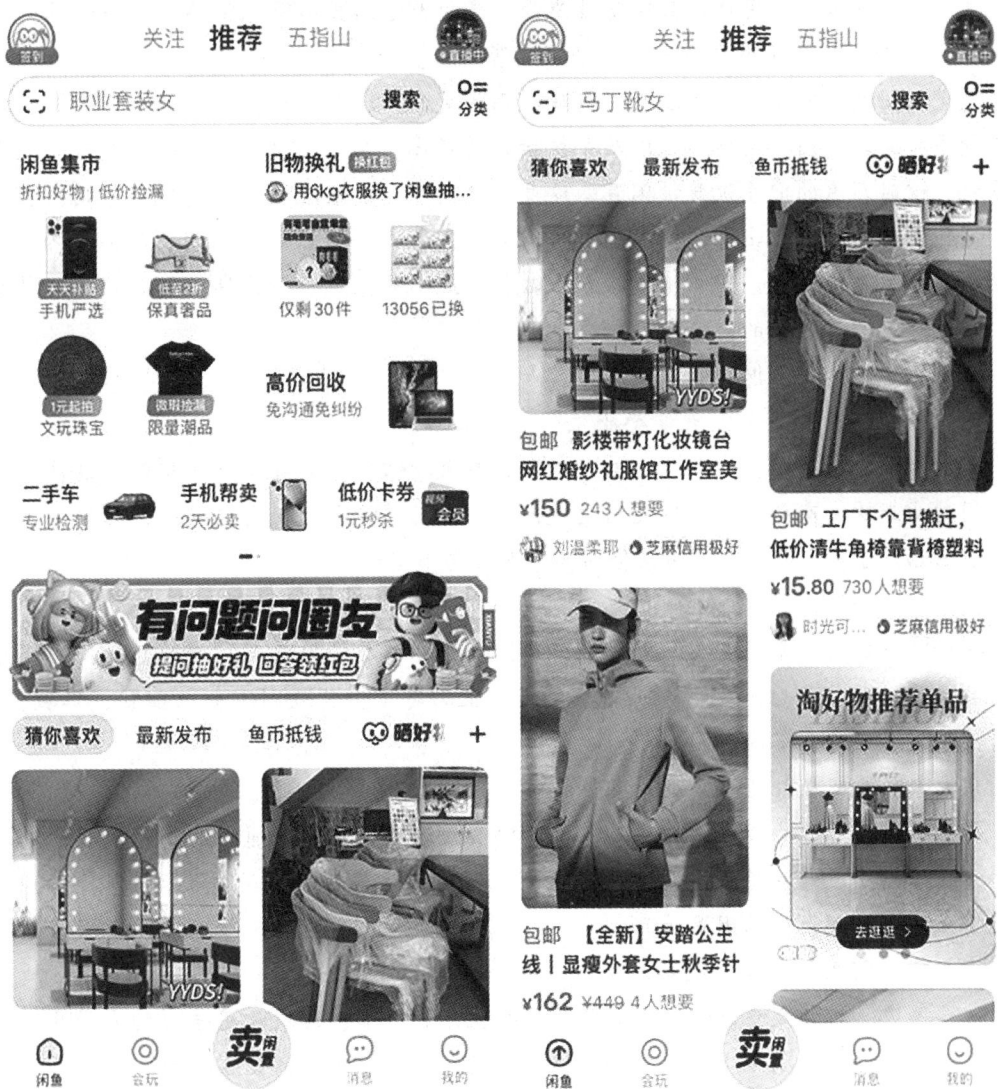

一、闲鱼的优势

（1）个人买家

①物美价廉的吸引。人们通常都希望以较低的价格买到质量较好的物品，消费者总是希望"物美价廉"，闲鱼作为一个闲置交易平台可以很好地满足这种基本需求。

②售后保证。传统的二手市场，由于人员流动性大、缺乏市场监管者、人鱼混杂的特点，经常发生买家容易买到假货，出现被骗的情况。闲鱼推出的"平台保卖""客服介入""交易评价"等功能模块可以避免此类弊端。

（2）个人卖家

①零门槛发布。闲鱼零门槛发布闲置物品。

②淘宝引流。闲鱼作为阿里巴巴旗下的平台，拥有得天独厚的流量优势。每逢"618""双11"等电商节日，用户容易冲动性消费，喜欢大量购买和囤积物品，闲鱼通过"淘宝一键转卖"功能，方便用户为自己冲动性消费回血。

③平台保卖。随着科技的发展，数码产品的更新换代非常快，比如华为一个月平均发布4款手机，人们出于设计外观以及手机性能的考虑，对手机要求较高的人会选择购买新款手机，这时原有的旧手机就被闲置，这些产品购买时价格不低、性能较好。用户丢掉可惜，他们需要一个平台出售这些闲置数码产品。闲鱼"平台保卖"对用户的旧机器进行质检估价，如果质检通过，用户可直接获得钱款。此功能保障了用户的旧数码产品交易成功率，也保障了平台闲置的质量。

二、闲鱼的用户画像

用户一：小美，23岁，大学毕业生

临近毕业，需要清空宿舍，小美发现自己在大学四年，购买了很多东西，这些东西有些只用过两三次，有些甚至没有使用过，离校丢掉又觉得很可惜，在舍友的推荐下，了解到闲鱼App，于是小美通过闲鱼清空带不走的闲置物。

用户二：刘姐，30岁，宝妈

孩子刚刚出生，家里需要添置很多婴儿用具，在邻居的推荐下，刘姐开始使用闲鱼购置物品。等孩子长大后，刘姐计划将家里用不上的婴儿用具放到闲鱼上出售，释放空间，同时使闲置物品得到二次利用。

用户三：小王，28岁，公司白领

小王平时工作压力大，收入偏高，休息时喜欢逛购物网站，通过购物释放自己的工作压力，这导致小王的房屋里堆积了很多闲置物。有一次，小王在地铁站看到闲鱼的广告，她决定上闲鱼处理自己的闲置物品。

用户四：阿亮，20岁，大学在校生，手办收藏爱好者

某些手办售卖的数量有限，阿亮作为一名生活费有限、喜欢收藏手办的大学生，在朋友的介绍下，了解到闲鱼上可以买到价格较低的手办，于是他开始在闲鱼购买手办，还通过鱼塘认识到许多相同爱好的伙伴。

用户五：小元，22岁，大学应届毕业生

即将离开学校，小元的单位不提供住宿。短期内，小元需要租到一套房子，她偶然在逛闲鱼的时候，发现闲鱼拥有租房功能，于是她在闲鱼App上浏览租房信息，遇到合适的房子，主动联系房东看房子。

三、闲鱼的需求场景

场景一：为个人卖家提供二手物品发布渠道

在实际场景中，个人卖家的核心需求是快速闲置变现，释放空间，此类用户是闲鱼的核心用户。针对个人卖家的需求，闲鱼在产品首页提供一系列功能服务，如一键转卖、闲鱼直播、鱼塘、平台保卖等，这些功能可以很好地帮助个人卖家推出自己的闲置物品。

越来越多的用户成为个人卖家，这是因为个人卖家在使用闲鱼发布闲置的过程中，在满足基本需求基础上，还满足了尊重需求。通过C2C的商业模式，卖家和买家之间的交流互动，人与人彼此之间的关系被拉近，当闲置交易结束时，个人卖家会感到自己的闲置物品帮到了别人，别人信任自己对闲置物品的介绍，从而满足尊重需要，心理上得到愉悦。

存在的问题：卖家发货的物流成本略高，职业卖家的发货物流一般与快递公司有协议，每一单的物流成本较低，对于个人卖家来说，每一件闲置的物流成本为10元以上，个人卖家发布闲置的价格比原先购入物品低，加上扣除物流成本，个人卖家获得收益较少，打击个人卖家的发布积极性。闲鱼平台可以以官方的名义与物流公司进行合作，个人卖家选择闲鱼的快递入口发货，可以享受物流优惠，提高用户的体验感。

场景二：为个人买家提供交易平台

实际场景中，个人买家的基本需求是以低价买到好的闲置物品，提高生活品质。闲鱼在此场景中，主要提供求购、闲鱼推荐、闲鱼玩家、鱼塘等功能模块来满足用户需求。如果个人买家想更快捷地获取了解闲置物品信息的场景，闲鱼在产品众多页面推荐相关的闲置物品，在鱼塘、首页、我的、消息四大快捷栏中都有闲置推荐的功能模块，提高闲置物的曝光度，满足个人买家的使用需求。

存在的问题：但是随着其他同类竞争产品的出现，只满足用户的基本需求是远远不够的，在满足基本需求的基础上，还需要满足用户的其他需求，如马斯洛需求理论中的安全需求、归属和爱需求、尊重需求、自我实现需求。闲鱼的信用体系还不够完善，平台上的假货泛滥、骗子众多，不法分子利用用户不熟悉闲鱼交易规则欺骗用户。因此，存在大量用户被骗、买到假货的现象，较易发生不安全的交易现象，客服难以联系，同时闲鱼不支持七天无理由退货。

四、闲鱼的用户评价

1. 缺乏客服，平台的客服人数少，用户联系客服不方便

随着智能客服的业务不断增多，企业为了降低成本，减少了人工客服的支出，但是用户一般在遇到问题时，第一反应是寻找客服，希望客服可以给自己一个解决的方案。在很多复杂的情况下，智能客服无法代替人工客服。在遇到复杂问题时，用户的心情是迫切、焦躁的，如果没能及时联系上人工客服解决问题，容易使用户产生被骗感，会大大降低用户忠诚度。

2. 经常出现误判、不公平的现象

客服在平台拥有一定的决定权，如果客服业务水平低导致误判、不公平，很大程度上

会影响用户使用，使用户产生蒙冤感，降低用户体验感以及黏性。

3. 平台骗子多，假货泛滥，用户经常受骗，需要自己识别物品的质量

闲鱼低门槛发布商品，吸引了大量用户加入闲鱼，而其信用体系还未完善，容易有骗子混入，用户难以识别。一个购物平台想要长久运营，就必须保障平台货品的质量，闲鱼的定位为"物美价廉"，"物不美价廉"偏离产品定位，容易致使大量用户流失。

4. 推荐不人性化，用户感觉受到骚扰

为了推广业务，提高用户活跃度，闲鱼每天会有大量的推送，但这些推送不符合用户口味，容易使用户关闭闲鱼通知功能，使其错过平台重要推广活动，从而因小失大，流失部分用户。

5. 缺乏无障碍设计，残障人士使用困难

由于我国的大环境，闲鱼还未开发出无障碍版本，不利于残障人士使用，如果后期想要拓宽用户群体，可以考虑开发无障碍版本闲鱼。

（资料来源：人人都是产品经理网站，有删改）

2.4.1　C2C 电子商务的概念

C2C（Consumer to Consumer），即消费者对消费者的电子商务，是指消费者与消费者之间进行的个人交易。比如一个消费者有一台电脑，通过网络进行交易，把它出售给另外一个消费者，此种交易类型就称为 C2C 电子商务。C2C 电子商务模式包含的主要是个人网店、二手市场、拍卖市场等电子商务平台。电子商务的发展离不开 C2C 电子商务模式，日常生活中，经常有很多珍藏品、旧货、个人物品想要交易处理，C2C 电子商务模式给我们的生活提供了很大的便利。

C2C 电子商务模式就是在网上为消费者提供了一个"个人对个人"的交易平台，给交易双方提供一个交易的场所，使每个人都有参与电子商务的机会。在 C2C 模式中，消费者只需上网就可以找到买家或卖家，自己掌握整个交易过程，从而改变了传统的需要第三方介入才能完成交易的状况。网上开店不需要店铺租金，不受地域、时间的限制，却可以面对来自全国甚至全世界的客户。

2.4.2　C2C 电子商务的特点

C2C 是个人与个人之间的交易，C2C 电子商务的特点包括参与者众多、覆盖面广，产品种类和数量极其丰富，C2C 电子商务的交易方式灵活且门槛低。

1）参与者众多、覆盖面广

C2C 是各种电子商务交易模式中参与者最多的一种，现在的 C2C 平台不但可以容纳普通大众间的交易，也可以容纳企业间的交易和企业与个人间的交易。目前，在这些平台上已经有大量的中小企业存在。其用户数量之大、覆盖面之广均居各种电子商务交易模式之首。

2）产品种类和数量极其丰富

在 C2C 平台上，从生活用品到各行业专业用具、从新商品到二手物品、从有形商品到

无形服务均可以找到。利用电子商务手段，C2C平台真正实现了市场的无限扩大。

3）C2C电子商务的交易方式灵活

C2C平台出现了各种各样的交易方式，既有通过支付工具的安全电子商务交易，又有货到付款的交易，甚至出现了同城见面交易等方式。

4）门槛低

C2C的门槛很低，目前大多数C2C平台较容易参与，还没有过多的入门限制。创业者不需要丰厚的资金、丰富的人脉和经验就可以参与。

2.4.3 C2C电子商务的盈利方式

在C2C电子商务模式中，作为C2C平台的运营商，收费是必然的，若不收费，平台将无法发展。C2C电子商务模式的盈利方式主要有以下4种。

1）交易佣金

因为C2C网站是一个交易平台，它为交易双方提供机会，就相当于现实生活中的交易所，从交易中提成是其市场本性的体现。C2C网站为买方和卖方的交易活动提供交易平台。在交易成功之后，会按商品成交额的一定比例向卖方或买卖双方收取佣金。

2）广告费

C2C平台将网站上有价值的位置"出租"，用于放置各类型广告，根据网站流量和网站人群精度标定广告位价格，然后再通过各种形式向客户出售。如果C2C网站具有充足的访问量和用户黏度，广告业务会非常大。这里的广告费除了我们平常理解的在网站上刊登图片、文字广告的费用，还包括其他形式，如信息置顶、特别推荐、特别展示等特别服务内容。针对这种形式收取的费用统一称为广告费。

3）搜索排名竞价费

C2C网站商品的丰富性决定了购买者搜索行为的频繁性。搜索的大量应用就决定了商品信息在搜索结果中排名的重要性，由此便引出了根据搜索关键字竞价的业务。用户可以为某一关键字提出自己认为合适的价格，最终由出价最高者竞得，在有效时间内该用户的商品可获得竞得的排位。

4）支付环节手续费

支付问题一向都是电子商务发展的瓶颈，直到阿里巴巴推出了支付宝才在一定程度上促进了网上在线支付业务的开展。买家可以先把预付款通过网上银行打到支付公司的个人专用账户，待收到卖家发出的货物后，再通知支付公司把货款打入卖家账户，这样买家不用担心收不到货还要付款，卖家也不用担心发了货而收不到款，而支付公司就按成交额的一定比例向卖家收取手续费。

2.4.4 C2C电子商务的应用形式

C2C电子商务模式不是专业化模式，而是广大消费者具有创意的交易形式，在C2C交易中，消费者可以选择物物交换，也可以选择普通的议价交换，还可以选择拍卖方式。消费者完全可以选择任意一种交易方式，当然，消费者之间还可以创造出新的应用形式。以下是4种典型的应用形式。

1）C2C 物品交易

C2C 物品交易是 C2C 电子商务最典型的应用形式，通过 C2C 个人交易，消费者足不出户就可以购物到家，给人们带来了极大的便利。如 2015 年底上线的转转（图 2.25），业务覆盖手机、3C 数码、图书、服装鞋帽、母婴用品、家具家电等 30 余个交易品类。在转转，每一件物品都支持担保交易，个人买家可以先验货后付款，个人卖家能获得更大程度的曝光量，可快速流转家中闲置物品。

图 2.25　转转

2）分类广告

每天都有许多人通过分类广告销售商品和服务。网络上的分类广告有诸多的优越性，例如,它的广告受众可以不受地域的限制,内容更新也非常快捷。这样使供给方的商品、服务数量增加了,而需求方的潜在买家数量也增加了。我国较知名的分类广告网站有58同城(图2.26)等,58同城作为分类信息网站,其服务覆盖生活的各个领域,提供房屋租售、招聘求职、二手买卖、汽车租售、宠物票务、餐饮娱乐、旅游交友等多种生活信息,覆盖中国所有大中城市。但是这类网站也存在一些问题,如所发布的信息质量不高,有很多中介公司不断发布招聘信息,阻碍用户获得真实可靠的免费信息。这些中介公司给求职者和用人单位提供对接需求,需要收取中介费,因此,用户的体验很差,黏性下降,网站的流量也会降低。

图2.26 58同城

3) 个人服务项目

网络上有多种个人服务项目,如律师、工匠、报税员、投资理财咨询、广告制作等知识类服务。目前,有很多网站提供这样的服务对接,这类网站进行的是非标准化的服务买卖,而不是售卖标准化的商品。如猪八戒网(图2.27),有千万服务商为企业、公共机构和个人提供定制化的解决方案,提供的服务项目包括品牌设计、营销传播、IT/软件、电商服务、影视动漫、工商财税、科技服务、法律服务、翻译服务、工程设计、咨询服务、教育培训、生活服务等。

图 2.27 猪八戒网

4)社交平台的 C2C 交易

社交平台中的 C2C 交易包括实体商品，如手机数码、箱包、服饰、食品、美妆护肤品，以及数字商品，如视频、照片、音乐、文档等。近几年随着微信的发展，微商成为一种流行模式。很多人利用朋友圈销售各种日用品、美妆护肤品、食品、服饰甚至手表、珠宝、汽车，还有人通过抖音、快手、微博、今日头条、B 站、知乎、小红书等社交平台带货。

【案例2.6】

转转消费市场分析：年轻人爱买卖闲置，确实会"省"

伴随着年中促销季的到来，各类分享平台上"省钱""薅羊毛"等字样的搜索热度居高不下。"是不是真省钱"，已成为当下人们在消费时的一大考量标准。尤其是受到多方因素影响，人们的消费观念正朝着更理性、实用的方向转变，二手交易开始受到欢迎。

比如今年（2022 年）"618"期间，转转集团的二手手机 3C 等商品销售额增长、客单价提升以及热销机型集中在中高端等多个指标表明：人们对品质二手商品格外青睐，通过买卖闲置满足消费需求也更省钱。

二手消费升温背后，是越来越多平台努力做好不同层级的服务，为消费者带来了好的商品，再加上天然的性价比因素，满足消费者特别是年轻人群多元需求的同时，确实也更"省"。

消费多元趋势背后，消费者更节省

受多种因素影响，消费市场的信心需进一步提振。

媒体报道称，今年"618"期间人们在消费过程中表现得更加理性。"95 后""北漂"小林就表示，由于相当一部分收入要交房租，他今年以来的日常消费和以前相比会更注重节俭一些。

像小林一样，要破解"挣钱不易花钱易"，很多消费者不约而同地选择"节流"。相关机构的调研数据也直观反映出了当代年轻人的消费心理变化：95.3%的受访年轻人在消费方面变得更加"精明"了，其中有不少人选择过上了"二手生活"。

一买一卖之间，二手消费省钱更省心

如果说，二手交易做到"好"是打破固有偏见的基础，"省"这一特性则切实符合当下年轻人的生活主张：消费但不浪费。

作为提供二手闲置交易服务的循环经济产业公司，转转集团的探索是从买和卖两端深耕服务。

相比新品，二手商品天然具有高性价比。因此，针对有购买需求的消费者，转转在价格层面结合市场行情为官方验商城出售的商品进行精准的动态定价，并且在"618""双11"这样的大促节点给予消费者实打实的优惠。

以当下颇受年轻人欢迎的 iPhone 为例，一部 128 G 的 iPhone12 在新品电商平台需要4 500 元，在转转官方验商城，同配置的 95 新机型只需要 3 600 多元就能买到，相比新品便宜 900 多元。即便是小米 12 这样的热门安卓机型，转转官方验商城的价格也要比新品电商便宜 800 元。

低价之外，品质同样有保障。转转为官方验商城售卖的手机 3C 等诸多产品提供包含质检、质保和售后在内的履约服务，让消费者在省钱同时，也更省心。

不仅"买得省"，转转集团还通过提供回收等服务让消费者转售闲置物品时能更多"回血"。平台基于 AI 技术和平台大数据研发的智能估价和动态调价系统，能帮用户将手机 3C 等商品卖出普遍高出行业平均水平 15%~20% 的价格，无疑更划算。

此外，转转回收服务支持上门、线下门店和线上等多种方式，操作流程简单，回款也很迅捷，帮助消费者在卖旧物品时节省更多时间和精力。

总体来看，"好省多快"的二手消费，正越来越受到消费者特别是年轻人群的青睐。通过提供靠谱服务，让消费者享受到好的商品同时还能更省钱，在此过程中，平台可获得持续发展进一步增加对服务的投入，最终和消费者形成一个彼此信任、相互奔赴的状态，共建低碳环保的绿色消费市场。

（资料来源：百家号"驱动中国"，有删改）

2.5 其他电子商务模式：B2G、C2G、C2B、O2O

【案例 2.7】

尚品宅配：家居 C2B+O2O 无缝衔接

家具制造行业和地产行业息息相关。这几年由于地产行业的关系，家具制造行业发展不佳，很多企业下滑缩水比较严重，但是尚品一直都保持了高速增长。"以价值竞争代替了价格竞争，以解决方案和用户体验竞争代替了单纯的产品竞争"，这种评价比较中肯。

无可比价的个性化解决方案

尚品宅配率先提出全屋定制概念，打造了 C2B+O2O 的创新商业模式，并且通过智能制造解决了个性化定制与大规模生产之间的矛盾，以软件技术、创新能力、先进的柔性化生产工艺、云计算和大数据实践，给每一位客户提供的都是独特的解决方案，成为中国工业 4.0 和智能制造样本标杆企业。

首先，消费者通过新居网在线上免费预约设计师上门量尺。其次，由线下设计师上门量尺，设计家具方案。消费者再到店看设计效果图，确定方案，签订合同。再次，将家具图纸送到工厂开始生产。最后，由本地的安装服务团队上门安装。

这种家具定制是完全个性化的定制，是根据消费者个性化需求设计家具的。业务流程跟传统的业务流程不一样，将上门量尺这一必需的环节提前，变成免费的。而现在，这已经成为定制家具行业的一个事实标准。

有人不理解为什么要免费上门量尺，但这真的是免费的吗？设计师在上门量尺时，消费者要付出至少3个小时的时间成本，这3个小时其实是最好的品牌传播、服务传播、产品销售的时间。数据证明，量完尺之后，客户到店率高达95%，这比简单的价格优惠到店率要高得多。这就是在用专业性很强、黏性很强的服务获取客户，最后促成交易。这是O2O业务模式中非常重要的部分。

免费"量尺设计"，就是在整个购买环节里找到的一个必需的点，通过它，把线上线下连通起来。需要特别注意的是，不要发生线上线下价格冲突。其实，无论你买什么样标准化生产的产品，都可以在网上买到更便宜的。而尚品业务模式的优点就在于线上线下没有价格冲突，消费者在购买过程中没有价格可比性，因为尚品为每位客户提供的解决方案都是个性化的。

O2O最重要的是线下对线上的驱动，线下产生故事，线上传播，从而影响更多的人，使更多的人到线下体验。

系统支撑的大规模定制生产

家具行业产值非常大，但是缺少大规模的企业。因为前端个性化的需求制约了后端标准化生产和规模化扩张。

为了支撑前端C2B的模式，后端要有大规模的生产。既要满足前端的个性化需求，又要实现大规模生产的高效率和低成本。家具行业有三大难题：生产成本、生产周期、出错率。每一份订单都不一样，产品不一样，生产工艺不一样，生产流程不一样，出错率就会相对较大，生产成本会高，生产周期会长。

尚品通过工厂的柔性化生产制造技术满足前端C2B模式，在工厂应用了自主研发的一些技术：虚拟纠错、虚拟制造、虚拟装配。这种核心竞争力来自企业的系统：设计师完成设计方案，制作出效果图后，系统会同步生成生产图纸和元件图纸。遇到设计出错的情况，除了系统自身有纠错能力，还能通过大数据库排查常见的错误。

通过智能化的审单查单排程系统，基于条形码的生产过程控制系统等信息化改造技术实现前端设计的网络化、生产排程的电脑化，解决个性化需求和规模化生产的矛盾。工厂接到一个批次的订单，订单管理系统会把每一个订单拆成零部件，自动生成生产任务单。系统还会自动生成每一个部件在各个车间的生产作业指令。每一个部件都有对应的条形码，部件的全部信息都储存在条形码中，系统通过条形码识别部件。工人和机器都是依靠系统指令来驱动的，可以最大限度地解决出错率问题。

基础：还是大数据

做 O2O 模式，转化率非常重要。家具行业的业务环节很长，每一个环节都可能损失客户，所以尚品用数据驱动运营，提高每个环节的协作效率和质量。做大数据最重要的是要采集有价值的数据，每个设计师使用的软件都是自主研发的，可以实时收集设计师设计时的一些数据，工厂的生产数据也被收集，消费者在网站上的行为数据同时被捕捉到。事实上，这是以数据驱动的运营，而大数据的应用显然提高了转化率。

（资料来源：中国电子商务研究中心网站，有删改）

目前，B2B、B2C 与 C2C 在国内电子商务模式中是最流行的，而除了这 3 种电子商务模式，还有 B2G、C2G、C2B、O2O 等模式。

2.5.1 B2G 电子商务

B2G（Business to Government），即企业对政府的电子商务，是指政府与企业之间的电子政务，即政府通过网络进行采购与招标，快捷、迅速地为企业提供各种信息服务；企业通过网络进行税务通报、办理证照、参加政府采购、对政府工作的意见反馈等；政府向企事业单位发布各种方针、政策、法规、行政规定等。

B2G 是电子商务的基本模式之一。B2G 比较典型的是网上采购，即政府机构在网上进行产品、服务的招标和采购。这种运作模式的来源是投标费用的降低。这是因为供货商可以直接从网上下载招标书，并以电子数据的形式发回投标书。同时，供货商可以得到更多甚至是世界范围内的投标机会。通过网络进行投标，即使是规模较小的公司也能获得投标的机会。

除此之外，政府还可以通过这类电子商务实施对企业的行政事务管理，如政府用电子商务方式发放进出口许可证及开展统计工作。企业可以通过网上办理交税、退税等，企业网上报税便是 B2G 模式的一个典型应用。企业报税正逐渐成为企业将来日常申报的一种常用方式，其一般工作流程是税务部门建立专门的税务申报网站，纳税企业通过访问该网站的网上报税系统，正确填写电子申报表后，传送申报表数据到税务部门服务器，税务部门对这些数据进行处理、存储，并将处理结果反馈给纳税企业。

企业与政府之间的电子商务涵盖了政府与企业间的各项事务，包括政府采购、税收、商检、管理条例发布、法规政策颁布等。一方面，政府作为消费者，可以通过互联网发布政府采购清单，公开、透明、高效、廉洁地完成所需物品的采购；另一方面，政府在推动电子商务发展方面发挥着重要作用。政府对企业宏观调控、指导规范、监督管理的职能通过网络以电子商务方式能更充分、及时地发挥作用。借助于网络及其他信息技术，政府职能部门能更及时、全面地获取所需信息，做出正确决策，做到快速反应，迅速、直接地将政策法规及调控信息传达给企业，起到管理与服务的作用。图 2.28 为中国政府采购网首页。

图 2.28　中国政府采购网

在电子商务活动中，政府还对电子商务发挥着推动、管理和规范作用。电子商务的开展涉及很多方面，没有相应的法规予以规范是难以进行的，而在法规的制定、实施、监督及违法的制裁方面，政府发挥着不可替代的作用。

总之，对企业而言，在电子商务中政府有两重角色：一方面，政府是电子商务的使用者，进行购买活动，属于商业行为；另一方面，政府又是电子商务的宏观管理者，对电子商务起着扶持和规范的作用。

2.5.2　C2G 电子商务

C2G（Consumer to Government），即消费者对政府的电子商务，是指政府通过网络系统为公民提供各种服务。

由于 C2G 电子商务既是公民与政府之间的经济行为，又是公民与政府之间的行政行为，因此，C2G 电子商务从某种意义上看也是电子政务。目前，C2G 模式的主要应用范围有电子身份认证、电子社会保障服务、电子民主管理、电子医疗服务、电子就业服务和电子教育与培训服务等。

1)电子身份认证

公民身份认证的电子化、网络化已成为必然趋势。电子身份认证可以记录个人的基本信息，包括姓名、性别、出生时间、出生地、血型、身高、体重及指纹等属于自然状况的信息，也可记录个人的信用、工作经历、收入及纳税状况、养老保险等信息，使公民的身份能得到随时随地的认证，既有利于人员的流动，又方便公安部门的管理。公民电子身份认证还允许公民通过电子报税系统申报个人所得税、财产税等个人税务，政府不但可以加强对公民的税收管理，而且可以方便个人纳税申报。此外，电子身份认证系统还可以使公民通过网络办理结婚证、离婚证、出生证、学历和财产公证等手续。

2)电子社会保障服务

在我国，社会保障事业在近几年得到了很大的发展，并将逐渐成为政府工作的中心内容，因此，电子社会保障服务必将成为电子政务的重要应用。电子社会保障服务主要是通过网络建立起覆盖本地区乃至全国的社会保障网络，使公民能通过网络及时、全面了解自己的养老、失业、工伤、医疗等社会保险账户的明细情况。政府也能通过网络把各种社会福利，如困难家庭补助、烈士军属抚恤、失业补助和社会捐助等，直接支付给受益人。电子社会保障体系，一方面可以增加社会保障工作的透明度，另一方面还可加快社会保障体系普及的进度。

3)电子民主管理

电子民主管理也是 C2G 电子政务的重要应用。公民可以通过网络发表对政府有关部门和相关工作的看法，参与相关政策、法规的制定，还可直接向政府有关部门的领导发送电子邮件，对某一具体问题提出意见和建议。与此同时，电子民主管理可以提高选举工作的透明度和效率，政府可以把候选人的背景资料在网上公布，方便选举人查阅，选举人可以直接在网上投票，既可大大提高选举工作效率，又可有效保证选举工作的公正和公平。可以说，电子民主管理的实施必将大大推进我国社会主义民主政治的进程。

4)电子医疗服务

长期以来，人民群众普遍感到我国的医疗服务不尽如人意，医疗体制的改革还远未到位，而网络技术在改善政府的医疗服务方面也能发挥重要作用。政府医疗主管部门可以通过网络向当地居民提供医疗资源的分布情况、医疗保险政策信息、医药信息、执业医生信息以及全面的医疗服务。公民可通过网络查询自己的医疗保险个人账户余额和当地公共医疗账户的情况；查询国家新审批的药品的成分、功效、试验数据、使用方法及其他详细数据，提高自我保健的能力；查询当地医院的级别和执业医师的资格情况，选择合适的医生和医院等。电子医疗服务既可以使病人更加方便地享受优质的医疗服务，又可有效地促进当地医疗卫生事业的发展。

5)电子就业服务

提供就业服务是政府的基本职能之一，也是维护社会稳定和促进经济增长的重要条件。政府可充分利用网络这一手段在求职者和用人单位之间架起一座服务的桥梁，使传统的、在特定时间、特定地点举行的人才和劳动力的交流，突破时间和空间的限制，用人单位可以随时随地发布用人信息及调用相关资料，应聘者可以通过网络发送个人资料，接收用人单位的相关信息，并可直接通过网络办妥相关手续。

6）电子教育与培训服务

社会主义市场经济的发展和科学技术的迅猛发展使人民群众对教学、培训的需求不断提升，越来越多的人认识到终身学习的重要性。但由于受到各种条件的限制，满足人民群众学习、培训需求的难度很大，对边远地区的人民群众来说困难尤其突出。利用网络手段为广大人民群众提供灵活、方便、低成本的电子教育与培训服务，不仅是增强我国公民素质的有效途径，也是改善政府服务的重要内容。

【案例 2.8】

湖北政务服务网

湖北政务服务网是集公安、户政、教育、交通、不动产等众多领域于一体的在线政务服务平台，是人民群众和企业办事的窗口。"让数据多跑路，让群众少跑腿"是湖北省政务服务网的宗旨。

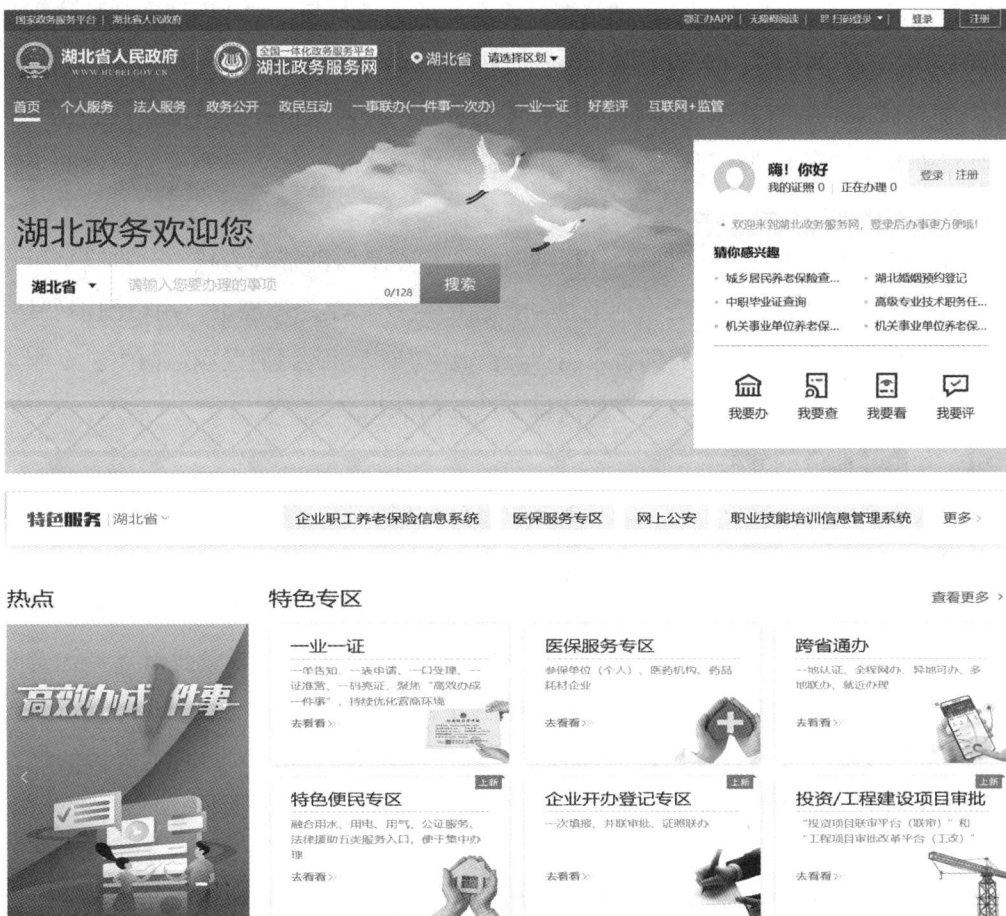

个人服务	法人服务	部门服务	

热门分类 查看更多 ›

就业创业	企业设立	住房保障
·档案的接收和转递	·内资公司设立登记	·购买自住住房提取住房公积金
·失业登记	·内资公司变更登记	·房屋租赁登记备案
·职业技能鉴定补贴申领	·内资公司注销登记	·公租房承租资格确认
社会保障	职业资格	其他
·社会保障卡服务（申领）	·教师资格认定	·名称自主申报（预先登记）
·城乡居民参保登记	·申报职业技能鉴定	·残疾人辅助器具适配服务
·失业保险金申领	·专业技术人员资格证书办理	·劳动者申请立案

便民服务 查看更多 ›

城乡居民养老保险查询	省直企业养老保险待遇查询	个人医保账户查询	个人缴费记录查询
身份证办理进度查询	湖北婚姻预约登记	人事考试成绩查询	职业技能证书查询

（资料来源：湖北政务服务网，有删改）

2.5.3　C2B 电子商务

C2B（Consumer to Business），即消费者对企业的电子商务。C2B 电子商务的核心是以消费者为中心，强调的是消费者的主导性。真正的 C2B 是先有消费者需求后有企业生产，即先有消费者提出需求，后有生产企业按需求组织生产。通常情况为消费者根据自身需求定制产品和价格，或主动参与产品设计、生产和定价，产品、价格等彰显消费者的个性化需求，生产企业进行定制化生产。

我们正在进入消费升级的时代。这样的时代的特点是以消费者为核心，以满足用户需求为目的，通过用户的个性化需求逆向推动产品的生产。在此环境下，用户的消费结构、消费需求、消费方式、消费体验都将发生深刻变化，所以，定制消费应运而生。定制消费在充分满足用户需求时，也给各大企业提供了新的商业机会。

1）C2B 电子商务的分类

如果从实现难度及层级来看，C2B 模式可以分为聚定制、模块定制和深度定制。

（1）聚定制

聚定制，即通过聚合客户的需求组织商家批量生产，让利于消费者。聚定制只是聚合了消费者的需求，并不涉及在 B 端产品环节本身的定制。此类 C2B 模式对卖家的意义在于可以提前锁定用户群，可以有效减少 B2C 模式下商家盲目生产带来的资源浪费，降低企业的生产成本及库存成本，提高产品周转率，对商业社会的资源节约起到极大的推动作用。团购就属于聚定制的一种。

（2）模块定制

模块定制为消费者提供了一种模块化、菜单式的有限定制。出于对整个供应链的改造成本的考虑，向每位消费者提供完全个性化的定制还不太现实，目前能做到的更多还是倾向于让消费者适应企业既有的供应链。

【案例 2.9】

码尚定制——智能定制男装创领者

码尚创立于 2016 年，致力于探索用互联网改变传统服装业的可行性，是采用智能在线量体技术（或称非接触式远程在线量体），为消费者提供服饰定制体验服务。码尚通过对"互联网+人工智能+服装行业"模式的创新性运用，基于 C2B 模式反向定制驱动的柔性生产，实现服装定制个性化与规模化相结合。码尚用手机完成的私人智能定制，崇尚合身、舒适的实用主义。

< MatchU码尚

领型

平驳领

常规枪驳领

西装纽扣

单排一粒扣

单排两粒扣

西装上口袋

手巾袋

上贴袋

< MatchU码尚

西装下口袋

带盖口袋

下贴袋

双唇开袋

后衩

单开叉

无开叉

袖扣

三粒平钉

四粒平钉

四粒叠钉

< MatchU码尚

腰头

平腰

直腰

宝剑头腰

裤腰两侧松紧带

隧道松紧

无松紧

西裤前插袋

斜插袋

直插袋

< MatchU码尚

西裤后口袋

双嵌开袋

双嵌开袋带袋盖

单嵌开袋

脚口

内卷

外翻

西装绣字位置

无绣字

左内袋上方

（资料来源：码尚官网，有删改）

（3）深度定制

深度定制也称为参与式定制，客户能参与全流程的定制环节。厂家可以完全按照客户的个性化需求来定制。目前，深度定制最成熟的行业当属家具行业，企业可以根据每位消费者的要求，根据其户型、尺寸、风格、功能进行完全个性化的定制。对现在寸土寸金的户型来说，这种完全个性化定制最大限度地满足了消费者对空间利用及个性化的核心需求。

【案例2.10】

索菲亚衣柜——全屋一站式定制

索菲亚衣柜是一家主要经营定制衣柜及全屋配套定制家具的研发、生产和销售的公司。索菲亚衣柜不断将新技术、新工艺融入产品中，不仅在技术上具有一流品质，也在产品的外观设计上注入更多的艺术内容。独特的造型与绝妙的实用功能完美地结合在一起，使索菲亚的产品受到越来越多人的认同。

（资料来源：索菲亚衣柜官网，有删改）

如果按 C2B 产品属性划分，C2B 模式可以分为实物定制、服务定制和技术定制。日常生活中，服装、鞋、家具等都属于实物定制。大家比较熟悉的服务定制诸如家政护理、旅游、婚庆、会所等中高端行业。技术定制类似于 3D 打印技术，遍及航空航天、医疗、食品、服装、玩具等各个领域。

2) C2B 电子商务的影响

（1）对企业的影响

C2B 模式以消费者需求为核心，通过预售了解消费者需求，然后商家再进行产品的定向生产。在目前原材料价格普遍上涨的情况下，C2B 模式使企业集中批量采购成本下降，商品的快速流通使仓储占用、库存风险、物流成本下降，同时可以加快资金周转，让商家更好地盈利。

（2）对消费者的影响

C2B 模式的主要目的是以消费者为核心，一心一意为客户服务，帮助消费者和商家开辟一个更加省时、省力、省钱的交易渠道。

①省时。消费者不必为了买一件商品东奔西跑浪费时间，只需在 C2B 网站上发布一个需求信息，就会有很多商家竞标。

②省力。不再费心思到店里跟商家砍价，只要在 C2B 网站上发布需求时报一个自己能够承受的价格，凡是来竞标的商家就能接受这个价格。

③省钱。C2B 网站会帮助消费者找很多有实力的商家围着买家（消费者）竞价、比效率，买家可以从中选择性价比高的商家进行交易。

2.5.4　O2O 电子商务

【案例 2.11】

O2O 模式的成功案例

一、美团

美团是在团购的基础上发展起来的，目前美团在餐饮、电影、酒店等方面都有很大的市场占有率。美团更多是加盟入驻的 O2O 模式，美团邀请线下的商家入驻平台，在美团上开店，借助美团来销售自己的商品，为线下的门店引流。而用户通过美团的推广信息进入美团，然后美团根据用户的定位以及用户的标签，为用户推荐相关的商品。

二、饿了么

饿了么整合了线下餐饮品牌和线上网络资源，用户可以方便地在线订餐、线下享受美食。同时饿了么率先提出既要为用户服务，也要为餐饮商家服务的概念。面对这一行业现状，饿了么推出网上订餐平台，为消费者提供餐品多样化服务，帮助线下餐厅拓展销售领域。

面向消费者，饿了么将消费者所在区域附近大多数提供外卖服务的餐饮商户整合到平台。消费者可以通过饿了么网上订餐平台浏览周边餐厅信息，选择并直接下单。下单后，由配送员到相应餐厅取餐并送餐上门。此外，饿了么还联合商户开展丰富的促销活动，为消费者提供丰富、便利、实惠的外卖订餐服务。目前，饿了么已将业务拓展至生鲜水果、鲜花蛋糕、商店超市等便民服务，提供从早餐至夜宵的全时段即时配送服务。

面向餐厅，饿了么为其提供了网上销售渠道，帮助餐厅摆脱门店地理位置的限制。餐

厅通过入驻饿了么网上订餐平台，发布餐厅的餐食品类、价格信息。消费者下单后，饿了么将订单信息推送给餐厅，餐厅准备餐食并包装好交给配送员即可。

三、京东到家

京东到家依托达达快送的高效配送和大量优秀零售合作伙伴，为消费者提供超市便利、生鲜果蔬、手机数码、医药健康、个护美妆、鲜花、蛋糕、服饰、家居、家电等海量商品约1小时配送到家的极致服务体验。

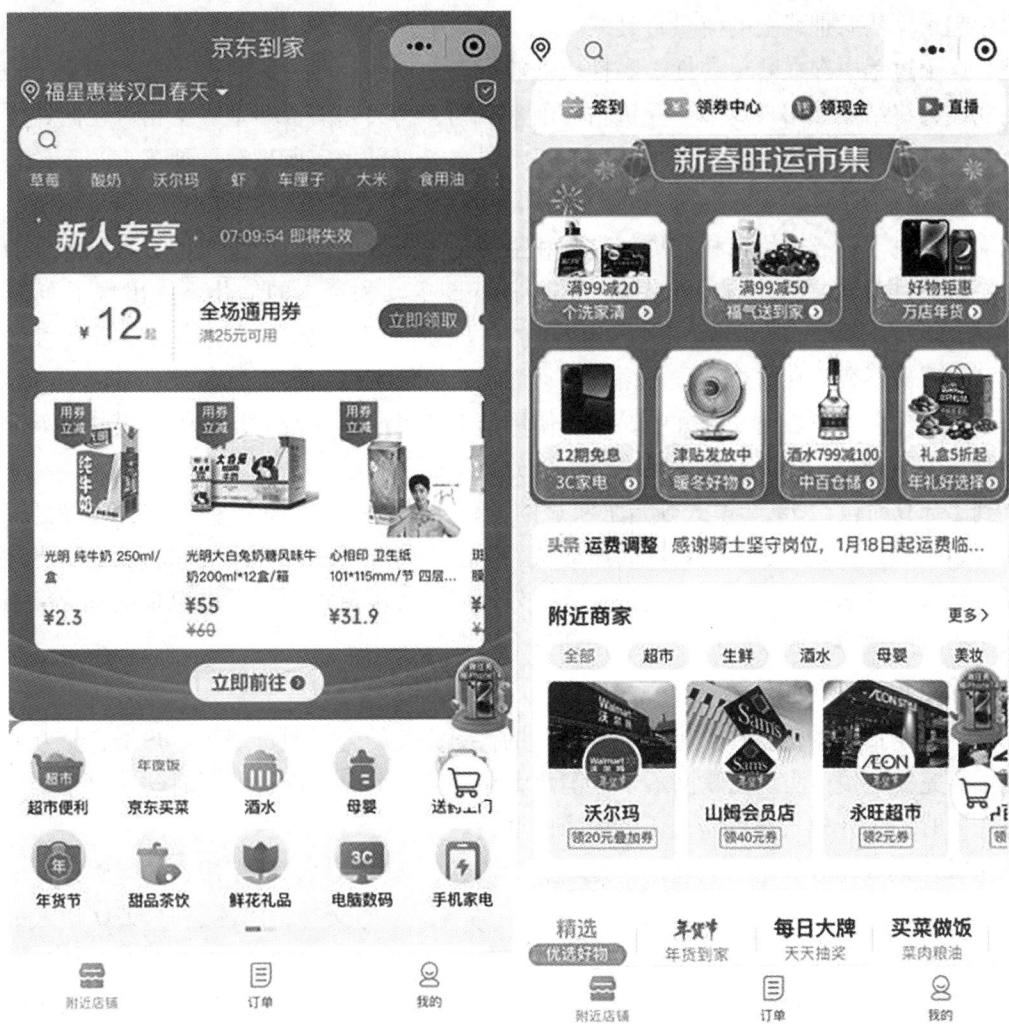

四、58到家

有别于其他主流的 O2O 平台，58 到家一直以来主打的并不是"商品到家"或"用户到店"，而是"服务到家（上门服务）"。58 到家的平台业务以"直约服务"为核心，其中涵盖保洁清洗、家电清洗、家电维修、鲜花绿植、管道疏通、开锁换锁等近 50 个品类、1 000 种以上的多元化家庭生活上门服务。

（资料来源：搜狐网，有删改）

O2O（Online to Offline），即线上到线下的商务交易，是指通过线上营销、线上购买、线上预订、线上预约等带动线下经营和线下消费。O2O 模式通过打折、提供信息、服务预订等方式，把线下商店的消息推送给消费者，从而将消费者转换为自己的线下客户。O2O 模式特别适合必须到店消费的商品和服务，比如餐饮、健身、看电影、看演出、美容美发等。

1）O2O 电子商务的发展历程

在 1.0 早期时，O2O 线上线下初步对接，主要是利用线上推广的便捷性等把相关的用户集中起来，然后把线上的流量带到线下，主要集中在以美团为代表的线上团购和促销等领域。这个过程中存在着单向性、黏性较低等特点。平台和用户的互动较少，基本上以交易的完成为终结点。用户更多是受价格等因素驱动，购买和消费频率等也相对较低。

发展到 2.0 阶段后，O2O 模式基本上已经具备了目前大家所理解的要素。这个阶段最主要的特色就是升级为服务性电子商务模式，包括商品（服务）、下单、支付等流程，把之前简单的电子商务模块转移到更加高频和生活化的场景中。由于传统的服务行业一直处于一个低效且劳动力消化不足的状态，在新模式的推动和资本的催化下，出现了 O2O 模式的狂欢热潮，于是上门按摩、上门送餐、上门生鲜、上门化妆、滴滴打车等各种 O2O 模式开始层出不穷。在这个阶段，由于移动终端、微信支付、数据算法等环节的成熟，加上资本的催化，用户量出现了井喷，用户使用频率和忠诚度开始上升。O2O 模式开始和用户的日常生活融合，成为人们生活中密不可分的组成部分。

到了 3.0 阶段，O2O 模式开始了明显的分化，其中一个是真正垂直细分领域的一些公司开始凸显，如专注于快递物流的速递易、专注于高端餐厅排位的美味不用等、专注于白领快速取餐的速位。另外一个就是垂直细分领域平台化模式发展，由原来的细分领域解决某个痛点的模式开始横向扩张，覆盖到整个行业。

2）O2O 电子商务的优势

O2O 电子商务的优势在于把线上和线下的优势完美结合，通过手机客户端，把互联网与地面店完美对接，实现互联网落地。消费者在享受线上优惠价格的同时，又可享受线下服务。同时，O2O 模式还可实现不同商家的联盟。

①O2O 模式充分利用了互联网跨地域、无边界、海量信息、海量用户的优势，同时充分挖掘线下资源，进而促成线上用户与线下商品与服务的交易，团购就是 O2O 模式的典型代表。

②O2O 模式可以对商家的营销效果进行直观的统计和追踪评估，规避了传统营销模式推广效果的不可预测性。O2O 模式将线上订单和线下消费相结合，所有的消费行为均可以准确统计，进而吸引更多的商家，为消费者提供更多优质的产品和服务。

③O2O 模式在服务业中具有优势，价格便宜、购买方便，且折扣信息等能及时获知。

④O2O 模式打通了线上线下的信息和体验环节，让线下消费者避免了因信息不对称而遭受的"价格蒙蔽"，同时实现线上消费者"售前体验"。

3）O2O 电子商务的影响

（1）O2O 模式对消费者的影响

①获取更丰富、更全面的商家及其服务的信息。

②更加便捷地向商家在线咨询并进行预购。

③获得相比线下直接消费更便宜的价格。

（2）O2O 模式对商家的影响

①能够获得更多的宣传和展示机会，吸引更多新客户到店消费。

②推广效果可查、每笔交易可跟踪。

③掌握用户数据，大大提升对老客户的维护与营销效果。

④通过用户沟通，更好地了解用户心理。

⑤通过在线有效预订等方式，合理安排经营，节约成本。

⑥对拉动新品、新店的消费更加快捷。

⑦降低线下实体店对黄金地段旺铺的依赖，大大减少租金支出。

从整体来看，O2O模式运行得好，将会达成"三赢"的效果。

对本地商家来说，O2O模式要求消费者通过网站支付，支付信息会成为商家了解消费者购物信息的渠道，方便商家搜集消费者购买数据，进而达成精准营销的目的，更好地维护并拓展客户，通过线上资源增加的顾客并不会给商家带来太多的成本，而是带来更多的利润。此外，O2O模式在一定程度上降低了商家对店铺地理位置的依赖，减少了租金方面的支出。

对消费者而言，O2O模式提供丰富、全面、及时的商家折扣信息，能够快捷筛选并订购适宜的商品或服务，且价格实惠。

对O2O平台服务提供商来说，O2O模式可带来大规模高黏度的消费者，进而能争取到更多的商家资源。掌握庞大的消费者数据资源，且本地化程度较高的垂直网站借助O2O模式，还能为商家提供其他增值服务。

4）O2O电子商务平台的类型

（1）外卖型O2O

外卖是很多人认识到O2O的一种方式，其实外卖就是一个典型的O2O模式，外卖平台作为一个信息交流的平台，商家可以发布信息，用户可以购买线下服务，通过平台实现线上线下的双向交流。

（2）生活服务型O2O

比如我们有时候使用的二手平台闲鱼、转转等，以及一些上门维修、家政服务等，这些都是属于生活服务平台的范畴。

（3）出行O2O

比如滴滴打车、美团打车，或者是订房和订票的飞猪、携程网、去哪儿网等，这些都是通过线上浏览信息、购买之后线下进行体验消费的。

（4）信息型O2O

比如58同城，聚合了非常多的信息，不仅有涉及同城的生活服务，还有招聘等各种信息，借助58同城可以更加便捷地获取到我们想得到的信息。

【本章小结】

本章首先介绍了电子商务系统的框架结构、组成和支撑环境。其次重点阐述了B2B电子商务模式、B2C电子商务模式、C2C电子商务模式的概念、特点、类型等。最后介绍了B2G、C2G、C2B和O2O电子商务模式。

【案例分析】

朴朴：大杂烩的优秀生鲜品牌

除了每日优鲜、叮咚买菜等将一线城市当作大本营，向其他二、三线城市扩张的玩家，还有起家于福建福州，从低线到高线的朴朴超市。虽然其全国门店数量不到 200 家，但已经完成 1 亿美元的 B 轮融资。

朴朴超市成立于 2016 年，在基本占领福州市场后，又开到厦门、深圳、武汉等地。朴朴超市的扩张打法为对所选城市进行网格状覆盖式开仓，从而将其彻底打透。同时，其通过自有配送实现 30 分钟达以提高消费者体验。

与其他生鲜平台不同的是，朴朴超市的品类覆盖更广，除了大食品类、日用品等，还有美妆、母婴、鲜花、宠物、文具等沃尔玛、家乐福中才会有的品类。通过这些打法，朴朴超市可实现在福州市单仓日均 3 500 单，客单价 60 元的营业数据。这是否可以说明，前

置仓并不是伪命题？

前置仓是否能跑通？

提到朴朴超市，首先会被讨论的必然是其前置仓模式。前置仓模式自诞生起便屡屡被质疑，具有代表性的言论有侯毅在亲自尝试了前置仓模式后发表的"前置仓是伪命题"等说法。

与初代生鲜电商需要提前一天下单，再由快递员从几百公里外的大仓中点对点配送到家相比，前置仓解决了配送时间与运输成本两个问题。但是其与盒马等生鲜门店相比较低的客单价、与菜市场相比较高的成本以及均高于二者的损耗率，都是未能改进的模式上的缺陷。

因此，前置仓必然不可能取代仍为生鲜最大渠道的菜市场，在高客单价的精品生鲜与特有商品上也无法与盒马等门店相提并论。但如果不把那么大的野心放在前置仓身上，仅将其看作某种小而美的购物方式，会发现前置仓模式其实是有盈利空间的。

再看朴朴超市的数据，据第三只眼看零售报道，朴朴超市在福州的每个前置仓日均订单量为3 500单，客单价为60多元，49个前置仓一年的销售总额可超过36亿元。不难看出，在福州这个人口为上海的四分之一、仅有700多万人的城市中，朴朴超市的营收水平并不低。当然，这是朴朴超市对福州进行网格状覆盖式开店，实现全市覆盖，从而实现的接近营收天花板的结果。这说明，对前置仓模式来讲，只要对所在城市进行彻底的打通，即使在低线城市也可以活得很好。

这就是朴朴超市采取的扩张方式，在福州、厦门等地开仓后，朴朴在深圳、广州、武汉等地也进行了这种网格覆盖式扩张。

不只是生鲜平台

朴朴超市并没有王牌品类，这意味着它并不是以某一特有品类吸引消费者，如钱大妈的黑猪肉、盒马的海鲜，消费者不在我这里买就买不到。那么朴朴超市是如何吸引消费者，做到这样的订单量与渗透率呢？

与其他到家服务相比，朴朴超市着重于在配送方面提高消费者的体验。其配送人员均为自有团队，并首个提出30分钟达，将一般到家配送的1小时缩短了一半。这种对配送时间有明确约定的方式，看起来作用不大，但实际上消费者心里会有更踏实感与信任感。

半小时以内，通常为20分钟的配送时长，在消费者心里的评价为非常快，和45分钟左右的等待时间，是完全两种不同的体验。能实现半小时达，首先还是依托于网格式覆盖，密集开店；其次，便是朴朴超市优化自有配送团队的配送流程与环节。

除了优化在配送方面的消费者体验，在商品方面，朴朴超市也与常规的生鲜平台不同。与其说是生鲜平台，不如说正如其名，是一家超市更准确。朴朴超市不仅有蔬菜水果、肉禽水产、粮油调味、熟食冰品、包装食品等吃食方面的商品，以及锅碗瓢盆、日用品等每日优鲜和盒马生鲜上也有的品类，还有美妆、母婴、鲜花、宠物、文具等沃尔玛、家乐福中才会有的品类。

案例评析

朴朴超市做的生意以往是美团与饿了么在做，比如当你突然需要买一支马克笔或者一块印泥时，会直接打开外卖软件搜索，而这些商品朴朴超市都有。但外卖软件上的专卖店铺商品比较单一，无法满足用户的一站式购物需求，而沃尔玛、家乐福等品类齐全的大型商超，渗透率与覆盖率又不及朴朴超市。

这样，朴朴超市先通过生鲜等高频次商品获得客户，再通过优惠券等方式将消费者订单引流至客单价高的品类上，比如买了菜之后会送美妆、母婴券；最后让消费者习惯在这里进行一站式购物，从而实现高复购率与高订单数。朴朴超市可以说是麻雀虽小五脏俱全，但同样的，在低线城市可行的打法，扩张至其他一线城市不一定吃香。这种模式是否能在全国跑通，需要看深圳、广州、武汉等地的结果。

（资料来源：芝麻科技网站，有删改）

【本章习题】

1. 简述电子商务系统的组成。
2. 简述 B2B 电子商务模式的特点。
3. 简述 B2B 电子商务模式的类型。
4. 简述 B2C 电子商务的盈利模式。
5. 简述 C2C 电子商务的应用形式。
6. 简述 C2B 电子商务对商家和消费者的影响。
7. 简述 O2O 电子商务对商家和消费者的影响。

【推荐站点】

1. 阿里巴巴
2. 慧聪网
3. 京东商城
4. 天猫商城
5. 唯品会
6. 闲鱼
7. 转转
8. 美团
9. 饿了么
10. 58 到家

第3章 电子商务技术基础

【学习要点】

1. 互联网提供的基础服务：万维网、文件传输、远程登录、电子邮件、电子布告栏。
2. IP 地址和域名。
3. 电子商务网站建设技术。

【案例导入】

盘点：国内知名电子商务企业域名类型

随着近几年电子商务购物节的持续火爆，越来越多的电子商务企业加入其中，上演电子商务大战。其中部分大的电子商务企业更是不约而同选购符合自己品牌的域名来武装自己。下面是国内一些老牌和知名的购物网站，来看看它们都使用了哪些类型的域名。

一、淘宝网

淘宝网由阿里巴巴集团在 2003 年 5 月创立，是人们最先熟知的一家 B2C 购物网站。截至 2014 年底拥有注册会员近 5 亿，日活跃用户超 1.2 亿，在线商品数量达到 10 亿，目前已经是亚太地区较大的网络零售商。该网站使用的双拼域名来自"淘宝"拼音全称。

二、天猫商城

天猫商城可以说是淘宝的一个分部，原名"淘宝商城"。2012 年 1 月 11 日上午，淘宝商城正式宣布更名为"天猫"。天猫商城使用的是 5 字母域名，"t"是"天"字拼音首字母，而 mall 有商城的意思，tmall 连在一起音译就有"天猫"之意，可以说这个域名起得也令人拍案叫绝。

三、京东

京东是中国最大的自营式电子商务企业，jd.com 也是来自京东一词的首字母组合。2 字母域名数量非常少，价格也非常高。据悉，jd.com 域名花费了近 3 000 万元！京东在 2012 年也收购过单数字域名 3.cn，价格为 300 万~500 万元，目前输入该域名会自动跳转到京东首页。

四、苏宁易购

苏宁易购是苏宁云商集团股份有限公司旗下新一代 B2C 网上购物平台，目前已经覆盖传统家电、3C 电器、日用百货等品类。2011 年，苏宁花费巨资购得的"苏宁"双拼域名 suning.com 正式上线运营苏宁易购平台。苏宁对于品牌域名保护绝不含糊，目前已持有

suning. com/. cn/. com. cn 3 个主流域名。

五、什么值得买

"什么值得买"是一家网购产品推荐网站，是近几年才正式成立的电子商务平台。在 2016 年 1 月，"什么值得买"获得成立 5 年来的首笔融资，资金为 1 亿元，目前使用的是 5 声母域名 smzdm. com。"什么值得买"旗下也有 smzdm. cn/. com. cn/. net 等域名，域名保护意识也是非常强的！

六、唯品会

唯品会在 2013 年花重金买下域名 vip. com，替换旧域名 vipshop. com。VIP 有"贵宾"的含义，又有唯品会谐音，非常符合品牌形象。唯品会对待每一位会员也像 VIP 一样，努力满足会员的需求。目前唯品会已经成为国内知名电子商务企业，在大热的电视剧《欢乐颂》里也频繁出现，博得了不少眼球！

以上只举出部分品牌电子商务企业，其他像垂直类电子商务企业当当网（dangdang. com）、跨境电子商务企业海蜜全球购（haimi. com）等都有很多优秀的品牌。从这可以发现它们使用拼音域名比较多，其他域名类型基本上就是品牌的缩写或谐音，看来拼音域名是目前电子商务企业的最爱。网购目前已经渐渐融入人们的生活，有一个能被大家记住的好域名至关重要，拼音域名简单好记，像 smzdm. com 和 jd. com 这种品牌缩写域名也非常容易让人记住。从以上案例可以发现，有的公司不惜花重金购买域名替换之前的域名，看来一个好域名对企业发展还是不容忽视的！

（资料来源：中国电子商务研究中心网站，略改）

3.1　互联网的基本概念

3.1.1　互联网的定义

互联网，英语为 Internet，又称网际网络，或音译为因特网，它是一个基于 TCP/IP 协议的网络，通过 TCP/IP 协议，实现了不同品牌、不同性能、使用不同操作系统的计算机之间的通信。它是由成千上万个网络和上亿台计算机相互连接而成的，是能够提供信息资源查询和信息资源共享的全球最大的信息资源平台。目前互联网用户已经遍及全球，有超过几十亿人在使用。

3.1.2　互联网协议

网络上的计算机之间是如何交换信息的呢？就像我们说话用某种语言一样，在网络上各台计算机之间也有一种语言，这就是网络协议，不同的计算机之间必须使用相同的网络协议才能进行通信。

网络协议是网络上所有设备（网络服务器、计算机、交换机、路由器、防火墙等）之间通信规则的集合，定义了主机之间通信时信息必须采用的格式和传送的方式。大多数网络都采用分层的体系结构，在网络各层中存在着许多协议，接收方和发送方同层的协议必须一致，否则一方将无法识别另一方发出的信息。网络协议使网络上各种设备能够相互交换信息。目前，互联网是用 TCP/IP 协议来交换信息的。

TCP/IP 是 Transmission Control Protocol/Internet Protocol 的简写，中文译名为传输控制协议/网间协议。TCP/IP 是一种网络通信协议，规范了网络上的所有通信设备，尤其是一个主机与另一个主机之间的数据往来格式及传送方式。TCP/IP 是互联网的基础协议，也是一种计算机数据打包和寻址的标准方法。在数据传送中，可以形象地理解为有两个信封，TCP 和 IP 就像信封，要传递的信息被划分成若干段，每一段塞入一个 TCP 信封，并在该信封封面上记录分段号的信息，再将 TCP 信封塞入 IP 大信封，发送上网。在接收端，一个 TCP 软件包收集信封，抽出数据，按发送前的顺序还原，并加以校验，若发现差错，TCP 将会要求重发。因此，TCP/IP 在互联网中几乎可以无差错地传送数据。对普通用户来说，并不需要了解网络协议的整个结构，仅需了解 IP 的地址格式，即可与世界各地进行网络通信。

常用的网络协议有 HTTP、SMTP、POP、IMAP、FTP、Telnet、News（代表访问网络新闻服务器）、File（访问本机文件）等，它们都是基于 TCP/IP 网络协议上的应用层协议。

1）HTTP 协议

HTTP（Hypertext Transfer Protocol）是超文本传输协议的缩写，它是负责传输和显示页面的互联网协议，是互联网上应用最广泛的一种网络传输协议。最早的 HTTP 协议是1991 年开发出来的，设计 HTTP 的最初目的是提供一种发布和接收 HTML 页面的方法。HTTP 运行在 TCP/IP 模型的应用层。和其他的互联网协议一样，HTTP 采用客户机/服务器模式，即用户（客户机）的浏览器打开一个 HTTP 会话并向远程服务器发出页面请求。作为回答，服务器产生一个 HTTP 应答信息，并将它送回到客户机（请求者）的浏览器。如果客户机确定收到的信息是正确的，就断开 TCP/IP 连接，HTTP 会话就结束了。由于 HTTP 的用户数增长很快，HTTP 对互联网有极其重要的影响，所有 WWW 文件都必须遵守这个标准。

2）SMTP、POP 协议

互联网上传送电子邮件是通过一套称为邮件服务器的程序进行硬件管理并储存的。与个人计算机不同，这些邮件服务器及其程序必须每天 24 小时不停地运行，否则就不能收发邮件，简单邮件传输协议 SMTP（Simple Mail Transfer Protocol，SMTP）和邮局协议 POP（Post Office Protocol，POP）是负责用客户机/服务器模式发送和检索电子邮件的协议。用户计算机上运行的电子邮件客户机程序请求邮件服务器进行邮件传输，邮件服务器采用简单邮件传输协议标准。很多邮件传输工具，如 Outlook Express、Foxmail 等，都遵守 SMTP 标准并用这个协议向邮件服务器发送邮件。SMTP 协议规定了邮件信息的具体格式和邮件的管理方式。

SMTP 协议是一组用于从源地址到目的地址传输邮件的规范，通过它来控制邮件的中转方式。SMTP 协议属于 TCP/IP 协议簇，帮助每台计算机在发送或中转信件时找到下一个目的地。SMTP 服务器就是遵循 SMTP 协议的发送邮件服务器。SMTP 认证，简单地说就是必须在提供了账户名和密码之后才可以登录 SMTP 服务器，这就使得垃圾邮件的散播者无可乘之机。增加 SMTP 认证的目的是使用户避免受到垃圾邮件的侵扰。

POP 邮件协议负责从邮件服务器中检索电子邮件。它要求邮件服务器完成下面几种任务：从邮件服务器中检索邮件并从服务器中删除这个邮件；从邮件服务器中检索邮件但不删除它；不检索邮件，只是询问是否有新邮件到达。POP 协议支持多用户互联网邮件扩展，后者允许用户在电子邮件上附带二进制文件，如文字处理文件和电子表格文件等，实际上这样就可以传输任何格式的文件了，包括图片和音频文件等。在用户阅读邮件时，POP 命令所有的邮件信息立即下载到用户的计算机上，而不在服务器上保留。

3）IMAP 协议

互联网信息访问协议（Internet Mail Access Protocol，IMAP）是一种优于 POP 的新协议。和 POP 一样，IMAP 也能下载邮件，从服务器中删除邮件或询问是否有新邮件，但 IMAP 弥补了 POP 的一些缺点。例如，它可以决定客户机请求邮件服务器提交所收到邮件的方式，请求邮件服务器只下载所选中的邮件而不是全部邮件。客户机可先阅读邮件信息的标题和发送者的名字再决定是否下载这个邮件。通过用户的客户机电子邮件程序，IMAP 可让用户在服务器上创建并管理邮件文件夹或邮箱、删除邮件、查询某封信的一部分或全部内容，完成所有这些工作时都不需要把邮件从服务器下载到用户的个人计算机上。

4）FTP 协议

文件传输协议（File Transfer Protocol，FTP）是 TCP/IP 的组成部分，是属于应用层的协议，用于在 TCP/IP 连接的计算机之间传输文件，采用的是客户机/服务器模式。FTP 允许文件双向传输，即从客户机到服务器或从服务器到客户机。FTP 既可以传输二进制数据，也可以传输 ASCII 码文本，用户可在两种模式中任选一种。二进制数据包括文字处理文档、电子表格、图像和其他数据的文件。ASCII 码文本是文本文件，这种文本和 Windows 的 Notepad 所创建的文件类型是一样的。FTP 可以一次传输一个文件，也可以一次传输多个文件。FTP 还可提供其他一些服务，如显示远程计算机或本地计算机目录、改变客户机或服务器的现有活动目录、创建并移动本地或远程目录、设置权限等。FTP 采用 TCP 协议及其内置错误控制功能可准确无误地把文件从一台计算机复制到另一台计算机。

5）Telnet 协议

Telnet 协议是 TCP/IP 通信协议中的终端机协议，利用远程登录，用户可以通过自己正在使用的计算机与其登录的远程主机相连，进而使用该主机上的多种资源，这些资源包括该主机的硬件资源、软件资源及数据资源。

3.1.3　互联网提供的服务

互联网创造的计算机空间正在以蒸蒸日上的势头迅速发展。你只要坐在计算机前，不管对方在世界的什么地方，都可以相互交换信息、购买物品、签订项目合同，也可以结算国际贷款。企业管理者可以通过互联网洞察商海风云，从而得以确保企业的发展；科研人员可以通过互联网检索众多国家的图书馆和数据库；医疗人员可以通过互联网与世界范围内的同行们共同探讨医学难题；工程人员可以通过互联网了解同行业发展的最新动态；商界人员可以通过互联网实时了解最新的股票行情、期货动态，使自己能够及时地抓住每一次商机，立于不败之地；学生也可以通过互联网开阔眼界，学习更多的有益知识。

总之，互联网能使人们的生活、学习、工作以及思维模式发生根本性变化。无论来自何方，互联网都能把我们和世界连在一起。互联网使我们可以坐在家中就能够和世界交流，有了互联网，世界真的小了，它将改变我们的生活。

那么，互联网是怎样完成上述功能的呢？那就是它所提供的服务了。它提供的服务包括万维网（WWW）、文件传输（FTP）、远程登录（Telnet）、电子邮件（E-mail）等，全球用户可以通过互联网提供的这些服务，获取互联网上提供的信息和功能。以下简单地介绍最常用的服务。

1）万维网

万维网，又称环球信息网，英文是 World Wide Web，缩写为 WWW。万维网是一个基于超文本的信息查询工具，把各种类型的信息（图形、图像、文本、声音、动画等）有机地集成起来，供用户查询使用。万维网服务是一种建立在超文本基础上的浏览、查询因特网信息的方式，它以交互方式查询并且访问存放于远程计算机的信息。万维网提供友好的信息查询接口，用户仅需要提出查询要求，而到什么地方查询及如何查询则由万维网自动完成。用户可以通过万维网从全世界任何地方查询所需要的信息，包括文本、图形、图像、声音、动画等信息。

那么，什么是超文本呢？万维网上的每个网页都对应一个文件。我们浏览一个页面，要先把页面所对应的文件从提供这个文件的计算机里通过互联网传送到计算机中，再由万维网浏览器翻译成我们见到的有文字、图形、声音、动画的页面。这些页面对应的文件不再是普通的"文本文件"，文件中除包含文字、图片、图形、声音信息外，还包括了一些具体的链接。我们可以通过单击这些链接跳转到别的网页，这些包含超链接的文件被称为超级文本文件，简称超文本。

当你想浏览万维网的一个网页时，首先要在网络浏览器中输入你想访问的网页的统一资源定位符（Uniform Resource Locator，URL），即通常所说的网页地址，简称网址。然后，我们所输入的网址被域名解析器解析成 IP 地址，接下来的步骤是计算机向在 IP 地址工作的服务器发送一个 HTTP 请求。最后网络浏览器的工作就是把 HTML 文本、图片和构成该网页的一切其他文件显示给用户，这些就构成了你所看到的"网页"。

万维网诞生于互联网中，后来成为互联网的一部分，而今天，万维网几乎成了互联网的代名词。通过它，加入其中的每个人能够在瞬间抵达世界的各个角落。

2）文件传输

文本传输服务又称为 FTP 服务，是互联网中最早提供的服务功能之一，现在仍然在广泛使用。文件传输服务，是指通过文件传输协议，用户可以从一个互联网主机向另一个互联网主机传输文件。文件传输服务是基于互联网的一个服务，使用文件传输服务，我们可以往服务器里上传文件，也可以下载服务器里的文件。

使用文件传输服务几乎可以传送任何类型的文件，如文本文件、可执行文件、图形文件、图像文件、声音文件、数据压缩文件等。由于现在越来越多的政府机构、公司、大学、科研机构将大量的信息以公开的文件形式存放在互联网中，因此，使用文件传输服务几乎可以获取任何领域的信息。

3）远程登录

远程登录指允许一个地点的用户与另一个地点的计算机上运行的应用程序进行交互对话。远程登录服务又被称为 Telnet 服务，是互联网中最早提供的服务之一。如果你有一台服务器在远方，或者就是一台普通的计算机在远方，如果开启了 Telnet 服务，就可以用本地的一台计算机进行远程登录，然后对远方的计算机进行操作，不过前提是你登录的账户有对应的权限。

4）电子邮件

电子邮件是一种用电子手段提供信息交换的通信方式，是互联网中应用最广的服务。通过网络的电子邮件系统，用户可以以非常低廉的价格、非常快速的方式（几秒之内），与世界上任何一个角落的网络用户联系。电子邮件发送的内容除了普通文本，还可以包括图片、声音甚至视频图像等。

3.1.4　互联网接入方式

如今，随着计算机通信技术以及国民经济的飞速发展，企业与个人对数据库及其检索业务的需求也越来越复杂，普通的网络环境已难以胜任。而对企业来说，拥有一个良好的网络环境，对提高办公效率是非常有用的。以下是互联网的 8 种接入方式。

1）电话线拨号接入

电话线拨号接入，即通过电话线利用当地运营商提供的接入号码，拨号接入互联网，速率不超过 56 kb/s。特点是使用方便，只需有效的电话线及自带调（MODEM）的 PC 就可完成接入。

2）ISDN 接入

ISDN 俗称"一线通"，采用数字传输和数字交换技术，将电话、传真、数据、图像等多种业务综合在一个统一的数字网络中进行传输和处理。用户利用 ISDN 线路，可以在上网的同时拨打电话、收发传真，就像两条电话线一样。ISDN 基本速率接口有两条 64 kb/s 的数字信道（B 信道）和一条 16 kb/s 的信令通道（D 信道），简称 2B+D 信道，当有电话拨入时，它会自动释放一个 B 信道进行电话接听。

3）ADSL 接入

ADSL 接入是运用最广泛的铜线接入方式，ADSL 可直接利用现有的电话线路，通过 ADSL MODEM 后进行数字信息传输。理论速率可达到 8 Mb/s 的下行和 1 Mb/s 的上行，传输距离可达 4~5 千米。ADSL2+速率可达 24 Mb/s 下行和 1 Mb/s 上行。

4）HFC 接入

HFC 接入是一种基于有线电视网络铜线资源的接入方式。HFC 具有专线上网的连接特点，允许用户通过有线电视网实现高速接入互联网，适用于有有线电视网的家庭、个人或中小团体。其特点是速率较高，接入方式方便（通过有线电缆传输数据，不需要布线），可实现各类视频服务、高速下载等。

5）光纤宽带接入

光纤宽带接入通过光纤接入到小区节点或楼道，再由网线连接到各个共享点上（一般不超过 100 米），提供一定区域的高速互联接入。其特点是速率高、抗干扰能力强，适用于家庭、个人或各类企事业团体，可以实现各类高速率的互联网应用（视频服务、高速数据传输、远程交互等）。

6）无源光网络接入

无源光网络接入是一种点到多点的光纤传输和接入技术，局端到用户端最大距离为 20 千米，接入系统总的传输容量为上行 155 Mb/s，下行为 622 Mb/s 或 1 Gb/s，由各用户共享，每个用户使用的带宽可以以 64 kb/s 步进划分。其特点是接入速率高，可以实现各类高速率的互联网应用（视频服务、高速数据传输、远程交互等）。

7）无线网络接入

无线网络接入是一种有线接入的延伸技术，使用无线射频（RF）技术越空收发数据，减少使用电线连接，因此，无线网络系统既可达到建设计算机网络系统的目的，又可让设备自由安排和搬动。在公共开放的场所或者企业内部，无线网络作为已存在有线网络的一个补充方式，装有无线网卡的计算机通过无线手段方便接入互联网。

8）电力网接入技术

电力网接入技术是指利用电力线传输数据和媒体信号的一种通信方式，也称电力线载波（Power Line Carrier，PLC）。它是把载有信息的高频加载于电流，然后用电线传输到接受信息的适配器，再把高频从电流中分离出来并传送到计算机或电话。电力线载波属于电力通信网，包括利用电缆管道和电杆铺设的光纤通信网等。电力通信网的内部应用，包括电网监控与调度、远程抄表等。面向家庭上网的 PLC，俗称电力宽带，属于低压配电网通信。

3.2 IP 地址和域名

【案例 3.1】

BAT 等互联网巨头的域名当初都是多少钱买的？

域名是一种开放性资源，谁注册的就属于谁，只要有人注册了某一个域名，那么其他人就再也不能注册这个域名了。如果你是第一个注册这个域名（以 .com 域名为例）的，注册成本一年仅需要几十元钱，以后每年也就交几十元钱即可。而现在由于域名越来越紧俏，导致想从其他人手中购买极品域名，可能就需要很多钱了。所以如果你在 20 年前没什么人重视"域名"时就买了很多极品域名，那么你现在基本上吃喝不愁了。

今天再想用 .com 域名做网站，如果手上无存货，那么只能从其他人手中高价购买。因为随着互联网的发展，好的 .com 域名基本被注册了，现在要想买一个好的拼音域名可能动辄就得花成千上万元。

阿里巴巴（淘宝）、腾讯、百度等互联网巨头们的域名当初又是多少钱买的呢？

1. 几十元钱成本价注册，并沿用至今的

现在的互联网巨头基本上有十几年的历史了，往前倒退十几年，那时没多少人在意域名，基本想注册什么域名就能注册到什么域名，只要花几十元钱的成本价就能买到。比如搜索引擎巨头百度的 baidu.com、搜狐网的 sohu.com、淘宝网的 taobao.com 等域名都是成本价购买的。在那时建立的各种门户网站，只要不是太稀有的域名基本是以成本价自己注册的。

2. 自己先用几十元钱成本价注册，中途再高价换域名的

京东最初的域名是 360buy.com，即 360 度全方位购买的意思，域名购买费用仅几十元钱而已。自 1998 年京东成立以来，该域名一直用到 2013 年，然后换成了 jd.com。在 2000年左右，互联网上确实比较流行使用这种组合域名，比如前程无忧的 51job.com。而京东为了买 jd.com 花了 3 000 万元，虽然 3 000 万元是一笔巨款，但是换成 jd.com 之后，节省了一大笔各种推广费用。

360 公司的全称是奇虎 360 科技有限公司，公司建立之初使用的是 qihoo.com 这样一个仿照 yahoo.com 的域名，成本低廉。但是随着公司业务的不断发展，尤其是 360 安全卫士系列的深入人心以及国际化的推进，360 开始了更换域名之旅。花 1 亿多元买了360.com 域名作为官网，是一个比京东更豪的公司。

　　还值得一提的就是被吐槽很多的腾讯域名 qq.com，腾讯公司成立于 1998 年，最初使用的域名是 oicq.com 和 oicq.net，但是因为 oicq 是"学习"的 icq，所以后来被 icq 母公司美国在线起诉，美国在线胜诉，这俩域名也就被其免费拿走了。然后腾讯公司又低价注册了 tencent.com 用了两年。到 2003 年，马化腾纠结以后该怎么办时，发现了 qq.com 正在挂牌出售。qq.com 的主人原定将其售价 200 万美元，但是腾讯公司的工作人员给他发邮件说，打算做一个个人网站，希望便宜点。qq.com 的原主人可能因此，最终仅以 10 万美元的"超低价"将 qq.com 卖给了腾讯公司。然后加上律师费 1 万美元，腾讯公司最终以 11 万美元拿下了 qq.com，建立了新的腾讯网，相比 jd.com 和 360.com 省了不少钱。

3. 直接高价从其他人手里购买

　　现在有野心的互联网公司在建网站时都会选择一个适合自己产品的域名，不管花多少钱都会把域名拿下。但是在二十多年前也有这样一个人愿意花大价钱买一个好域名建网站。1999 年，马云一文不名时就舍得花 3 000 美元（还有的版本说 1 万美元、5 万美元），就为了买 alibaba.com 这个域名建立阿里巴巴网站。在人们都不在意域名而且马云也没多少资金时，对很多人来说，花钱买域名无疑是笔巨款了。现在阿里巴巴集团俨然成为互联网电子商务的龙头老大，只能感慨马云的眼光独到。

（资料来源：百度知道，有删改）

3.2.1　IP 地址

　　互联网是把全世界无数个网络连接起来的一个庞大的网间网，那么每个网络中的计算机、服务器、路由器等主机设备是怎样通信和传输数据的呢？在日常生活中，要寄信给某人，必须在信封上写明详细的地址，互联网也一样，TCP/IP 协议给网络上的每台主机设备分配一个地址号，这个地址称为 IP 地址。通过这个 IP 地址能迅速找到这台主机设备。

　　IP 地址（Internet Protocol Address），称为互联网地址，就是给每台连在互联网上的主机分配的一个在全世界范围内的唯一标识符。

　　每台联网的计算机都依靠 IP 地址标识自己。IP 地址被用来给互联网上的计算机一个编号。大家日常见到的情况是每台联网的计算机上都需要 IP 地址才能正常通信。这类似于日常生活中使用的电话号码，全世界的电话号码都是唯一的，IP 地址也是一样。IP 地址必须是唯一的，每台联网的计算机都依靠 IP 地址相互区分、相互联系。网络设备根据 IP 地址帮你找到目的端，IP 地址由统一的组织负责分配，任何个人都不能随便使用。如图 3.1 所示为某台计算机的 IP 地址。

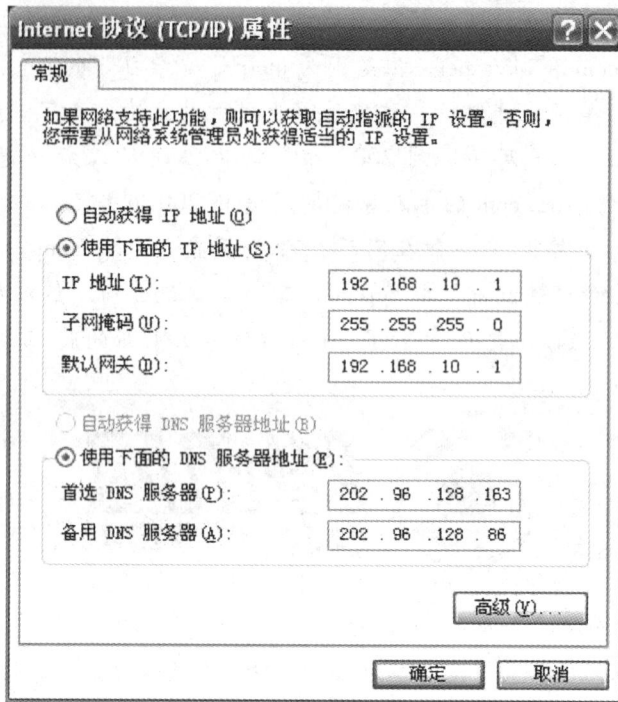

图 3.1　计算机 IP 地址

IP 地址由 4 组 0~255 的数字组成，各组之间用小数点分隔。如 192.168.10.79 就表示某台计算机的 IP 地址。IP 地址的这 4 组数字可以分成两部分：一部分是网络号（用来标识网络）；一部分是主机号（标识在某个网络上的一台特定的主机），即 IP 地址 = 网络号 + 主机号。根据网络号，可以判断这台计算机处于哪个网络。目前，中国主要的网络有中国教育网、中国科技网、中国电信网、中国网通网、中国铁通网等。在这 4 组数字中，哪组表示网络，哪组表示主机呢？通常把 IP 地址分成 A，B，C 类。

A 类地址，第一组表示网络，后面三组表示主机。

B 类地址，第一组、第二组表示网络，后面两组表示主机。

C 类地址，第一组、第二组、第三组表示网络，最后一组表示主机。

例如，IP 地址 10.49.137.9 属于 A 类地址，网络号是 10.0.0.0，主机号是 0.49.137.9。

3.2.2　域名

1) 域名的概念

域名（Domain Name），是由一串用点分隔的字符组成的互联网上某台计算机的名称。

前面已经介绍，网络是基于 TCP/IP 协议进行通信和连接的，每台主机都有唯一的标识固定的 IP 地址，以区别网络上成千上万台计算机。为了保证网络上每台计算机的 IP 地址的唯一性，用户必须向特定机构申请注册，该机构根据用户单位的网络规模和近期发展计划分配 IP 地址。网络中的地址方案分为两套：IP 地址系统和域名地址系统。通俗地说，互联网中计算机的地址有两种表示形式，即 IP 地址和域名。IP 地址由 4 组小于 256 的数字组成，数字之间用点间隔，如100.10.0.1表示某台计算机的IP地址。由于IP地址是用数字标识的，使用时难以记忆和书写，因此在IP地址的基础上又发展出一种字符型的地址方案，代替数字型的IP地址。每一个字符型的地址都与特定的IP地址对应，这样网络上的资源访问起来就容易得多了。这个与网络上的数字型IP地址相对应的字符型地址被称为域名。

可见，域名就是上网单位的名称，是一个通过计算机登入网络的单位在该网络中的地址。一个公司如果希望在网络上建立自己的主页，就必须取得一个域名。域名也是由若干部分组成，包括数字和字母。通过该地址，人们可以在网络上找到所需的详细资料。域名是上网单位和个人在网络上的重要标识，起着识别作用，便于他人识别和检索某一企业、组织或个人的信息资源，从而更好地实现网络上的资源共享。除了识别功能，在虚拟环境下，域名还可以起到引导、宣传、代表等作用。

2）域名的命名

由于互联网上的各级域名是由不同机构管理的，所以，各个机构管理域名的方式和域名命名的规则也有所不同。但域名的命名仍有以下几点共同规则。

（1）域名中只能包含的字符

①26个英文字母。

②"0，1，2，3，4，5，6，7，8，9" 10个数字。

③"-"（英文中的连词符）。

（2）域名中字符的组合规则

①在域名中，不区分英文字母的大小写。

②英文中的连词符"-"不得用于开头和结尾处。

③域名的长度是有一定限制的。

例如，www.baidu.com，www.made-in-china.com，www.hao123.com，www.wuhan.gov.cn，都是合法的域名，但是www.@qq.com就不是合法的域名。

3）域名的分类

域名按照后缀分为3类：国际域名、国家域名、新顶级域名。

（1）国际域名

国际域名，也叫类别域名，总共有7个。由于互联网最初是在美国发源的，因此，最早的域名并无国家标识，人们按用途把它们分为几个大类，分别以不同的后缀结尾。

①.com，用于商业机构。它是最常见的顶级域名。任何人都可以注册.com形式的域名。

②.net，最初用于网络组织，如互联网服务商和维修商。现在任何人都可以注册以.net结尾的域名。

③.org是为各种组织包括非营利组织而定的。现在任何人都可以注册以.org结尾的域名。

④.gov，用于政府部门。

⑤.edu，用于教育机构。

⑥. mil，用于军事领域。

⑦. int，用于国际组织。

最初的域名体系也主要供美国使用，因此美国的企业、机构、政府部门等所用的都是"国际域名"，随着互联网向全世界的发展，这些域名为世界各国所通用。

（2）国家域名

共有 243 个国家和地区的代码，如 . cn 代表中国、. uk 代表英国、. us 代表美国，表 3.1 是一些主要国家的域名后缀。

. cn 为后缀的域名称为"国内域名"，与国际域名的后缀命名类似，在 . cn 顶级域名下也分设了不同意义的二级域名，主要包括类别域名和行政区域名，这就是通常说的二级域名：可以在 . com. cn 或 . net. cn 等二级域名下注册三级域名，三级域名可分为两类：类别域名和行政区划域名。类别域名是依照申请机构的性质划分的域名，具体包括：. ac 科研机构，. com 工、商、金融等企业，. edu 教育机构，. gov 政府部门，. net 网络服务机构，. org 各种非营利性的组织。行政区域名是按照中国的各个行政区划分而成的，其划分标准依照原国家技术监督局发布的国家标准而定，包括行政区域名 34 个，适用于我国的各省、自治区、直辖市。例如，北京的机构可以选择如 cnnic. bj. cn 的域名，也就是省级域名。表 3.2 为我国各行政区域名后缀。

表 3.1　一些主要国家的域名后缀

域名后缀	国家	域名后缀	国家	域名后缀	国家	域名后缀	国家
. ar	阿根廷	. cn	中国	. it	意大利	. eg	埃及
. au	澳大利亚	. hr	克罗地亚	. jp	日本	. gr	希腊
. at	奥地利	. in	印度	. fi	芬兰	. nl	荷兰
. br	巴西	. ie	爱尔兰	. fr	法国	. sg	新加坡
. ca	加拿大	. il	以色列	. de	德国	. us	美国

表 3.2　我国各行政区域名后缀

域名后缀	行政区	域名后缀	行政区	域名后缀	行政区	域名后缀	行政区	域名后缀	行政区
. bj	北京市	. sh	上海市	. tj	天津市	. cq	重庆市	. he	河北省
. jx	江苏省	. zj	浙江省	. ah	安徽省	. fj	福建省	. jx	江西省
. sx	山西省	. hi	海南省	. ln	辽宁省	. jl	吉林省	. hl	黑龙江省
. sd	山东省	. ha	河南省	. hb	湖北省	. hn	湖南省	. gd	广东省
. gs	甘肃省	. sn	陕西省	. sc	四川省	. gz	贵州省	. yn	云南省
. xz	西藏自治区	. qh	青海省	. mo	澳门特别行政区	. tw	台湾省	. hk	香港特别行政区
. xj	新疆维吾尔自治区	. gx	广西壮族自治区	. nm	内蒙古自治区	. nx	宁夏回族自治区		

（3）新顶级域名

新顶级域名，是互联网名称与数字地址分配机构（The Internet Corporationfor Assigned Names and Numbers，ICANN），根据互联网发展需要，在 2000 年 11 月作出决议，从 2001 年开始使用的国际顶级域名包含 7 类：.aero，.biz，.museum，.info，.coop，.name，.pro。其中前 4 个是非限制性域，后 3 个是限制性域，如 .aero 需是航空业公司注册，.museum 需是博物馆注册，.coop 需是集体企业（非投资人控制，无须利润最大化）注册。这 7 个顶级域名的含义和注册管理机构如下：

①.aero，航空运输业专用，由比利时国际航空通信技术协会（SITA）负责。

②.biz，可以替代 .com 的通用域名，其监督机构是 JVTeam。

③.coop，商业合作社专用，由位于华盛顿的美国全国合作商业协会（NCBA）负责管理。

④.info，可以替代 .com 的通用域名，由 19 个因特网域名注册公司联合成立的 Afilias 公司负责。

⑤.museum，博物馆专用，由博物馆域名管理协会（MDMA）监督。

⑥.name，是个人网站的专用域名，由英国的"环球姓名注册"（Globe Name Registry）负责。

⑦.pro，医生和律师等职业专用，监督机构是爱尔兰都柏林的一家网络域名公司"职业注册"（Registry Pro）。

其实，对商业性公司来说，到目前为止，最通用的仍然是 .com 域名，国内企业或者在国内有经营机构的外国企业则一般同时注册 .com.cn 域名。自 .cn 二级域名开放注册以来，国内网站似乎更青睐用 .cn 域名。

域名是连接企业和互联网网址的纽带，像品牌、商标一样具有重要的识别作用，是访问者通达企业网站的"钥匙"，是企业在网络上存在的标志，发挥着标示站点和导向企业站点的双重作用。域名对企业开展电子商务具有重要作用，被誉为网络时代的"环球商标"，一个好的域名会大大增加企业在互联网上的知名度。因此，企业如何选取好的域名就显得十分重要。

3.2.3 DNS 服务器

DNS（Domain Name System，DNS）是域名解析服务器，DNS 服务器就是域名管理系统。DNS 服务器在互联网的作用是把域名转换成网络可以识别的 IP 地址。我们知道互联网的网站都是以多台服务器的形式存在的，但是怎么前往要访问的网站服务器呢？这就需要给每台服务器分配 IP 地址，互联网上的网站很多，不可能记住每个网站的 IP 地址，这就产生了方便记忆的域名管理系统 DNS，它可以把输入的好记的域名转换为要访问的服务器的 IP 地址，如访问者在浏览器输入 www.51132.com 会自动转换成为 202.104.237.103。解析的作用就是告知访问者，要访问的网站是处在哪个 IP 的主机上。

3.3 电子商务网站建设技术

3.3.1 电子商务网站的规划

电子商务网站起着承上启下的作用：一方面它可以直接连接互联网，企业的顾客或者供应商可以直接通过网站了解企业信息，并直接通过网站与企业进行交易；另一方面，它将市场信息同企业内部管理信息系统连接在一起，将市场需求信息传送到企业管理信息系统，然后，企业根据市场的变化组织经营管理活动；它还可以将企业的经营管理信息在网站上进行公布，使企业业务相关者和消费者可以通过网络直接了解企业的经营管理情况。互联网上有无数的电子商务网站，如何在这些网站中脱颖而出呢？公司着手建立电子商务网站之前，需要定义网站的目标。

1) 确定电子商务网站的服务对象

公司需要明确网站的服务对象，从中确定关键人物。这些关键人物既包括公司内部主要机构人员，也包括供应商和大客户，甚至在某些情况下还包括政府部门。设立网站是为了更好地通过互联网将价值链上下游更紧密地联结在一起，因此，必须考虑他们的意见，保证网站目标和各有关方面需求之间的无缝连接，确定电子商务网站的服务对象，必须对访问者有清晰的定义。详尽的访问者定义包括用户个人信息以及他们的访问目的。确定电子商务网站的访问者需要采取以下两个步骤：

(1) 确定访问者的范围

参与网站目标制订的关键人物显然包含在访问者之内。公司电子商务网站的访问者可以分为外部访问者和内部访问者。

外部访问者的存在是显而易见的，为他们服务本来就是建立网站的目的，主要包括现实或潜在客户、供应商、政府、其他组织和个人。在竞争激烈的市场环境中，竞争者也会访问公司的电子商务网站，了解公司的竞争战略，虽然这种情况可能有违公司设立网站的初衷。但股东作为特殊的群体，也是不可忽视的访问者。

内部访问者要么被忽略，要么仅反映参与网站建设的部门的需求。很长时间以来，信息系统部门负责创建公司的网站，以至于这样的网站仅反映他们的意志，却忽略了其他重要的部门，如市场部。事实上，公司组织结构图上的每个部分的需求都要得到反映，而不仅是最靠近总裁办公室或市场部。

在确定访问者范围时，设计人员要着眼于公司整个大的经营环境，同时又不能仅向外看而忽略了内部访问者，比较好的方法仍然是选择关键人物，充分倾听各方需求，以价值链和组织结构图为起点，将每一个节点具体化为一类访问者。

（2）确定访问者的目的

通常来说，不同访问者具有不同的访问目的。

公司的主顾可能通过访问网站，了解产品和服务的种类与价格情况，进行在线采购，也可能因为偶然购买了劣质产品而在网站上大吐苦水，提出刻薄的意见。供应商也许会通过定期访问网站以了解公司产品生产计划，并推测库存情况，调整相应的产品生产计划。竞争者肯定会通过网站试图了解公司战略。其他外部访问者也许碰巧从其他厂商提供的链接冲浪过来，如果公司的网站确实有值得一看的信息，那么他们还会再来的。如果电子商务网站可以制订相应对策，提供与公司战略相匹配的信息，很显然，公司可以从外部竞争中获益。

内部访问者同样通过网站获取所需信息。例如，制造部员工可以得知客户对产品的评价，研发部可以了解客户的技术偏好，市场部将利用反馈信息制订特别的促销方案，各个部门可以通过网站了解其他部门的处境，以更好地进行协调。

在确定访问者后，要召开由各类型访问者组成的讨论会，或者采用类似市场调查中经常采用的电话访问、邮寄问卷等方法，设计人员可以获得大致印象，再根据需要对个别类型作进一步了解。有时，如果同行业中有竞争者已经建立较为成熟的网站，设计人员也可以借鉴，再按照公司实际情况加以调整和改善。

2）确定网站的目标

完成以上步骤之后，公司应该按时间表实施计划。公司必须明确以下几个要点。

（1）公司的任务和目标

这是公司存在的根本原因。在公司决定改变经营模式之前，公司的任务和目标一直是明确的。在运用流行的高效率的电子商务模式时，它们也许可以改变，但不应该模糊。如果无法明确公司的任务和目标，那么公司电子商务网站同样不能给访问者以清晰的结构，将会妨碍他们获得正确信息，这样的电子商务网站注定是要失败的。

当然，在转向电子商务模式时，很多公司会发现他们不得不重新设计公司的任务和目标，以适应网络时代的特征，并因此对他们的传统业务进行重组。

（2）网站的近期目标和远期目标

公司当然愿意一步到位，但这是不可能的。因此，公司必须区分网站的近期目标和远期目标。例如：初期提供公司产品、服务的种类和价格的在线查询与订购；以后根据市场供求状况提供实时定价。任何事先制订的远期目标，在更长时期内看来也不过是近期目标，但它提供了网站未来发展的方向，并易于实现从近期目标到远期目标的平稳过渡。

（3）网站的访问者

很明显，正如无法提供市场上所有的产品那样，公司不能指望在互联网上获得任何访问者的欢心。公司能做的就是像它在传统业务领域里对市场进行细分的那样，对访问者分类，寻找符合公司战略发展的访问者，即网站营销对象，优先满足他们的信息和服务需求。

正如前面按照性质进行的分类那样，电子商务有 B2B 和 B2C 两类不同的模式。公司营销对象可以由此分为组织和个人。但这种初步分类是远远不够的。针对前者，可以按地域、经济、文化等进行细分；针对后者，可以按年龄、性别、收入等进行细分。公司营销对象不同，电子商务网站所要到达的目标和呈现的风格就不同。对营销对象进行识别和归类，并以此为根据设立电子商务网站，就可以更好地为目标受众服务，提供更相关的产品和服务，从而更易取得电子商务的竞争优势。当然，公司应该从擅长的产品和服务出发来界定访问者，而不能为增加访问者而改变在传统市场上的制胜法宝。

（4）确定为访问者提供的信息

电子商务网站的设立，在很大程度上就是让现实和潜在的消费者在线获得公司产品和服务的相关信息，以便为其消费决策提供依据。相关信息越丰富、详细，访问者在线购物的体验越接近真实状态，访问者就会对公司在线销售的产品和服务更加了解，也更愿意购买。因此，公司在建设电子商务网站时，必须根据所提供的产品和服务为访问者提供尽可能详细的资料，并在成本与效益的平衡中做出决定。美国联邦快运公司甚至允许客户通过互联网对货物进行全程监督，以随时了解货物到达的时间和所经路线。显然，联邦快运公司在设立网站时充分考虑了访问者的要求，为他们提供传统快运方式下所无法提供的信息。相比之下，国内大多数公司的商务网站所提供的信息无非就是公司简介加产品服务价目单，根本无法发挥互联网所具有的多媒体和超媒体特性，与之相应的当然是商务网站的无效性。

3）确定网站评价体系

竞争不仅发生在传统的原子市场中，也将在电子商务模式下的比特市场中进行，体现在电子商务网站的设计上，就是要求使用方便，信息丰富，具有比较流行的操作界面。如服装类电子商务网站通常采用在线试衣技术，如果某公司不采用，那么带来的后果就不只是技术落后的坏印象，将直接影响在线销售业绩。如何分析公司网站在同类网站中的竞争性呢？

（1）明确竞争者的网站

通过搜索引擎，可以毫不费力地找到主要竞争者的网站，由这些网站提供的链接，可以迅速跳跃到其他相关网站。如果还不放心，甚至可以使用 BBS 和新闻组，搜寻不甚出名但可能领导未来潮流的网站。

（2）建立评价每个网站的一系列特征和规则

以公司网站的目标为开端，把它们作为竞争性分析的特征的基础。评价网站时，需加入其他规则，包括下载时间、页面大小、布局和感受，还有必要建立一个表：网站名作为行，特征和规则作为列。这个表提供了一个与其他网站进行比较的、粗略的、客观的度量。

（3）评价和分析

结合上面确定的特征和规则，加上访问者的评价，即访问量可以轻易判断哪些网站处于竞争优势，哪些又处于劣势。以这两类不同网站为两端，可以描绘出竞争地位的高低变化，确定公司网站的位置，以明确未来努力的方向。

这样的分析不是静止的，要求公司不断地对互联网进行连续追踪。从一开始，这场竞争就只有永远的竞争，没有永远的成功。

3.3.2　电子商务网站的设计

1) 确定网站的内容和功能

(1) 网站的内容

电子商务网站的内容可以划分为静态和动态两类。静态内容是一些一般性的、常规的信息，如公司的历史、文化、所属行业、交易规则等，通常只在网站建立初期编制，而在比较长的时期内不需修改。提供这样的信息主要是在访问者心目中形成认同感、亲切感，使他们在网站上得心应手。试想，如果有一天某个代表美国文化的公司在它的网站上宣称代表源远流长的东方文化，访问者也许会猜测该网站已被黑客入侵。

动态内容则是经常变动的，以提供诸如公司最新产品和服务的种类与价格等方面信息。例如，各大软件公司在推出正式版本之前，通常会在网站上提供试用版本。动态内容通常用作促销手段，以不断变化的内容，在互联网上营造进取姿态吸引访问者。如果电子商务网站没有动态内容，原有的访问者也会慢慢厌倦。

(2) 网站的功能

网站的功能可以分为主要和辅助两类。主要功能是电子商务网站的关键所在，提供诸如信息发布、在线交易等设立网站本意的功能。辅助功能是为实现主要功能而设置的。网上拍卖网站通常要求访问者在在线竞价前，进行用户注册，以保证交易的严肃性和真实性。这样的功能虽然不是建立网站的初衷，却是必不可少的。

对照进行访问者分析和竞争性分析得出的框架，设计人员可以通过满足相应需求确定网站提供的内容和功能。同样，想要提供非常完善的内容和功能是不太现实的，且内容和功能之间也会存在冲突。例如，网站允许访问者在发出订单后反悔，若非在技术上可以实现这样的功能，否则在内容上就要事先将交易规则交代清楚。因此，必须在内容和功能的完善与技术可行之间按照重要性进行协调，放弃复杂而华而不实的内容和功能。

确定内容和功能还意味着对它们进行分类与整理。确定众多内容之间的逻辑联系，并按照这种联系对内容分组和标记。根据标记，可以在草图上搭起网站的具体框架，然后，在相应内容的页面记录需要的功能。

2) 确定网站的装饰风格

确定好内容和功能，并不意味着大功告成。如何将内容和功能更好地表现出来，这依赖于网站的装饰风格。如同超级市场，有了众多产品，结果并不必然是顾客盈门；只有将产品分门别类排放，在合适的位置贴上标签，顾客才可以方便地找到所需产品。对于电子商务网站的设计，道理是一样的。

一般来说，网站有组织性装饰风格、功能性装饰风格和可视性装饰风格 3 种装饰风格。组织性装饰风格按小组、系统或组织的结构安排网站的内容和功能。功能性装饰风格涉及的任务与在其他环境实现的任务相似。可视性装饰风格是基于多数人熟悉的常用图形元素。

3) 确定网站的导航系统

互联网极其方便的一点就是超文本链接，访问者借助网站提供的导航系统，很容易在不同页面间切换。但是，这有赖于设计者对导航系统的定义。定义网站的导航系统解决的问题是：访问者如何访问网站？他们如何从一个页面跳转到另一个页面？怎样防止他们在波澜壮阔的网络世界中迷失？

网站的导航系统可以分为全局导航系统和局部导航系统。全局导航系统出现在网站的每个页面，通过全局导航将网站的各大主要部分联系起来，可以使访问者清楚网站的内容结构，方便他们在不同部分之间跳转。局部导航系统使访问者可以在相关页面间跳转，也可以在同一页面内跳转，具有不同的形式，如主题列表、选项菜单、相关条目的列表等。

确定网站的导航系统，就是在对网站内容和功能确立与分类的基础上，将内容和功能之间的逻辑联系使用导航工具连接起来。导航系统设计时常用的术语是连接和书签。全局导航在网站的每页中保持一致。尽量减少全局导航标志，以便于访问者进行选择。同时使用网站图标，作为访问者返回网站首页的链接，使他们无论在哪个页面上，都可以迅速返回首页。

3.3.3 电子商务网站的实施方式

电子商务网站的实施主要有 3 种方式：外包、租借和自建。

1）外包

有许多专业化的公司可以帮助企业迅速建立电子商务网站体系。在互联网上，速度就是胜利。企业如果可以先于竞争对手建立自己的电子商务网站，就可以取得在互联网上的优势。相较而言，将电子商务网站的实施工作外包出去，可以有如下 4 个优点。

(1)迅速建立电子商务网站

速度也意味着减少花费。专业公司有专业人员负责网站的策划、设计、开发、维护和推广。同时，他们有丰富的经验，使用专业化工具，与同业有着密切的工作联系和技术交流，可以及时解决开发过程中意想不到的问题。在很多情况下，企业自行建立电子商务网站，可能要耗时 6 个月甚至更长时间，而专业公司可以在几天之内就完成主页的设计制作。

(2)获得定制的电子商务方案

与单纯购买电子商务软件包不同，将任务外包出去，可以要求专业公司根据企业的实际需要定制专用的电子商务方案，如在方案中集成自动付费、税收和运输跟踪等功能。如果企业的运作方式与软件包提供的功能很匹配，购买软件包固然可以实现电子商务。但是这样的系统不能为企业提供所要求的一些特征，即使方案现在可能很适用，但是将来可能过时。为现有系统增加新特征意味着对软件进行定制的工作和训练，而承担建设网站的专业公司则不同，会根据企业不同时期的需要对电子商务网站进行调整甚至重新设计，这在提倡增值服务的今天是一种流行趋势。

(3)可以节省开发费用

专业公司有许多完善的通用模块，可以很方便地根据客户的需要进行调整，因而减少了开发设计的工作量。同时，他们有一套比较成熟的开发程序、方法，避免了自行设计时的弯路。在需要其他同行协助的情况下，他们可以凭借自身对行业的了解，以比较合理的价格获取服务，因此有助于整体费用的节约。以 Red Net 公司为例，工作外包使花费只有请机构内部完成的公司预算的1/3。

（4）可以获得专业化的服务

企业的电子商务网站建设是一个系统，不是主页、电子邮件和在线订购。将电子商务网站的实施外包出去，一方面，是委托专业公司设计网站，另一方面，也是更重要的方面，即可以获得专业公司提供的网上支付和物流配送服务。对于很多打算进行电子商务的公司来说，最大的问题不是建立网站并接受订单，运输和生意的完满结束才是企业面临的最大困难。通过将工作外包出去，公司可以不需自己的卡车，仅需要将客户订购的货物委托专业运输公司去做。联合包裹运输公司（UPS）和联邦快递（Fed Ex）能够与电子商务伙伴商议，帮助建立运输系统。而且他们将数据库开放，使客户可以在网上查询包裹的去向。类似地，专业公司可以在电子邮件处理、建立虚拟销售网站等方面获得专业服务，大大提高工作效率。

2）租借

企业也可以在由所谓的门户网站提供的电子商务方案中租用甚至免费获得空间。这是一种最简单的电子商务建设方案，企业只需要提供企业及产品的资料，其余如网站的维护等技术性事务、促销、收款以及物流配送均可由门户网站提供。

这种方案通常成本较低，风格简洁，而且包括很多常用的特征。整个商店通过 Web 进行管理，企业不必安装任何软件，只需看一看，配置一些设置，输入产品信息，就可以继续进行在线商务了。这种方式很适合小型企业甚至由个人经营的虚拟企业。选择电子商务门户网站时，考虑的因素主要是租金和网站的访问量。

这种方案的缺点是这样的服务可能不支持企业想要的视觉效果，它们可以使企业避免安装和配置的复杂性，但那是因为它们只提供了做这些事的几种方式。如果企业需要的和它们提供的不能很好地匹配，那么选择这种方式无疑会失败。此外，这种方式开设的电子商务，企业没有独立的 IP 地址和域名，进一步发展将受制约。

3）自建

规模较大的企业都有自己的信息部门。自行开发就是使用企业自身的技术力量，按照电子商务网站的计划书，一步步设计、开发、维护和推广网站。

这种方法可以实现企业想要的确切方案，但是需要经验、时间和相当大的预算。其优点是企业可以建立独特的、有竞争力的特征和功能。

上述 3 种方案使企业建立电子商务网站都是可行的。评价这些不同的方案时，企业不应该只考虑方案的货币价格，而要考虑把它定制到满足企业需求的代价。通常在开始时很便宜的方案，往往当在其中增加新功能时，代价却很大。因此，必须在实施方案前斟酌各种因素，最终确定网站的实施方案。

3.3.4　域名的申请

建立电子商务网站，要为网站确定名称，也就是需要申请域名，申请域名的步骤如下：

1）准备申请资料

.com 域名无须提供身份证、营业执照等资料，2012 年 6 月 3 日起，.cn 域名已开放个人申请注册，申请时只需要提供身份证或企业营业执照即可。

2）寻找域名注册商

可在搜索引擎中输入"域名注册"进行搜索，在搜索结果中找一个合适的服务商进行域名注册。目前网上域名服务商有很多，比如阿里云（图 3.2）、华为云、西部数码、新网等，这些都是比较权威的一些域名注册商，不同的注册商的价格相差不大，要注意的是不同域名后缀注册的价格不同。如果是未被注册的域名，一个域名几十元左右，而且一般域名注册首年还有优惠。这个价格注册域名不论是用来建站还是投资都是较好的。具体的初始域名的价格如表 3.3 所示。需要注意的是，域名是一种特殊的商品，先注册先得。如果是买入他人持有的域名，那么域名的价格就远高于初始注册的价格，可能价格会翻几十倍甚至上百上千倍。

图 3.2　阿里云

表 3.3　初始域名价格

域名		首年注册 多年注册价格	续费 单年续费价格	转入 含一年续费价格
热 .com	全球注册量第一，注册首选	69	79	68
热 .cn	中国企业和个人的互联网标识	29	39	29
促 .top	寓意巅峰、突破	9	29	26
热 .net	为企业树立全球化商业品牌	75	79	72
.wang	寓意网络，互联网域名首选	32	45	40
促 .在线	符合中国文化的在线中文域名	1 980	1 980	1 800
热 .xin	网络诚信专属域名	88	88	88
.shop	购物/商店，电商专属域名	11	220	180

3) 查询域名

在域名注册商网站点击查询域名，选择您要注册的域名，并单击域名注册查询。假如某公司新建了一个汽车网站，想以 mycar.com 作为域名，在阿里云上进行域名查询，具体如图 3.3 和图 3.4 所示。

图 3.3　域名查询

图 3.4　域名查询结果

4) 付款，正式申请

查到想要注册的域名，并且确认域名为可申请的状态后，提交注册并缴纳费用。以上以 mycar 为主体的一些基本常用的域名已被注册，不过仍可注册一些新后缀的域名，具体如图 3.5 所示。缴纳费用，正式申请成功后，即可开始进行 DNS 解析管理、设置解析记录等操作。

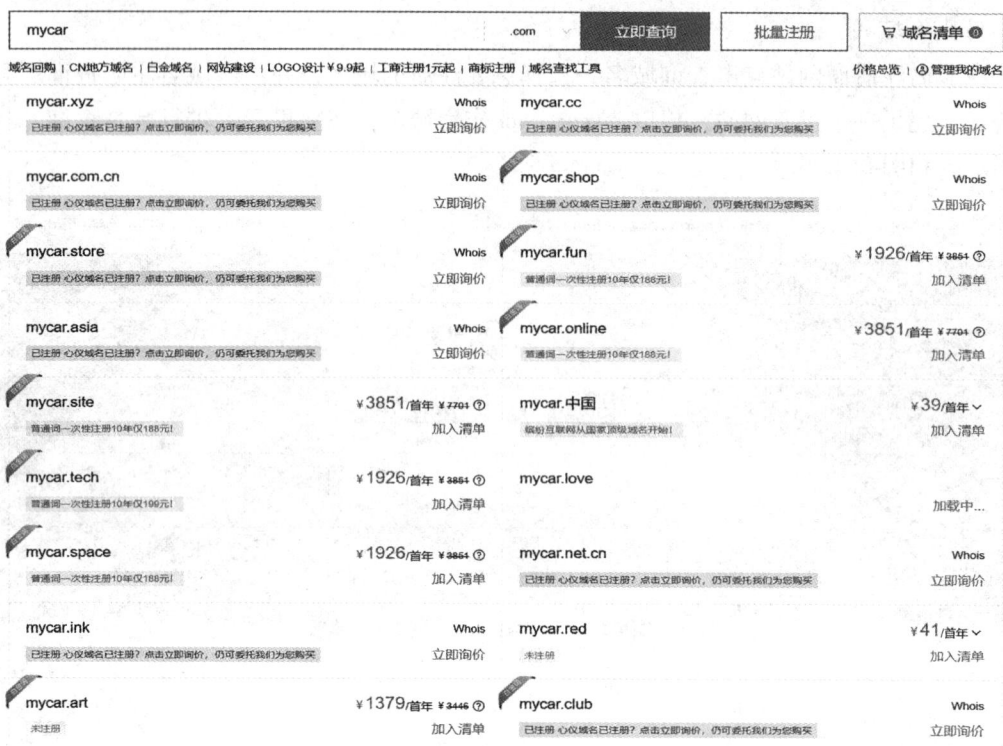

图 3.5　域名注册

3.3.5　电子商务网站维护

在完成网站的创建工作之后，所要做的就是维护网站，尤其对于较大和较复杂的网站，一定要检查是否存在孤立文件断链，避免因意料之外的错误影响企业形象。

1)发现并修改失效链接,维持网站内各种链接的有效性

人们对一个 Web 网站的最大抱怨也许就是它的失效链接。首先在将每个链接放到主页上之前，应该对其有效性进行验证。但由于 Web 网站经常会发生变化，因此 Web 管理员在将其放到 Web 网站上之后就不能就此不管，还必须定期对其进行检查，以确定它们目前是否有效。要想完全避免这样的情况发生可能会有一些困难，但如果每一个 Web 网站都很注意这一点，整个情况可能就会大为改观。在某些网站，有的内容到了一定的时间会自动失效，其超链接也会在一定的时间之后自动失效。

2)及时更新信息

国内许多网站的一个通病就是网站内容更新不及时，网站管理员应该定期对网站进行必要的更新和维护，并且注明最后一次修改或更新的时间，这样访问者就可以知道网站内容的及时性和可靠性。不断更新网站的相关内容信息，只要内容是用户想要看到的。搜索引擎和用户都喜爱新鲜有用的信息，定时更新网站内容信息，是最基本的后期维护工作。

3)确保页面内容和拼写的正确,维护企业网上形象

正确拼写网页上的单词也是十分重要的，不仅因为访问者发现误拼会影响阅读，更重要的是可能导致搜索引擎错误地索引企业的网站。

在电子商务网站发布之后，需要进行定期维护以保证它是最新的。不管何时更改网站上的信息，都增加了出错的可能性。在修改过的页面上有拼错的单词，或存在无效链接、多余的孤立文件。在第一次发布新的网站和每次修改网站之前检查是否存在这些问题，避免让这些错误弄乱企业的网站，以确保网站的专业形象。

4）维持与访问者的良好关系，及时反馈

网站建好后都会有在线和用户沟通的功能的，在后期的维护工作中，需及时回复用户的留言信息，解决用户的反馈问题。如果用户长时刻得不到回应，用户体验下降，网站就会损失很多的客源。随着互联网的发展，网站客服已经成为许多企业的标配。网站客服不仅可以为客户提供及时、准确的信息，还能够为企业提供有效的宣传渠道。网站客服系统的回应速度是十分重要的，如果回应不及时，客户可能会感到不满意。要想获得客户的满意，网站客服系统必须能够及时回应客户的问题。

【本章小结】

本章首先介绍了互联网的概念、TCP/IP 协议、互联网提供的基本服务，包括万维网、文件传输、远程登录、电子邮件，接着介绍了 IP 地址和域名，最后阐述了电子商务网站的规划、设计，网站域名的申请、网站的实施方式以及维护。

【案例分析】

那些年你错过的"天价"域名

一、最贵域名：1 亿元只为 360.com

短短几个字母，你以为域名不值钱?! 我只能说，事关公司战略的事儿你不懂! 其实，中国互联网公司花大价钱买域名早不是新鲜事了。现在人们熟知的 jd.com 就是 2013 年 3 月京东花了 3 000 万元买来的；小米全新域名 mi.com 是 2014 年 4 月小米花了 370 万美元买下的；虽然搜房网现在不火了，但是域名 fang.com 也是 2014 年 7 月搜房网花 6 位数的价钱买下的；凡客为了域名 fanke.com 也没有少花钱!

不过这些公司买域名所花的钱跟"红衣教主"周鸿祎比，绝对是小巫见大巫。2015 年 2 月 3 日，360 公司（注意，不是融 360）历经长达 3 年的艰辛谈判，终于以 1 700 万美元的高价，从世界上最大的移动通信公司"沃达丰"手里成功购买域名 360.com。1 700 万美元，按当时的汇率折合成人民币超过 1 亿元! 也难怪 360 公司要申报吉尼斯世界纪录"全球最贵域名"。

二、最"贱卖"的域名：weibo.com 只要 800 万元，新浪赚大发了

现在一提到微博，大家首先想到的是新浪微博。其实，最初国内有四大主流微博平台，搜狐、网易、腾讯和新浪都有微博。其中，腾讯微博一度直逼新浪微博。2011 年 2 月初，腾讯微博注册用户突破 1 亿大关，2012 年第三季度，腾讯微博注册用户高达 5.07 亿。但是腾讯的微博梦却因新浪微博 2011 年 4 月 6 日正式启用域名 weibo.com 而永远只能是梦。自那以后，腾讯微博缴械投降，撤销了微博事业部，搜狐微博和网易微博则几近消失！

说起新浪购买 weibo.com，坊间还广泛流传着这样一个故事：weibo.com 域名是新浪从一个 IT 男手中购买的。此男出生时父母为之起名张伟波，张伟波长大后喜欢捯饬计算机，就用自己名字 weibo 申请了域名 weibo.com。话说 2010 年初，新浪微博相关负责人找到他给他两个小时考虑时间，让他只报价一次，新浪不还价。有传言当年此男年纪尚轻，没啥经验，就报了 800 万元的吉利价，卖给了新浪。直到现在，还有人慨叹，要是再扛扛，等腾讯和其他几家报价，卖 2 000 万元不是问题！

（资料来源：中国电子商务研究中心网站，有删改）

案例评析：

好域名基本具有位数超短、容易记忆拼写、具有一定含义、朗朗上口的特点。如 weibo.com、yixun.com、so.com 等。但是在收购案例中的"好"域名，还具备其他意义。如收购一个极品 com 域名往往需要花费更多的金钱，但是收购成功后所产生的积极营销意义往往是同行业其他企业得不到的。高价购买域名无非两种原因，让用户输入域名更方便，增加企业的影响力。

【本章习题】

1. 简述互联网提供的基本服务。
2. 域名可以包含哪些字符？
3. 简述域名申请的流程。
4. 简述电子商务网站的实施方式。
5. 电子商务网站建好后该如何维护？

【推荐站点】

1. 阿里云
2. 华为云
3. 西部数码
4. 新网

第4章　电子支付与网上银行

【学习要点】

1. 电子支付、电子货币、第三方支付、网上银行的相关概念。
2. 电子货币的主要形式。
3. 网上银行的功能。

【案例导入】

微信支付和支付宝哪个更受欢迎?

为全面、深入地了解移动支付业务应用现状,准确把握个人用户基本属性和使用习惯变化,中国支付清算协会网络支付应用工作委员会针对用户基本属性、用户使用偏好等方面进行了调研。下图为线上场景移动支付用户使用产品分布情况。

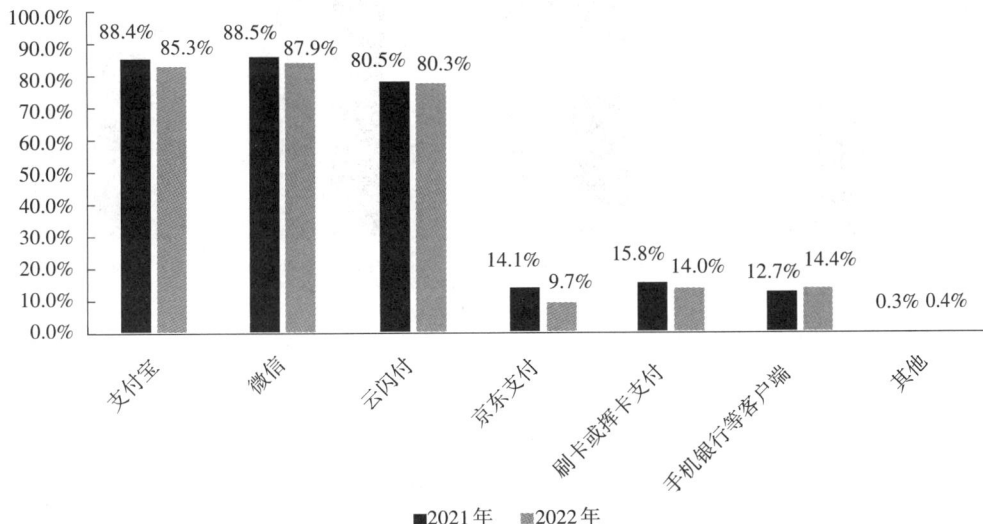

数据显示,二维码支付仍是移动支付用户最常使用的支付方式。线下场景中,移动支付用户较常使用的支付产品是微信支付、支付宝和云闪付,占比分别为87.9%、85.3%和80.3%。

2021年,微信还和支付宝平分秋色,但2022年微信支付领先优势拉大,日常生活中,你用哪种支付方式付款更多呢?

中青年用户是移动支付用户的主要使用者，年龄较大的用户群体稳中有升。其中，18~40岁用户占总用户的7成，40岁以上的用户占总用户的3成，见下图。

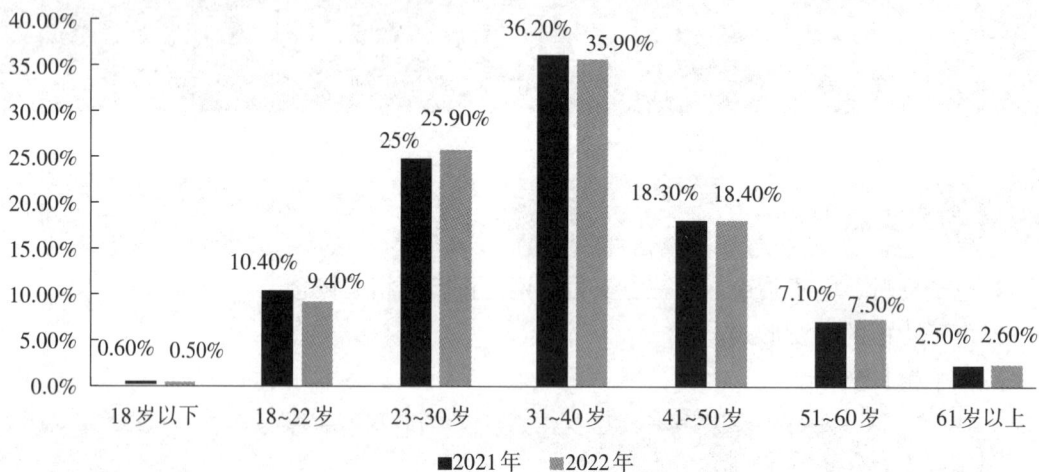

移动支付用户月收入集中在3 000~10 000元，占比64.70%，10 000元以上用户占比为20.40%，3 000元以下用户占比为15%，见下图。

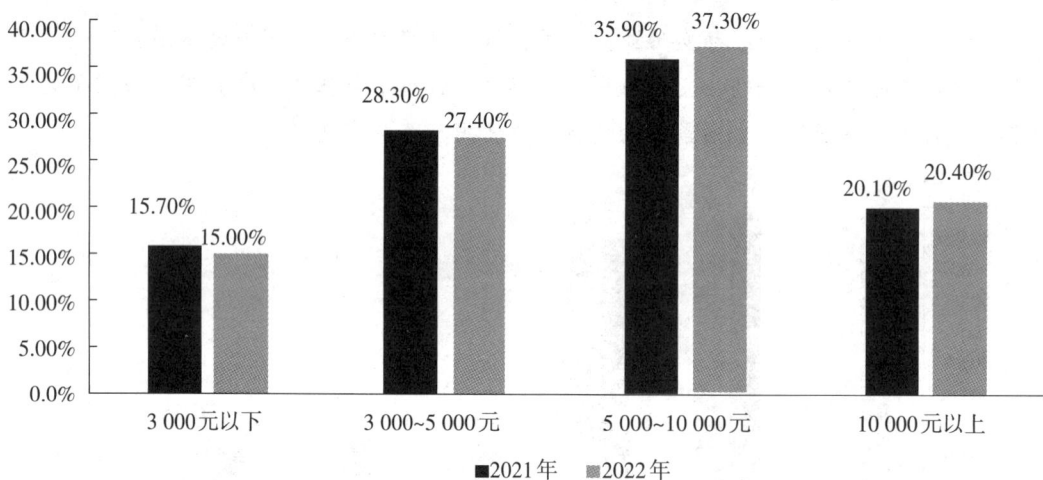

（资料来源：快科技，有删改）

4.1 电子支付概述

电子支付（Electronic Payment，E-Payment）在中国的发展始于网上银行业务，随后各大银行的网上缴费、移动银行业务和网上交易等逐渐发展起来。电子支付市场每年都以高于30%的速度成长，作为电子商务的核心环节，电子支付正日益成为人们日常生活中不可或缺的重要组成部分，特别是随着网络购物的流行与快递行业的火爆，我国已加速步入电子支付时代。

4.1.1　电子支付的概念

随着电子商务的普及，电子支付已经成为支付方式的主要形式。快捷、方便和安全的电子支付也必然给人类的商务活动带来新的改变和发展，成为人们生活质量稳步提高的一个标尺。

电子支付的研究和应用在美国开展较早。1989年，美国法律学会批准的《统一商法典》对电子支付作了如下定义：电子支付是支付命令发送方把存放于商业银行的资金，通过一条线路划入收益方开户银行，以支付给收益方的一系列转移过程。2005年10月，中国人民银行公布《电子支付指引（第1号）》规定：电子支付是指单位、个人直接或授权他人通过电子终端发出支付指令，实现货币支付与资金转移的行为。电子支付的类型按照电子支付指令发起方式分为网上支付、电话支付、移动支付、销售点终端交易、自动柜员机交易和其他电子支付。

简单来说，电子支付指的是电子交易的当事人使用安全电子支付手段通过网络进行的货币支付或资金流转。电子交易的当事人包括商家、消费者和金融机构等。

与传统的支付方式相比，电子支付具有以下4个特征：

①数字化的支付方式。电子支付是采用先进的技术通过数字流转完成信息传输，支付手段均是数字信息。

②放开的系统平台。电子支付的工作环境是基于一个开放的系统平台（即互联网）。工作环境的开放有利于消费者、商家和银行之间的资金流畅通无阻。

③先进的通信手段。电子支付使用的是最先进的通信手段，如Internet、Extranet。

④电子支付具有方便、快捷、高效、经济的优势。它完全突破时间和空间的限制，可以满足24×7（每周7天，每天24小时）的工作模式，效率高，而支付费用仅相当于传统支付的几十分之一，甚至几百分之一。

4.1.2　电子支付的类型

电子支付的出现，为消费者提供了更多的便捷选择，让支付过程变得更加轻松、便捷、安全可靠。同时，电子支付的发展也将给商家带来更多的优势，如提高效率、降低成本等。未来，电子支付将会得到更多的应用，将会成为社会经济发展的重要助力。

电子支付的业务类型按电子支付指令发起方式分为网上支付、电话支付、移动支付、销售点终端交易、自动柜员机交易等。

1）网上支付

网上支付是电子支付的一种形式，主要指通过网上银行支付。广义地讲，网上支付是以互联网为基础，利用银行所支持的数字金融工具，实现从买者到金融机构、商家之间的在线货币支付、资金流转、资金清算、查询统计等过程。

2）电话支付

电话支付是指通过电话银行进行支付，具体指消费者拨打电话（固定电话、手机）或其他类似电话的终端设备进行转账，从而完成付款的支付方式。

3）移动支付

移动支付是指使用移动设备通过无线方式完成支付的一种方式。移动支付所使用的移动设备可以是手机、平板电脑、便携笔记本电脑等。目前，支付宝和微信支付是国内使用人数最多的两大移动支付工具。

4）销售点终端交易

销售点终端交易也就是平时用的刷卡支付方式。在消费时，用户使用持有的银行卡，通过商户的 POS 机终端进行刷卡支付。

5）自动柜员机交易

自动柜员机交易也就是到银行设的自动柜员机（ATM 机）上根据提示办理转账支付。

4.1.3　电子支付的发展历程

在电子商务中，银行作为连接企业和消费者的纽带，起着至关重要的作用。随着社会与科学技术的不断发展，银行也进行了很多支付改革，其目的在于减少银行成本、加快清算和结算速度以及减少欺诈。电子支付的发展经历了以下 5 个阶段：

第一阶段，银行利用计算机处理银行之间的业务，办理结算。

第二阶段，银行计算机与其他机构计算机之间进行资金结算，如代发工资、代收电话费等业务。

第三阶段，银行利用网络终端向消费者提供各项银行业务，如消费者在（ATM）上进行存取款等操作。

第四阶段，利用银行销售终端向消费者提供自动的扣款服务、转账业务。

第五阶段，随时随地通过互联网进行直接的转账结算，形成电子商务环境，即网上支付阶段。

4.1.4　电子支付的发展现状

电子支付在中国的发展开始于 1998 年招商银行推出的网上银行业务。随后，各大银行的网上缴费、移动银行业务和网上交易等逐渐发展起来。银行在初期完全主导着电子支付，大型企业用户与银行之间建立支付接口是最主要的支付模式。但银行在处理中小型商户的业务方面显得不足。于是，非银行类的企业开始介入支付领域，第三方支付平台应运而生。

中国互联网络信息中心（CNNIC）发布第 51 次《中国互联网络发展状况统计报告》显示，截至 2022 年 12 月，我国网络支付用户规模达 11 亿，较 2021 年 12 月增长 781 万，占网民整体的85.4%。图4.1为2018—2022年网络支付用户规模及使用率。

单位:万人

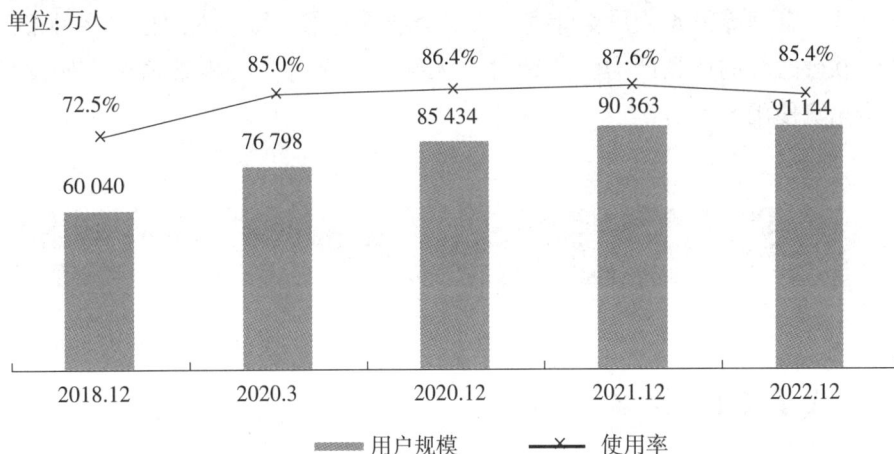

图4.1 2018—2022年网络支付用户规模及使用率

报告称,我国网络支付体系运行平稳,业务稳中有升。数据显示,2022年前三季度,银行共处理网络支付业务757.07亿笔,金额1 858.38万亿元,同比分别增长1.5%和6.4%;移动支付业务1 167.69亿笔,金额378.25万亿元,同比分别增长7.4%和1.1%。网络支付服务不断求创新、拓场景、惠民生,有力支持了经济社会发展。2018我国网络支付体系运行平稳,业务稳中有升。数据显示,2022年前三季度,银行共处理网络支付业务757.07亿笔,金额1 858.38万亿元,同比分别增长1.5%和6.4%;移动支付业务1 167.69亿笔,金额378.25万亿元,同比分别增长7.4%和1.1%。网络支付服务不断求创新、拓场景、惠民生,有力支持了经济社会发展。

1) 网络支付适老化改造持续推进,数字鸿沟进一步弥合

截至2022年末,全国60周岁及以上老年人口有28 004万人,占总人口的19.8%;全国65周岁及以上老年人口达20 978万人,占总人口的14.9%。随着老龄化程度加深,各支付机构相继开展适老化改造工作,推出老年人专属App版本,通过提升安全性、强化新技术应用等方式,满足老年群体支付服务需求。在政府、企业的通力合作下,截至2022年12月,60岁以上老年群体对网络支付的使用率达70.7%,与整体网民的差距同比缩小2.2个百分点。

2) 数字人民币试点应用和场景建设顺利推进,服务持续升级

一是数字人民币试点应用和场景建设进展顺利。2022年,数字人民币试点范围两次扩大,截至12月,全国已有17个省份的26个地区开展数字人民币试点;各试点地区政府围绕"促进消费""抗击疫情""低碳出行"等主题累计开展了近50次数字人民币消费红包活动,试点场景已涵盖批发零售、餐饮、文旅、政务缴费等多个领域,流通中的数字人民币存量为136.1亿元36。数据显示,最近半年,1.28亿网民使用过数字人民币,互联网生活服务平台是最主要的使用渠道,其次是各类银行App和数字人民币App。二是数字

人民币 App 产品研发和服务升级持续推进。数字人民币 App 一方面为用户提供了便捷的兑换、支付、钱包管理等服务，并支持线上线下全场景应用；另一方面推出多种形态的硬件钱包，探索软硬融合的产品能力，并针对"无网""无电"等极端情况，研发相应的功能，进一步拓宽使用场景。

4.2　电子货币

4.2.1　电子货币的概念

以计算机技术为核心的信息技术的发展，引发了人们的生产和生活方式的巨大变革，也推动了货币形态从贝壳、贵金属、普通金属到纸币和票据，发展到今天的电子货币。电子支付的迅速发展，开发出了多种电子支付手段和工具，人们称它为电子货币，也有人称它为电子现金、数字现金等。电子货币被应用于日常网络支付结算，方便了人们的生活。

目前，对于电子货币的定义尚无定论，以下是几种常见的定义。

定义 1：电子货币是以金融电子化网络为基础、以商用电子化机具和各类交易卡为媒介、以电子计算机技术和通信技术为手段、以电子数据（二进制数据）形式存储在银行的计算机系统中，并通过计算机网络系统以电子信息传递形式实现流通和支付功能的货币。

定义 2：用一定金额的现金或存款从发行者处兑换并获得代表相同金额的数据，通过使用某些电子化方法将该数据直接转移给支付对象，从而能够清偿债务，该数据本身即可称作电子货币。

定义 3：电子货币就是消费者向电子货币的发行者支付传统货币，而发行者把这些传统货币的相等价值，以电子、磁性等形式储存在消费者持有的电子设备中。国际清算银行对电子货币的定义为：记录消费者能够使用的资金或价值的储值或预付产品，这些产品储存在消费者持有的设备上。

简单地说，电子货币是一种表示现金的加密序列数，可以用来表示现实中各种金额的币值，是以数据形式流通的货币。

电子货币具有以下几个特点：

①携带轻便，尤其是购买价格较高的商品时。

②记数方便，不需清点，也不需找零钱，能避免差错。

③安全性很好，难以伪造，而且盗窃的目标小，有密码保护，即便丢失了也可以立即挂失。

④流通快，因为它是依靠计算机网络流通的。

⑤便于监督、统计，因为经过计算机处理的每笔交易都有记录，即使交易后也可以追

查，这些数据还可以用于宏观分析。

电子货币以电子计算机技术为依托，进行储存支付和流通，应用广泛，可应用于生产、交换、分配和消费领域，集储蓄、信贷和非现金结算等多功能为一体。现阶段电子货币的使用通常以银行卡为媒体，因此，又被称为无面额货币。基于以上特点，电子货币具有使用简便、安全、迅速、可靠的特征，并具有以下功能：

①储蓄功能，使用电子货币存款和取款。

②转账结算功能，直接消费结算，代替现金转账。

③兑现功能，异地使用货币时，进行货币汇兑。

④消费贷款功能，在一定条件下，可先向银行贷款，提前使用货币。

4.2.2　电子货币的主要形式

电子货币实际上是货币的电子化，包括常见的储值卡、银行卡、电子支票、电子钱包等。

1) 储值卡

储值卡是指某一行业或公司发行的可代替现金用的 IC 卡或磁卡（图 4.2）。储卡型的电子货币有：

①商场购物卡：在商场消费时，不需要密码，直接在 POS 机上刷卡消费即可。

②加油卡：用来为汽车加油，如中石化加油卡、中石油加油卡。

③公交卡：乘坐公共交通，如公交车、地铁、轻轨时使用。

④电话卡：移动电话必须装上此卡后才能使用，可以打电话、发信息、上网等。

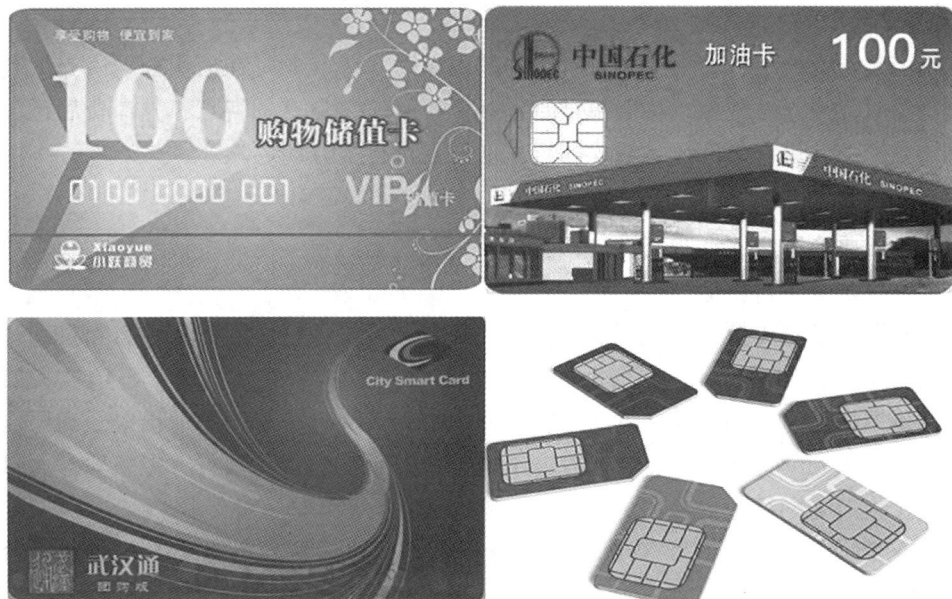

图 4.2　各类储值卡

2）银行卡

银行卡是由商业银行等金融机构及邮政储汇机构向社会发行的具有消费信用、转账结算、存取现金等全部或部分功能的信用支付工具。

常见的银行卡一般分为两种：借记卡和贷记卡。前者是储蓄卡，后者是信用卡（图4.3）。

图4.3　银行卡

借记卡可以在网络或POS机消费，或者通过ATM转账和提款，不能透支，卡内的金额按活期存款计付利息，消费或提款时资金直接从储蓄账户划出。借记卡在使用时一般需要密码。

信用卡是指发卡银行给予持卡人一定的信用额度，持卡人可在信用额度内先消费，后还款，消费时无须支付现金，待账单日时再进行还款。它具有的特点：先消费后还款，享有免息缴款期，并设有最低还款额，客户出现透支可自主分期还款。

3）电子支票

电子支票是一种借鉴纸张支票转移支付的优点，利用数字传递将钱款从一个账户转移到另一个账户的电子付款形式。

电子支票与纸质支票一样是用于支付的一种合法方式，它使用数字签名和自动验证技术确定其合法性。支票上除了必需的收款人姓名、账号、金额和日期，还隐含了加密信息。电子支票通过电子函件直接发送给收款方，收款人从电子邮箱中取出电子支票，并用电子签名签署收到的证实信息，再通过电子函件将电子支票送到银行，把款项存入自己的账户。电子支票是网络银行常用的一种电子支付工具。

电子支票尤其适用于B2B等大额电子商务交易，可以很容易与EDI应用相结合，推动基于EDI的电子交易和支付。电子支票技术可连接公众网络金融机构和银行票据交换网络，以通过公众网络连接现有金融付款体系。

电子支票是将支票的全部内容电子化，并通过数字证书和数字签名等加密解密技术，借助网络实现电子支票在出票人、收款人、付款人、银行及背书人等有关各方之间的传递和处理，实现电子结算。

4)电子钱包

电子钱包是电子商务活动中常用的一种支付工具，是在小额购物或购买小商品时常用的电子形式的"钱包"。

电子钱包有两种概念：一是纯粹的软件，主要用于网上消费、账户管理，这类软件通常与银行账户或银行卡账户连接在一起。二是小额支付的智能储值卡，持卡人预先在卡中存入一定的金额，交易时直接从储值账户中扣除交易金额。无论采取哪种形式，在电子钱包内只能存放电子货币，如电子现金、电子零钱、电子信用卡、数字货币等。使用电子钱包购物，通常需要在电子钱包服务系统中进行。电子商务活动中电子钱包的软件一般都是免费提供的。

电子钱包的功能和实际钱包一样，可存放信用卡、电子现金、所有者的身份证书、所有者地址以及在电子商务网站的收款台所需的其他信息。电子钱包大大提高了购物效率。消费者选好商品后，只要点击自己的钱包就能完成付款过程，加速了购物过程的完成。

微信钱包、支付宝钱包都是常用的电子钱包。电子钱包的使用非常方便，而且有许多有趣的支付功能。我们可以使用电子钱包进行转账、提取现金、购买电影票、购买机票、购买保险、手机充值、收发红包等（图4.4）。

图4.4 支付宝和微信支付

电子钱包具有如下功能：

①个人资料管理。消费者成功申请电子钱包后，系统将在电子钱包服务器为其建立一个属于个人的电子钱包档案，消费者可在此档案中增加、修改、删除个人资料。

②网上付款。消费者在网上选择商品后，可以登录电子钱包，选择进入网上银行，向银行的支付网关发出付款指令进行支付。

③交易记录查询。消费者可以通过电子钱包查询完成支付的所有历史记录。

④银行卡余额查询。消费者可通过电子钱包查询个人银行卡余额。

【案例4.1】

支付宝钱包的功能有哪些?

随着移动互联网时代的到来，我们逐渐抛弃了纸质货币，转而使用电子货币。虽然货币的形态出现了根本性变化，但是电子货币时代仍需要一个"钱包"容放金钱，支付宝就肩负起了这个重担，成为手机上的"钱包"。那么支付宝功能有哪些呢?

1. 支持余额宝：理财收益随时查看。

2. 支持各种场景关系：群聊群付更方便。

3. 提供本地生活服务：买单打折尽享优惠。

4. 为子女父母建立亲情账户。

5. 随时随地查询淘宝账单：账户余额、物流信息。

6. 免费异地跨行转账：信用卡还款、充值、缴水电气费。

7. 还信用卡：付款、缴费、充话费、卡券信息智能提醒。

8. 行走捐：支持接入iPhone健康数据，可与好友一起健康行走及互动，还可以参与公益。

（资料来源：蜜糖生活网站，有删改）

【案例4.2】

一文带你分清电子货币、虚拟货币、数字货币

一、电子货币

首先我们来理解电子货币。每个人都有银行储蓄卡，在往卡里打钱时，银行账户里就会多出一个数字，表示存了多少钱。在这个过程中，我们把手中的纸币给了银行，银行给银行卡里加了一个数字，这个数字就是电子货币。钱存进去之后，可以在ATM机上或柜台将钱取出来，也可以通过网银、银联或者各种第三方支付工具进行消费或者交易。

从这里可以看出，电子货币有如下几个特征：

①电子货币与纸币（或者说实物货币）是可以很容易直接相互转换的。

②电子货币的数据对应着同等数量的实物货币。

③我们需要向电子货币的发行者（银行等金融机构）支付实物货币才能换取等量的电子货币。

所以，我们可以把电子货币理解成实物货币（纸币、硬币等）的"去实物化"。

二、虚拟货币

虚拟货币，从名字就可以看出，虚拟货币不是货币，是虚拟的。大家接触的虚拟货币非常多，最常见的就是Q币或游戏币。游戏币可以简单分为两类，一种是在游戏中打怪或对战获得的奖励游戏币，另一种是基本上只能通过充值兑换的高级游戏币。虚拟货币仅能在特定平台上流通，不可兑换人民币，不可赎回。无论是Q币还是游戏币，可以发现一些共性：

①虚拟货币可以视为一种商品。

②实物货币可以很容易地兑换为虚拟货币，但是虚拟货币基本上不能兑换为实物货币（通过官方渠道），也就是单向流动。

我们可以认为虚拟货币是一种商品，可以用实物货币或电子货币进行购买。

三、数字货币

数字货币是一种使用密码学原理确保交易安全及控制交易单位创造的交易媒介。数字货币使用加密算法和加密技术确保整个网络的安全性。数字货币可以看作电子货币的一种。数字货币按照发行主体可分为央行数字货币和私人数字货币。

（1）央行数字货币

央行数字货币是由主权货币当局统一发行、有国家信用支撑的法定货币，可以完全替代传统的纸质和电子货币，如我国的数字人民币。它的本质是一段加密数字，是纸币的替代币。

使用数字人民币首先要下载数字人民币的App软件，这个软件与支付宝非常相似，功能也是基本一样的。把钱放进去，在消费转账时打开App操作即可。2023兔年春节，数字人民币引领了一波消费潮。春节前和春节期间，杭州市、济南市、温州市、苏州市、深圳市等试点地区均发放了数字人民币消费券，消费覆盖零售、住宿、餐饮、文旅等多个领域。正月初一，天津市民李女士通过手机数字人民币App，为正在上中学的女儿发了200元的数字人民币红包。"这是我第一次用数字人民币发红包，操作很方便，到账也很快。"

李女士说，"女儿也觉得新奇，还发了朋友圈。"数字人民币通过消费红包无门槛直接抵扣的方式，让消费者感受到了真正的实惠。大年初三，来自深圳的秋秋看完电影后，通过使用28元数字人民币消费券，0元吃了一顿肯德基。

（2）私人数字货币

私人数字货币一般也被称作民间数字货币、私营数字货币等，主要代表有比特币、瑞波币等。私人数字货币没有集中的发行方，任何人都可以参与制造，不具有法偿性和强制性等货币属性，可以看作虚拟货币，本质上是数字资产。

由于私人数字货币缺乏相应的监管，存在较大的风险。我国明确将其定性为虚拟商品，不具备法定货币的法律地位，同时规定任何组织和个人不得从事代币发行融资活动。

（资料来源：知网，有删改）

4.3 第三方支付

随着电子商务的发展，网上购物越来越受到人们的欢迎，特别是年轻消费者，第三方支付也应运而生，并且迅速发展。支付宝、财付通、快钱、云闪付这些名称人们已经耳熟能详，它们所代表的第三方支付方式日益受到消费者的欢迎。第三方支付平台的应用，有效避免了交易构成中的退换货、诚信等方面的风险，为商家开展B2B、B2C，特别是C2C交易等电子商务服务和其他增值服务提供了完整的支持。

4.3.1 第三方支付的概念

第三方支付是电子支付产业链中重要的纽带：一方面连接银行，处理资金结算、客户服务等一系列工作；另一方面连接商户和消费者，使客户的支付交易能顺利接入。由于拥有款项收付的便利性、功能的可拓展性、信用中介的信誉保证等优势，第三方支付较好地解决了长期困扰电子商务的诚信、物流、现金流问题，在电子商务中发挥着重要作用。

简单地说，第三方支付是指具备一定实力和信誉保障的独立机构，通过与银联或网联对接而促成交易双方进行交易的网络支付模式。第三方支付平台是独立于买方和卖方的交易支付网点，起到买卖双方在交易过程中的资金中转、保管和监督作用。

4.3.2 第三方支付的流程

在第三方支付模式中，买方选购商品后，使用第三方平台提供的账户进行货款支付（支付给第三方），并由第三方通知卖家货款到账、要求发货，买方收到货物，检验货物，并且进行确认后，再通知第三方付款，第三方最后将款项转至卖家账户。

具体来说，通过第三方支付进行交易的流程如下：

①买卖双方都需要到该支付平台注册账号，一般都是以电子邮件作为用户名注册。

②将银行卡上的资金划款到支付平台的账户上，然后买卖双方在支付平台的账户上转账交易。

③卖家网站若要与该支付平台接口对接，需要支付一定的手续费。

4.3.3 第三方支付平台的盈利方式

第三方支付平台主要有以下盈利方式：

①银行的手续费和汇款费。目前，网上交易的会员如果在异地会发生大约1%的汇款费。使用第三方支付平台交易，会收取比银行低的费用，这将是第三方支付平台的一个盈利点。

②根据交易的总额抽取一定的费用。

③与物流公司合作收取一定的费用。

④收取电子商务公司使用第三方支付平台的使用费。

⑤第三方支付平台中账户资金以存款的形式保存，银行按协议支付利息。

4.3.4 第三方支付现状

PayPal是美国第一的支付巨头，其在美国的市场占比高达77%。PayPal成立于1998年，作为全球最早的第三方支付公司，如今PayPal的业务范围已经遍布全球各地，可支持100多个币种，主要为消费者提供在线跨境支付服务。目前，在国内，第三方支付巨头支付宝和微信支付占据国内移动支付市场90%以上的份额。

2022年第3季度，随着疫情态势逐步好转，我国移动支付业务回温和回升。其中，占据主导地位的银行移动支付业务规模突破125万亿元人民币。易观分析发布的《中国第三方支付移动支付市场季度监测报告2022年第3季度》数据显示，作为我国移动支付业务重要补充力量的第三方移动支付2022年第3季度市场交易规模76.70万亿元人民币，环比增长1.82%，见图4.5。

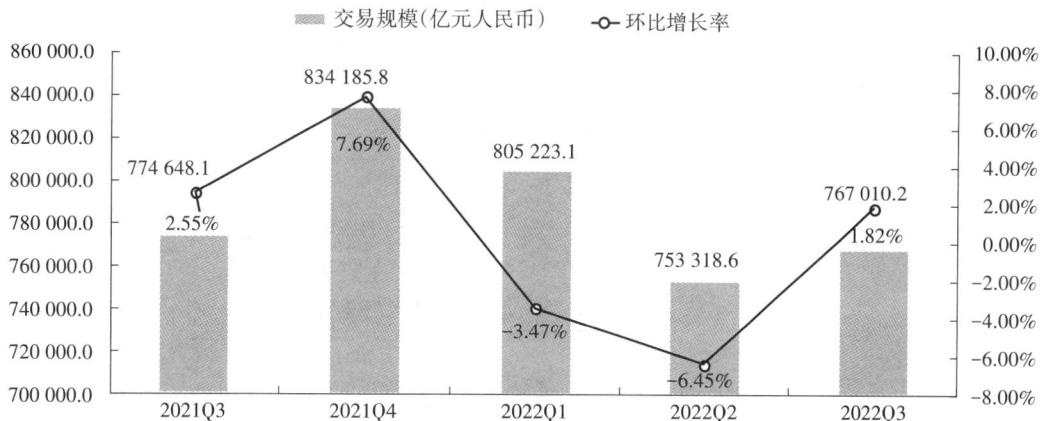

图4.5 2021年Q3——2022年Q3中国第三方支付移动支付市场交易规模

说明：以上数据借助市场征询及自主监测手段，以自有研究模型估算获得，这期间易观不排除将根据最新市场情况对历史数据进行微调。

© 易观分析

2022年第3季度，线下消费复苏进程有所加速。统计显示，2022年第3季度，第三方移动支付行业线下交易规模环比上升，整个线下扫码市场的交易规模为12.69万亿元人民币，环比增长0.48%，见图4.6。

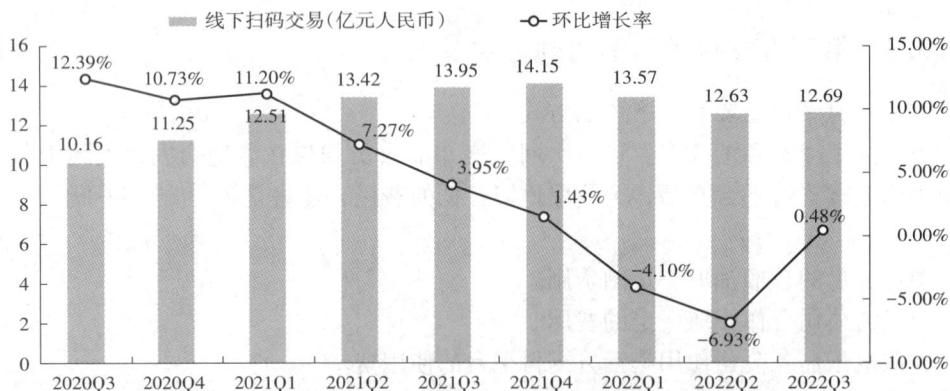

图 4.6　2020 年 Q3——2022 年 Q3 中国线下扫码市场交易规模

说明：以上数据借助市场征询及自主监测手段，以自有研究模型估算获得，这期间易观不排除将根据最新市场情况对历史数据进行微调。

© 易观分析

2022 年第 3 季度，社会消费品零售总额增速持续改善，同比增长 3.5%，尤其是线上实物零售增长较快。2022 年第 3 季度，中国网络零售 B2C 市场交易规模为 2.19 万亿元人民币，同比增长 4%，第三方移动支付消费类支付业务继续稳步恢复。

金融类交易方面，2022 年第 3 季度，在 A 股市场出现大幅震荡、深度回调的背景下，投资者情绪逐渐走向低迷，但随着避险投资需求的持续释放，2022 年第 3 季度，第三方移动支付金融类支付业务规模增速有所回升。

2022 年第 3 季度，中国第三方移动支付整体市场格局保持稳定。随着疫情后海外市场的强劲复苏，中国跨境卖家加快品牌化步伐。基于品牌化诉求，跨境卖家对于物流、支付、IT 技术、营销等周边服务的需求与日俱增。中国第三方支付厂商在技术与跨境支付业务创新等方面齐发力，为跨境卖家提供覆盖全周期的产品服务，包括跨境收付款、营销等系列增值服务，赋能跨境卖家品牌出海。图 4.7 为中国第三方支付市场格局。

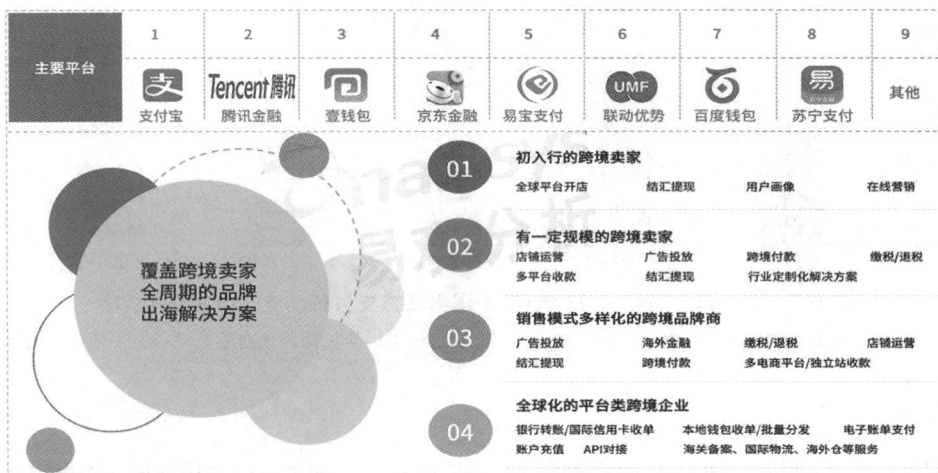

图 4.7　中国第三方支付市场格局

2022 年第 3 季度，支付宝在助力商家、合作伙伴数字化经营降本提效方面持续发力：

一是发布商家数字化自运营模型 C-care 模型、全面开放小程序消息配置、升级"生活号"等多个重磅产品及激励政策；二是持续加大开放，升级搜索、红包码等自运营产品，旨在让商家更快更准地被搜到的同时提高商家营销转化效率；三是向商家开放首页推荐、消费券频道等核心公域的"流量加油包"，提升商家公域曝光和私域转化、获得精细化增长。此外，支付宝积极参与数字人民币的推广，联合杭州市西湖区发放 105 万个数字人民币红包。

2022 年第 3 季度，受益于食品杂货、餐饮服务及交通出行等领域的恢复，腾讯金融交易规模增速取得较大幅度增长。

在其他平台表现上，2022 年第 3 季度，易宝位列第 5，市场份额约为 0 度微增。

易观分析认为，随着《关于支持外贸新业态跨境人民币结算的通知》的出台，将支付机构跨境业务办理范围由货物贸易、服务贸易拓宽至经常项下，这使支付机构的展业范围更大，开辟了新的增量市场，跨境支付业务迎来更广阔的发展机遇。为此，第三方支付机构需在跨境支付业务上继续发力，在把握好新的合规边界的基础上，聚焦中小微企业出海需求，提供覆盖全周期的数字化出海解决方案，拓宽企业护城河。

【案例 4.3】

第三方支付平台汇总：第三方支付平台有哪些？

1. 支付宝

支付宝是一家创立于 2000 年率先使用第三方担保交易模式的支付品牌，是阿里巴巴集团的关联公司，也是一家目前用户数量突破 6.5 亿的中国主流的第三方网上支付平台，并与国内外 160 多家银行和多个国际组织等机构建立了战略合作关系。

2. 微信支付

微信支付是用户通过手机便可完成快速支付流程的集成在微信客户端的支付功能。

微信支付自推出以来始终致力于为用户提供安全快捷且高效的支付服务，并可为客户提供公众号支付、App 支付、扫码支付、刷卡支付等支付方式。

3. 银联商务

银联商务是中国银联的子公司，全称为银联商务股份有限公司，在中国人民银行和中国银联的指导下，专门从事线下、互联网以及移动支付的综合支付与信息服务机构，成立于 2002 年 12 月，总部设在上海市浦东新区。银联商务是国内最大的银行卡收单专业化服务机构。

4. 云闪付

云闪付是一种非现金收付款移动交易结算的支付工具，是在中国人民银行的指导下，由中国银联携手各商业银行、支付机构等产业各方共同开发建设、共同维护运营的移动支付 App。云闪付 App 具有收付款、享优惠、卡管理三大核心功能。

NO.1	支付宝ALIPAY	★★★★★	品牌指数	85.8
NO.2	微信支付	★★★★★	品牌指数	84.5
NO.3	银联商务	★★★★★	品牌指数	83.8
NO.4	云闪付	★★★★★	品牌指数	83.4
NO.5	壹钱包	★★★★☆	品牌指数	82.1
NO.6	拉卡拉	★★★★☆	品牌指数	81.4
NO.7	快钱	★★★★☆	品牌指数	81.1
NO.8	通联支付ALLINPAY	★★★★☆	品牌指数	80.0
NO.9	易宝支付YEEPAY	★★★★☆	品牌指数	79.3
NO.10	京东支付JDPAY.COM	★★★★☆	品牌指数	78.8

5. 壹钱包

壹钱包是中国平安旗下平安付推出的移动支付客户端。壹钱包 App 聚焦理财、购物、生活、支付、积分 5 大金融增值及消费场景，为用户提供覆盖线上线下的综合支付服务，帮助用户管理资金、账户以及积分，通过为用户提供金融理财与消费支付服务，打造智慧全能钱包。

6. 拉卡拉

拉卡拉是一家创立于 2005 年拥有央行发布的《支付业务许可证》的第三方金融企业，是一家率先开发出首个电子账单服务平台，是与包括中国银联和五大银行在内的数十家金融机构建立战略合作关系的中国最大的便民金融服务平台。

7. 快钱

快钱公司（快钱）是国内领先的独立第三方支付企业，旨在为各类企业及个人提供安全、便捷和保密的综合电子支付服务。快钱是支付产品最丰富、覆盖人群最广泛的电子支付企业，推出的支付产品包括但不限于人民币支付、外卡支付，神州行支付，代缴/收费业务，VPOS 服务，集团账户管理等众多支付产品，支持互联网、手机、电话和 POS 机等多种终端，满足各类企业和个人的不同支付需求。

8. 通联支付

通联支付是一家创办于 2008 年的中国知名第三方支付平台，也是一家专注于为企业和个人用户提供行业综合支付服务与金融外包服务的行业领先支付解决方案及综合支付服务提供商。通联支付结合客户所处行业的特点，提供综合支付服务，包括基于POS终端的线下支付、基于互联网的线上支付、基于电话callcenter的语音支付以及基于其他自助终端设备的支付服务，并在支付服务基础上，根据客户资金管理、会员管理、营销管理，供应链管理等相关需求，利用通联支付的各种客户资源提供相关增值服务。

9. 易宝支付

易宝支付是中国行业支付的先行者，深耕行业支付和交易服务。易宝支付2006年便创立了行业支付模式，陆续推出了网上在线支付、信用卡无卡支付等创新产品，先后为航空旅游、行政教育、跨境等众多行业提供了量身定制的行业解决方案。

10. 京东支付

京东支付是针对移动互联网市场推出的兼容PC、无线端主流环境的跨平台安全便捷的支付产品，具有支付快捷、体验好、维度广、安全和简化标准接入5个特点。京东支付依托京东体系资源优势及京东数字科技能力，为企业和个人用户提供综合支付产品，输出线上、线下多场景的综合支付解决方案，是国内领先的电子支付解决方案服务商。

（资料来源：买购网，有删改）

4.4　网上银行

【案例4.4】

建设银行——个人网上银行

一、开通流程

登录建行网站（www.ccb.com）自助申请开通网银，成为普通客户，享受网上银行部分业务；也可持在建设银行开设的银行卡（主要包括龙卡通、理财卡、财富卡、私人银行卡、信用卡、活期一本通等）与本人有效身份证件（包括身份证、护照、军官证等），到建行网点办理签约手续，成为高级客户，享受个人网上银行全部服务。

二、服务价格

转账手续费享有比柜面更低的折扣。建行转建行，甘肃省内同城、异地免收手续费；建行转他行，同城收取2元/笔手续费。建行转省外异地建行、跨行异地收取交易金额的0.25%，最低2元，最高25元。

三、特点

1. 便捷易用

足不出户即可享受7×24小时全天候个人金融服务。

2. 安全可靠

建设银行网银盾和动态口令等安全产品，并提供短信通知、身份认证、限额控制等安全措施，重重保护账户资金安全。

3.功能丰富

百余项专业金融服务，包括账户查询、转账汇款、缴费支付、信用卡、个人贷款、投资理财（基金、黄金、外汇等）等各类金融服务。

4.经济实惠

申请免费，省去奔波成本；使用免费，办理业务手续费相比柜台均有不同程度折扣和优惠（如转账汇款、申购基金等）。

（资料来源：中国建设银行官网，有删改）

4.4.1 网上银行的概念

网上银行突破了时空限制，以开放式的服务界面，改变了传统的银行服务模式，拓宽了银行运营渠道，为银行业找到了高效率、低成本的发展策略，使用户享受到个性化和综合化的金融服务。1996年2月，中国银行在互联网上建立和发布了自己的主页，成为我国第一家在互联网上发布信息的银行。1998年，中国银行（图4.8）、招商银行开通网上银行服务（图4.9），此后工商银行、建设银行、交通银行、光大银行以及农业银行等也陆续推出网上银行业务。

图4.8　中国银行网站

图4.9　招商银行网站

网上银行，又称网络银行、在线银行或电子银行，是指银行通过互联网向客户提供开户、查询、对账、行内转账、跨行转账、网上支付、信贷、网上证券交易、投资理财等服务。

可以说，网上银行是在互联网上的虚拟银行柜台，实际上就是指客户通过浏览器获得银行的服务。网上银行使客户足不出户就能够安全便捷地管理活期和定期存款、支票、信用卡及个人投资等。网上银行使用户可以不受时间和空间的限制，随时随地享受银行提供的服务。

现今，网上银行功能日益俱全，在快捷、方便、安全方面给予用户保障。中国银行业信息化起步于20世纪80年代，近年随着中国金融业的改革与发展，银行业的整体竞争力和现代化水平得到了快速发展。

2022年12月6日，中国金融认证中心（CFCA）发布了《2022中国数字金融调查报告（中篇）——零售数字金融综合评测》报告。报告指出，随着银行数字化转型提速，金融业务线上化按下快进键。2022年调研数据显示，零售数字金融各渠道用户比例持续增长。其中，2022年，个人网上银行用户使用比例达66%，同比增长3%；个人手机银行用户使用比例达86%，同比增长5%；微信银行用户使用比例达55%，同比增长3%；电话银行用户使用比例仅为23%，同比上升1%。

因使用需求、场景和偏好的差异，较多用户愿意尝试使用多种渠道。从渠道重合度来看，手机银行和网上银行重合度高达56.8%，而手机银行、网上银行和微信银行3个渠道的重合度较低。可见，用户更倾向于在两种渠道间进行功能切换。

1）个人手机银行：总体使用频率降低转账金额更趋于小额化

据相关数据统计，截至2022年9月，中国手机银行月活用户规模高达5.42亿户，同比增长12.7%。移动互联时代，手机银行已成为银行对外提供服务的超级入口和平台。报告指出，出于疫情的常态化、微信银行等新兴渠道的推广等原因，个人手机银行用户使用频率有所下降，43.1%的用户每周至少使用一次，较2021年下降8.4个百分点，相应低频用户比例有所提升，但相较网上银行和微信银行，手机银行仍属于高频业务办理渠道。其中，用户年限越长，个人手机银行的使用频率越高。

常用功能方面，转账汇款和账户查询仍是高频使用功能，其他服务场景也逐渐被接受。调查数据显示，转账汇款（74.8%）和账户查询（68.1%）是个人手机银行使用的高频功能，使用率明显高于其他功能。除了金融服务场景，随着手机银行生活类服务场景的渗透率提高，生活缴费也成为占比较高的常用功能。相比2021年，转账汇款、账户查询功能使用占比均有所下降，这与第三方支付平台对银行形成明显的挤占效应、用户移动支付习惯改变等因素有关。

2）个人网上银行：使用频率降低，部分用户向个人手机银行迁移

受其他电子渠道冲击明显，个人网上银行使用频率持续降低。相较2021年，个人网上银行用户使用频率持续降低，尤其是每月使用1~4次的用户占比明显下降，部分用户使用频率降低为每季度使用1~2次或一年1~2次。专家和用户反馈使用频率降低的主要原因有三个：一是个人网上银行受到手机银行、微信银行和第三方支付等数字渠道的冲

击，逐步改变用户的使用习惯；二是个人网上银行无法摆脱对电脑的依赖，有一定局限性；三是操作流程繁杂，登录时无法实现手势、指纹和刷脸等新兴方式，交易时需要借助 U 盾或动态口令完成。

功能方面，个人网银以转账汇款和账户查询为主。个人网上银行用户首先使用的高频业务场景是转账汇款（70.2%）和账户查询（65.1%），其次是生活缴费和投资理财。此外，由于个人手机银行的持续冲击，部分用户的渠道偏好由个人网上银行向个人手机银行迁移，相较 2021 年，各功能使用率有不同程度的降低。

转账金额方面，个人网银小额转账用户比例提高，出于安全考虑大额转账用户比例高于手机银行。通过个人网上银行进行小额转账（3 000 元及以下）的用户比例为 40.1%，相较 2021 年，占比提高 4.8 个百分点。虽然单笔平均转账金额有所降低，但部分对资金安全性要求较高的用户仍会偏好通过个人网上银行进行转账。尤其是大额转账（单笔转账金额高于 1 万元），通过个人网上银行转账的用户比例（14.6%），高于个人手机银行用户比例（11.7%）。

3）微信银行：操作便捷且无须下载安装，但办理业务有限

报告认为，微信银行拥有其独特优势，除操作便捷外，生活服务多样，无须下载安装也是吸引用户的主要因素。

用户认为微信银行的首要优势是操作流程简单便捷（54.1%），用户访谈时表示首次登录微信银行进行信息绑定，后续可直接进入，无须输入登录密码或验证码，业务操作流程也比较简单。此外，相较手机银行，微信银行依托于微信 App，无须下载安装，系统运行速度快，这些也是微信银行占比较高的独特优势。

常用功能方面，微信银行上线的业务有限，高频业务为查询类和基础缴费类业务。调研结果显示，用户常用功能主要聚焦于账户查询和生活缴费两项基础业务，若涉及资金交易时更倾向于选择手机银行。

4.4.2　网上银行的优势

网上银行的特点是客户只要拥有账号和密码，就能在世界各地通过互联网进入网络银行处理交易，与传统银行业务相比，网上银行的优势体现在以下几点。

1）实现无纸化交易，降低成本，提高效益

由于网上银行的业务大多数都是通过因特网完成的，因此网上银行大大减少了用纸量，为银行减少了成本。同时通过网络技术传输数据信息，大大提高了银行业务服务的效益，缩短了资金的周转时间，提高了资金的利用率和整个社会的经济效益。

2）服务方便快捷，客户满意度高

通过网上银行，客户可以通过计算机、手机等工具，在任何时间、任何地点通过网络登录银行站点，享受方便、快捷、高效的服务。并且网上银行可以针对客户的需求为客户提供差异化、个性化的服务，提升客户对银行的满意程度，为网上银行提高竞争力。

3) 安全性程度高，保护客户隐私

网上银行可以依托于电子信息技术，通过加密、认证、数字签名等技术手段保障用户的个人信息等隐私，保护客户的交易过程安全。

4.4.3 网络银行的模式

目前网络银行业务的模式有两种，一种是纯网络银行，另一种是分支机构网络银行。

1) 纯网络银行

这种模式是一种完全依赖互联网发展起来的全新形式的电子银行。这种模式下的网络银行是一种完完全全虚拟的网络银行，没有实体店面，所有银行业务都在网上进行，这种模式具有效率高、个性化服务的特点，但因要在互联网上进行工作，所以对其需要的技术就有很高的要求。如浙江网商银行、众邦银行、百信银行、新网银行等。

【案例4.5】

浙江网商银行

浙江网商银行于2015年6月25日正式开业，是银监会批准成立的中国首批民营银行之一。浙江网商银行是一家将核心系统架构在金融云上、没有线下营业网点的互联网科技银行。浙江网商银行利用互联网和数据技术的优势，专注为更多小微企业和个人经营者提供金融服务。

（资料来源：百度百科，有删改）

2) 分支机构网络银行

分支机构网络银行，也就是人们常说的网上银行，是原有的传统银行为了提高自身的工作效率、客户的服务质量，进一步通过互联网开展原有的银行业务服务。由于它拥有原本的客户基础，并且通过互联网再次对自己的产品服务进行优化，因此它可以实现传统业务与网络银行的协调可持续发展。

4.4.4 网上银行业务内容

网上银行已不仅限于提供传统的银行产品和服务，作为重要的支付中介，它经常被各种客户光顾，进而使它成为保险公司、证券公司、共同基金等非银行类金融机构的合作伙伴。这些公司可以通过网上银行的网站销售自己的金融服务和产品，从而获得一种新的销售渠道；而网络银行除获得由这些产品和服务的销售所产生的网上支付服务的佣金之外，还能获得这些非银行金融机构为换取新的销售渠道所支付的报酬，从而缔造一个双赢局面。一般来说，网上银行的业务品种主要包括基本业务、网上投资、网上购物、个人理财助理、企业银行及其他金融服务。

1) 基本业务

商业银行提供的基本业务包括在线查询账户余额、交易记录、下载数据、转账和网上支付等。

2) 网上投资

由于金融服务市场发达，可以投资的金融产品种类众多，网上银供包括股票、期权和共同基金投资等多种金融产品服务。

3) 网上购物

商业银行的网上银行设立的网上购物协助服务，极大方便了客户网上购物，为客户在相同的服务品种上提供了优质的金融服务或相关的信息服务，加强了商业银行在传统竞争领域的竞争优势。

4) 个人理财助理

个人理财助理是网上银行重点发展的一个服务品种。各大银行将传统银行业务中的理财助理转移到网上进行，通过网络为客户提供理财的各种解决方案，提供咨询建议，或者提供金融服务技术的援助，从而极大地扩大了商业银行的服务范围，并降低了相关的服务成本。

5) 企业银行

企业银行是网上银行服务中最重要的部分之一。其服务品种比个人客户的服务品种更多，也更为复杂，对相关技术的要求也更高，所以能够为企业提供网上银行服务是商业银行实力的象征之一，一般中小网上银行或纯网上银行只能部分提供，甚至完全不提供这方面的服务。

6) 其他金融服务

除了银行服务，大商业银行的网上银行均通过自身或与其他金融服务网站联合的方式，为客户提供多种金融服务产品，如保险、抵押和按揭等，以扩大网上银行的服务范围。

【案例 4.6】

微信银行

微信银行是银行通过微信公众账号为客户提供专属服务的移动金融和移动生活的智能平台。

对客户而言，他们可以通过微信银行便捷地享受账户交易、投资理财、信用卡服务等银行业务；对银行而言，借助微信渠道，可以建立集金融服务、产品营销、购物和生活服务于一体的电子化社区，实现以客户为中心的服务目标。

微信银行的申请流程如下：

第一步，扫描微信银行二维码或搜索指定微信公众账号，添加关注；

第二步，根据微信提示，输入身份验证信息；

第三步，账户签约，绑定指定账户；

第四步，输入指定操作命令或选择对应服务，办理银行业务。具体流程参见农业银行微信银行申请流程，见下图。

互联网金融的迅猛发展，无疑加快了传统银行业的改革。未来的商业银行一定是构建在风险管控之下，集应用平台、数据处理平台和征信系统于一体的互联网银行。在应用平台中，通过互联网、多渠道和多应用提高客户参与度，为客户提供便捷银行服务，获取客户数据、交易信息和征信信息；在征信系统中通过对客户征信信息的分析，制订客户信用评级，在应用平台中实施分级管控；在数据处理平台中对数据进行挖掘整理，分析客户潜在需求，将解决方案反馈到应用平台中，实现对客户的有针对性的营销。基于此，未来微信银行的发展有以下几个方向：

(1)提供智能化、多元化的服务方式和营销模式

当前，在微信银行中，通过输入文字指令或授权操作，智能客服就可以为客户答疑解惑或办理银行业务。随着微信语音开放平台的上线，微信银行可以利用关键词识别技术识别客户语音口令，然后借助语音合成功能，将反馈信息用标准的声音朗读出来，为客户提供银行服务。

借助微信平台，银行可以将最优质的产品推送给最合适的客户群体。除了提供传统银行业务，银行也可以定期推送行业信息，组织多种类型的金融活动，通过与客户的积极互动获取质量更高、活跃度更高的客户数据，客户本身对银行提供的信息也具有更强的自主选择性，有助于建立完整的银行社交网络。

(2)打造私人银行，实现个性化定制

微信银行在给客户带来便捷服务的同时，也提高了客户在整个金融服务中的参与度，未来客户完全可以定制自己的私人银行。一个典型的业务场景是：客户通过人脸识别或指纹识别登录微信银行，在微信银行中绑定指定账户，并设置该账户的允许交易时间、交易限额和交易区域，然后为常用服务设置专属口令或文字操作命令，选择接收感兴趣的投资理财产品信息，在朋友圈中分享个人理财经验。

(3)构建征信体系

银行目前掌握的征信数据来自央行征信系统，这些数据并不能完全涵盖客户在互联网中的征信记录。微信银行可以通过购物通道、支付信息等渠道获取客户多元化的征信数据，加

上银行的征信数据，即可构建多维度的客户征信体系。借助有效的数据分析加上完善的征信体系，在微信银行中就能够实现对客户的信用评级和风险管控。基于此，可以推出网络信用卡、小额信用贷款等全新的银行业务。办理这类银行业务，客户不需要任何申请资质或证明，也不需要亲自到银行排队办理，仅通过微信银行就能够完成审批，立即使用。

（资料来源：金网在线，有删改）

4.4.5　网上银行的安全风险

为了增加业务收益，各大银行都在着力推进和丰富网上银行业务，包括转账交易、生活缴费、第三方支付、信用卡服务、个企信贷、金融理财等，方便快捷的操作方式给用户带来了极佳的用户体验。名目繁多的理财产品，涉及信贷、保险、股票、证券等诸多方面，各种技术的运用和创新，令网银业务的发展空间越来越广。

随着网上银行业务的蓬勃开展，网上交易量和交易速度大幅度提升，网上银行的安全性也受到越来越多的重视。网上银行业务能够顺利开展、持续进行的前提就是有足够的安全保障，当前网络信息安全所面临的问题也是网上银行需要重视和解决的问题。相较于其他开展互联网业务的企业，网上银行对网络信息安全的要求会更高。因为每天都有大量的金融交易数据和用户敏感信息在网络中传输，其中蕴含着巨大的经济利益。在利益的驱动下，必然会有人铤而走险，采用各种网络入侵手段对敏感数据进行侦听和窃取甚至破坏。这对重视保护用户隐私和交易安全的银行来说，无疑是极大的威胁和风险。目前，网上银行主要有以下 4 个方面的安全风险。

1) 安全系统方面的风险

由于信息技术具有高度发达、开放、不限时间、不限地点的特点，这就使各种伪造、篡改、非法入侵等行为严重威胁到了网上银行的安全。网上银行安全系统风险大概包括两个方面：一种是用于安全认证系统出现故障而导致的风险；另一种是黑客、病毒入侵网络系统造成的风险。

2) 科学技术方面的风险

由于网上银行的虚拟性很大，因此需要很多技术和设备支撑网络银行的共同服务业务。一旦网络银行的网络硬件或软件系统出现问题，就会导致整个网上银行系统瘫痪，有可能给不法分子可乘之机，侵入网上银行系统，获取客户的隐私，侵犯网络银行的利益。

3) 经营管理方面的风险

当前网络环境十分复杂，网上银行处在复杂的风险当中，并且由于管理人员对网络系统的管理，网上银行对银行管理人员的道德管理也是一种挑战。

4) 法律风险

法律风险是指某一行面临的许多法律法规上的空白和不确定，目前针对网上银行的法律法规还不健全。所以，银行在开展业务时可能没有任何的法律保护。网上银行可能还需要面临许多的法律风险。

【案例分析】

移动支付下沉山区小镇，乡村生活"解锁"新场景

从日常消费、农产品交易、助农贷款到乡村政务服务，便捷的移动支付正不断拓展白石镇乡村群众生活应用场景。

位于茂名信宜市东部的白石镇，藏在大山怀抱中。白石镇总人口有7万多人，镇内已具备完善的商圈体系，而商圈的高效运转离不开完备的移动支付生态体系。自2022年以来，白石镇累计新增云闪付用户1 618户，移动支付商户202户，累计交易笔数1.94万笔，交易金额205.36万元，移动支付越来越成为农民群众支付的重要途径。

2022年以来，人民银行茂名市中心支行作为白石镇乡村振兴工作的挂点帮扶单位，以移动支付示范镇建设为纽带，将移动支付渗透到白石镇的乡村农业、旅游等领域中，通过金融赋能助力乡村振兴提速进档。

在当地，商户"一码通用"改造率高达100%，已改造商户可满足群众不同的App付款偏好，有效带动周边农村地区普惠金融向纵深发展。

白石镇是南华李、蕉芋、红鹰桃、砂糖橘等特色农产品优势种植区，与农产品销售信息息相关的邮政、顺丰、圆通等物流均有固定营业点。如今，移动支付终端通过升级改造，农产品交易支持云闪付、微信、支付宝、银行App等多种支付方式，消费者无须带卡和现金，用手机轻松扫一扫即可付款。

为支持农户发展生产，当地持有"乡村振兴主题卡"的农户，可向商业银行申请助农贷款，还可以享受到结算、支付、农资购买等方面的优惠。截至10月末，"乡村振兴主题卡"卡贷款余额3 000余万元。

白石镇不断拓展便民服务场景，投放"粤智助"政务服务自助机，为基层群众提供了"就近办、自助办、一次办"的全新体验。目前，白石镇已实现移动支付与"粤智助"政务服务自助机的有机融合。在"移动支付+乡村政务"场景中，群众在办理政务服务的同时也能享受金融服务。截至10月末，"粤智助"政务服务自助机已为8 000余名群众就近解决约2.5万笔政务、金融查询打印业务。

青山秀水环绕的白石镇，近年来掀起了特色生态旅游热潮，"移动支付+乡村旅游"的场景应声落地。目前，白石镇已实现移动支付与三华李主题公园的创新融合应用，将移动支付植入景区民宿、纪念品商店、啤酒屋等旅游消费场景，游客可享受安全便捷的移动支付服务。

人民银行茂名市中心支行相关工作人员表示，下一步将继续以创建广东省移动支付示范镇为契机，充分调动发挥银行机构普惠金融力量，因地制宜、精准发力对接农村群众和商户支付服务需求，助力乡村振兴开创新局。

案例评析

随着移动互联网和智能终端的快速普及，移动支付凭借操作方便快捷等优势，在农村

地区广受青睐并得以迅速发展，并在加强农村民生保障、助力精准脱贫、推动金融普惠、支持农村信用体系建设、服务农村经济多元化发展等具有重要意义，是贯彻落实乡村振兴战略的重要措施。

（资料来源：南方日报，有删改）

【本章习题】

1. 电子支付的主要类型有哪些？
2. 常见的电子货币有哪些？
3. 我国常见的第三方支付平台有哪些？
4. 简述网上银行的功能。
5. 简述网上银行的风险。

【推荐站点】

1. 支付宝
2. 招商银行
3. 中国银行
4. 中国建设银行
5. 中国工商银行
6. 中国农业银行

第 5 章 电子商务安全

【学习要点】

1. 电子商务安全问题的类型。
2. 电子商务安全技术：防火墙、加密技术、认证技术、安全协议。
3. 电子商务的安全管理。

【案例导入】

中国互联网络信息中心（CNNIC）发布的第 51 次《中国互联网络发展状况统计报告》显示，截至 2022 年 12 月，遭遇网络诈骗的网民比例为 16.4%。

报告显示，截至 2022 年 12 月，65.9% 的网民表示过去半年在上网过程中未遭遇过网络安全问题，较 2021 年 12 月提升 3.9 个百分点。此外，遭遇个人信息泄露的网民比例最高，为 19.6%，遭遇网络诈骗的网民比例为 16.4%，遭遇设备中病毒或木马的网民比例为 9.0%，遭遇账号或密码被盗的网民比例为 5.6%，具体见下图。

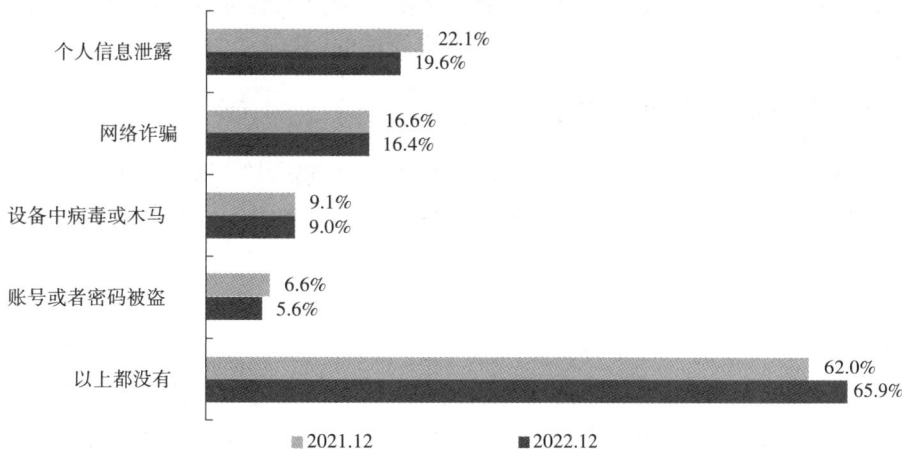

个人信息泄露　22.1%　19.6%
网络诈骗　16.6%　16.4%
设备中病毒或木马　9.1%　9.0%
账号或者密码被盗　6.6%　5.6%
以上都没有　62.0%　65.9%
■ 2021.12　　■ 2022.12

来源：CNNIC 中国互联网络发展状况统计报告　　　　　　　　　2022.12

报告指出，通过对遭遇网络诈骗网民的进一步调查发现，网民遭遇过网络购物诈骗、网络兼职诈骗和利用虚假招工信息诈骗的比例均有所下降。其中，遭遇网络购物诈骗的比例为 33.9%，较 2021 年 12 月下降 1.4 个百分点；遭遇网络兼职诈骗的比例为 27.9%，较 2021 年 12 月下降 0.7 个百分点；遭遇利用虚假招工信息诈骗的比例为 19.5%，较 2021 年 12 月下降 0.3 个百分点。网民遭遇各类网络诈骗问题的比例见下图。

虚拟中奖信息诈骗	40.7%
	44.0%
网络购物诈骗	35.3%
	33.9%
网络兼职诈骗	28.6%
	27.9%
冒充好友诈骗	25.0%
	25.5%
钓鱼网站诈骗	23.8%
	24.5%
利用虚假招工信息诈骗	19.8%
	19.5%

■ 2021.12   ■ 2022.12

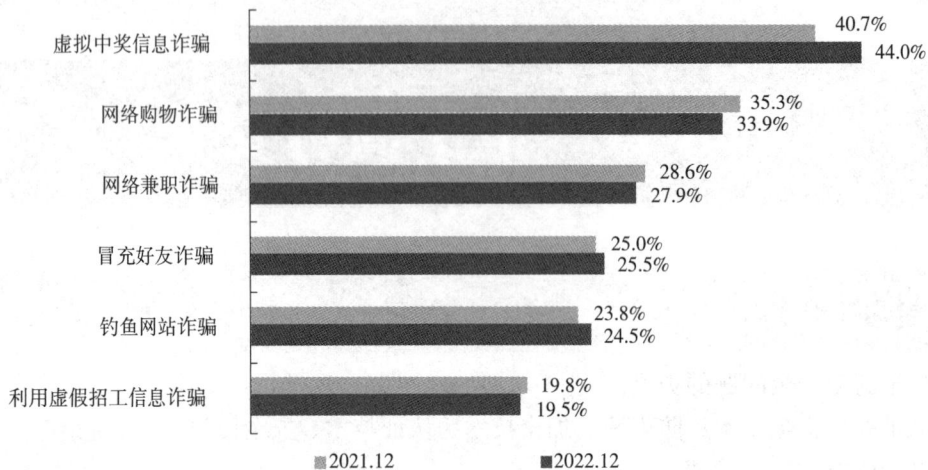

来源：CNNIC 中国互联网络发展状况统计报告   2022.12

（资料来源：百家号"中新经纬"，有删改）

5.1 电子商务安全问题概述

由于电子商务是在开放的网上进行的贸易，大量的商务信息在计算机上存放、传输，从而形成信息传输风险、交易信用风险、管理风险、法律风险等各种风险。如何建立一个安全、便捷的电子商务应用环境已成为需要着重处理的问题。

5.1.1 电子商务安全的要求

电子商务面临的安全威胁，导致了对电子商务安全的需求，即真正实现一个安全的电子商务系统所要求做到的各个方面，主要包括机密性、完整性、认证性、不可抵赖性和有效性。

1）机密性

电子商务作为贸易的一种手段，其信息直接代表着个人、企业或国家的商业机密。传统的纸面贸易都是通过邮寄封装的信件或通过可靠的通信渠道发送商业报文来达到保守机密的目的。电子商务是建立在一个较为开放的网络环境上的，维护商业机密是电子商务全面推广应用的重要保障。因此，要预防非法的信息存取和信息在传输过程中被非法窃取。机密性一般通过密码技术对传输的信息进行加密处理来实现。

2）完整性

电子商务虽然简化了贸易过程，减少了人为干预，但也出现了维护贸易各方商业信息的完整、统一的问题。由于数据输入时的意外差错或欺诈行为，可能导致贸易各方信息的差异。此外，数据传输过程中信息的丢失、信息的重复或信息传送的次序差异也会导致贸易各方信息的不同。贸易各方信息的完整性将影响贸易各方的交易和经营策略，保持贸易各方信息的完整性是电子商务应用的基础。因此，要预防信息的随意生成、修改和删除，同时要防止数据传送过程中信息的丢失和重复并保证信息传送次序的统一。完整性一般可通过提取信息消息摘要的方式来获得。

3) 认证性

由于电子商务交易系统的特殊性，企业或个人的交易通常都在虚拟的网络环境中进行，因此对个人或企业实体进行身份性确认成了电子商务中很重要的一环。对人或实体的身份进行鉴别，为身份的真实性提供保证，即交易双方能在不见面的情况下确认对方的身份。这意味着当某人或实体声称具有某个特定身份时，鉴别服务将提供一种方法来验证其声明的正确性，一般都通过证书机构 CA 和证书来实现。

4) 不可抵赖性

电子商务可能直接关系到贸易双方的商业交易，如何确定要进行交易的正是进行交易所期望的贸易方，这一问题则是保证电子商务顺利进行的关键。在传统的纸面贸易中，贸易双方通过在交易合同、契约或贸易单据等书面文件上手写签名或印章鉴别贸易伙伴，确定合同、契约、单据的可靠性并预防抵赖行为的发生。这也就是人们常说的"白纸黑字"。在无纸化的电子商务方式下，已不可能通过手写签名和印章进行贸易方的鉴别。因此，要在交易信息的传输过程中为参与交易的个人、企业或国家提供可靠的标识。不可抵赖性可通过对发送的消息进行数字签名来获取。

5) 有效性

电子商务以电子形式取代了纸张，那么如何保证这种电子形式的贸易信息的有效性是开展电子商务的前提。电子商务作为贸易的一种形式，其信息的有效性将直接关系到个人、企业或国家的经济利益和声誉。因此，要对网络故障、操作错误、应用程序错误、硬件故障、系统软件错误及计算机病毒所产生的潜在威胁加以控制和预防，以保证贸易数据在确定的时刻、确定的地点是有效的。

5.1.2　电子商务安全问题

随着电子商务的广泛应用，在带来前所未有的海量信息及电子交易便利性的同时，网络的开放性和自由性给电子商务带来了巨大的安全隐患，网络安全问题已成为电子商务发展的一大障碍。目前，电子商务安全问题主要包括网络安全问题和商务交易安全问题两大类。

1) 网络安全问题

近年来，网络安全问题呈现多样化，除计算机病毒外，还有木马程序、黑客攻击、网络钓鱼等。

(1) 计算机病毒

计算机病毒是编制者在计算机程序中插入的破坏计算机功能或数据的代码，能影响计算机的使用，能自我复制的一组计算机指令或程序代码。

计算机病毒是一个特殊的计算机程序，可以在瞬间损坏系统文件，使系统陷入瘫痪，导致数据丢失。病毒程序的目标任务就是破坏计算机信息系统程序、毁坏数据、抢占系统资源、影响计算机的正常运行。在通常情况下，病毒程序并不是独立存储于计算机中的，而是依附（寄生）于其他的计算机程序或文件中，当文件被复制或从一个用户传送到另一个用户时，它们就随同文件一起蔓延。这种程序不是独立存在的，它隐蔽在其他可执行的程序中，既有破坏性，又有传染性和潜伏性。计算机病毒轻则影响机器运行速度，使机器不能正常运行；重则使机器处于瘫痪，会给用户带来不可估量的损失。

【案例 5.1】

千万别点！近期多人中招，甚至微信被封

近日，从事装修行业的萌萌（化名）反馈，她经常会遇上客户加微信后带着户型图来询价的情况。5 月初，有客户通过某二手闲置平台找到其店铺咨询装修事宜，两人加过微信后，对方随即发来一个压缩文件，称是户型图，让萌萌查看报价。萌萌用手机点击后发现无法打开，将情况告知了对方，对方却坚称不可能，并指导她用计算机打开。"然后我就发现计算机中病毒了，而且删不掉。"萌萌说，自己目前没损失，但因为中了病毒，无奈之下只能重装了计算机系统。

遇到这类情况的不止萌萌一人，自 4 月初开始，同样从事室内装修设计的小陈（化名）和同事也频繁收到客户发来的压缩文件。

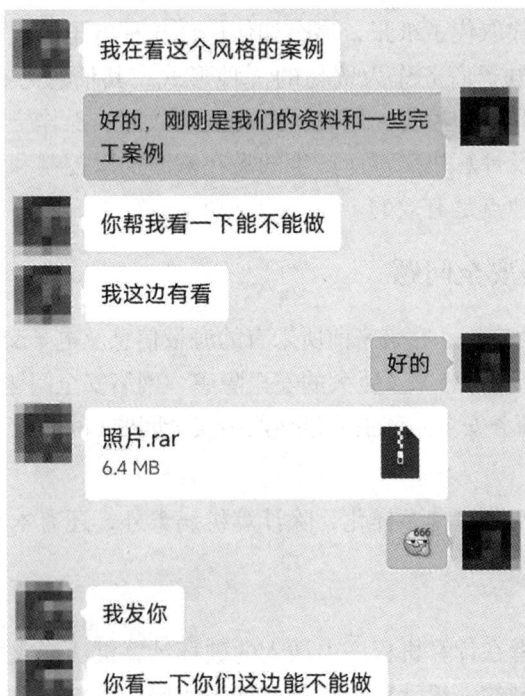

"都是以图纸和其他内容为借口发来的压缩包，点开后发现是执行程序，后缀显示是.exe。"小陈说，自己所在的公司在网上有店铺，很多客户会通过店铺加微信，咨询合作

事宜。这几周，他和同事几乎每天都能遇到陌生客户发来压缩文件的情况。

"一开始是需要解压的压缩包，后面直接发带有.chm和.bat后缀的文件，我们后来发现都是病毒。"小陈表示，这些客户自称发来的文件是图纸，让其打开文件报价，有几位同事第一次遇上基本就中招了。

中招后，不少人发现自己的计算机在空闲之余被远程操控，同时微信或QQ被盗号，出现疯狂拉好友建群、发营销信息的情况。多位网友称，自己微信因为被盗号后多次拉群被限制了登录，有的甚至被永久封号。

如何防范？

警方建议个人可先核实一下对方身份、留下电话、微信等等，因为"故意制作、传播计算机病毒"可能构成犯罪，留下对方身份信息可产生威慑作用。另外，警方还建议商户可以每次接收文件后，在不打开文件的条件下使用杀毒软件查杀一遍，确认没查出病毒再打开文件。

有专业知识或者安全意识比较强的市民，可配备一台工作专用机或者装个虚拟机，平时关注系统补丁的更新，配置好防火墙，定期备份数据，等等。

针对已经感染病毒的计算机，一般可以用杀毒软件进行杀毒，但如果感染比较严重，受害人又不放心，也建议重装系统，避免留下隐患。警方表示，计算机病毒是人为制造的，有破坏性、传染性和潜伏性，对计算机信息或系统能够起到破坏作用的程序。

（资料来源：搜狐网，有删改）

（2）木马程序

木马程序通常称为木马、恶意代码等，是指潜伏在计算机中，可受外部用户控制以窃取本机信息或控制权的小程序。木马程序是由攻击者安装在受攻击设备上并秘密运行的恶意程序。木马程序通常由控制端和被控端组成，具有很强的隐蔽性，可以长期潜伏，并根据攻击者的指令突然发动攻击。由于它像间谍一样潜入受攻击设备，与战争中的"木马"战术十分相似，故得名木马。木马程序不同于计算机病毒，它不能进行自我复制，不具备主动传播性。按照功能分类，木马程序包括网游木马、网银木马，即时通信软件木马、窃密木马、远程控制木马、流量劫持木马、下载类木马等类型。

木马程序对用户的威胁越来越大，尤其是一些木马程序采用了极其狡猾的手段隐蔽自己，使普通用户很难在中毒后发觉，以下为木马程序的常见危害。

①盗取网游账号。木马程序会盗取网游账号，在盗取网游账号后立即将账号中的游戏装备转移，再出售这些盗取的游戏装备和游戏币获利。

②盗取网银信息。木马程序采用键盘记录等方式盗取网银、证券等账号和密码，并发送给黑客。这类木马程序最危险，主要是针对网上交易系统编写的木马程序，目的是盗取用户的卡号、密码，甚至安全证书等。这类木马程序对用户的威胁非常直接，受害者往往损失惨重。

③盗取即时通信软件的账号密码。木马程序在盗取即时通信软件的登录账号和密码

后，通过即时通信软件自动发送含有恶意链接的消息，用户计算机中毒后又会向更多好友发送类似消息，而攻击者则可从中盗取用户的私密信息。

④远程控制木马。木马程序可以让攻击者完全控制被入侵的主机，攻击者可以利用它完成一些甚至连主机主人都不能顺利进行的操作。这类木马程序被称为远程控制木马，由于要达到远程控制的目的，因此，该类木马程序往往集成了其他种类木马程序的功能。远程控制木马程序可以任意访问文件、获取目标主机用户的私人信息，包括信用卡、银行账号等至关重要的信息。远程控制木马的普遍特征是键盘记录、上传和下载功能、注册表操作、限制系统功能等，并且会在目标主机上打开端口以保持连接。

【案例5.2】

女子扫带木马病毒二维码被骗万元

2022年1月6日上午，浦口市民戚女士到辖区派出所报警称，自己收到朋友用微信发来的一个抢红包链接，结果被骗了1万元。

据她介绍，红包链接上写的是500元代金券，想领取先要填写自己的微信账号，填完了这些信息后还要扫描一个二维码，可不到两分钟，自己就收到了银行扣款1万元的短信通知。看见短信后，戚女士马上和发链接的朋友联系，才知道朋友的微信号被盗，这时才明白自己被骗了。

民警了解情况后，立即对戚女士的手机进行检测，发现扫描的二维码里藏有木马程序。犯罪嫌疑人通过所谓的"红包"吸引戚女士点开陌生链接，又诱导她填写个人信息，后又让她扫了有木马程序的二维码，在她毫不知情的情况下刷走了1万元。

（资料来源：南京晨报，有删改）

（3）黑客攻击

黑客攻击泛指一系列通过识别并利用安全漏洞破坏计算机和网络的活动。黑客攻击分为非破坏性攻击和破坏性攻击两类。非破坏性攻击一般是为了扰乱系统的运行，并不盗窃系统资料，通常采用拒绝服务攻击或信息炸弹；破坏性攻击是侵入他人电脑系统，以盗窃系统保密信息、破坏目标系统的数据为目的。

黑客是如何攻击的？黑客使用各种技术手段来达成自己的目的，其中最常见的手段包括以下6种：

①社交工程。社交工程是一种操纵技术，旨在利用人为失误获取个人信息。通过使用虚假身份和各种心理战术，黑客可以骗取受害者的信任，让受害者自愿透露个人或财务信息。黑客可能借助网络钓鱼、垃圾邮件或即时消息诈骗，甚至是虚假网站实现这一目的。

②破解密码。黑客使用不同的方式获取密码，一种是试错法，试错法又称暴力破解，意思是黑客试图猜测所有可能的密码组合来获取访问权限。黑客还会使用简单的算法生成字母、数字和符号的不同组合，从而找出密码组合。另一种技术是字典攻击，就是将常用

词插入密码字段逐一尝试可能的密码。

③用恶意软件感染设备。黑客可能会入侵用户的设备以安装恶意软件。他们更常用的手段是通过包含可下载内容的电子邮件、即时消息和网站或点对点网络锁定潜在受害者。

④利用不安全的无线网络。黑客可能会简单地利用开放的无线网络，而非通过恶意代码入侵他人的计算机。并非每个人都会保护他们的路由器，黑客可以利用这一点四处寻找开放的、不安全的无线连接，这种行为被称作"驾驶攻击"。一旦黑客连接到不安全的网络，他们只需绕过基本安全防护即可访问连接到该网络的设备。

⑤获得后门访问权限。黑客可能会通过创建程序搜索进入网络系统和计算机的无防护路径。黑客通过木马程序感染计算机或系统，以此获得后门访问权限。黑客创建的木马程序能够在受害者没留意的情况下窃取其重要数据。

⑥记录键盘操作。黑客会借助一些程序跟踪计算机用户的每一次键盘操作，一旦被安装到受害者的计算机上，这些程序就会记录受害者每次键盘操作，为黑客提供入侵系统或窃取他人身份所需的一切信息。

黑客攻击会对网络安全造成重大威胁，无论黑客使用何种技术，一旦他们获得了对数据或设备的访问权限，就可以造成如下危害：

a. 盗取钱财并以受害者的名义开设信用卡和银行账户；

b. 以受害者的名义进行消费；

c. 进行信用卡提现；

d. 使用和滥用受害者的社保号；

e. 将受害者的信息出售给他人用于非法目的；

f. 删除或损坏计算机上的重要文件；

j. 获取受害者敏感信息，实施对受害者的威胁。

【案例 5.3】

黑客入侵电商平台隔空盗走 73 万元　武汉警方千里追捕

上线才 3 天的网购平台遭到黑客入侵，存放在第三方支付平台的 73 万元被盗走。接到报警后，湖北省武汉市公安局洪山分局成立专班，经过近两个月的调查，在 15 万条电子记录中反复甄别，最终锁定黑客行踪。警方分赴福建龙岩、厦门抓获 5 人，初步追回损失 40 余万元。

73 万元从第三方支付平台被转走

2021 年 12 月 24 日，武汉的气温降至零下，罗先生（化名）的心情也降到了冰点。作为本地一家刚刚上线三天网购平台的负责人，他的工作人员慌慌张张地告诉他，存于第三方支付平台账户的 73 万元，余额竟然变成了零。他急忙来到武汉市洪山区公安分局珞南街派出所报案，进门第一句话就是"我的钱没了"。

难道第三方支付平台不安全？为了弄清楚到底是怎么回事，洪山区网警开始介入调查。

"据我们调查，这家平台是在一家网络虚拟服务器上搭建的，同时使用的第三方支付系统，网站和支付系统有相关协议，在这个框架内进行金融结算。"洪山网警王清华介绍。

民警深入调查后发现，该电商平台在建立之初，根本没有意识到网络安全防护的重要性，后台程序的漏洞给黑客提供了可乘之机。黑客入侵电商平台系统后台，植入病毒程序，拿到数据库管理权限，随意更改会员积分，而这些积分又能通过第三方支付平台提现，黑客只要动动手指，平台方的资金池便可源源不断"外漏"。

虽然漏洞堵住了，但要追回损失，首先要知道是谁干的，黑客入侵数据库后，将其篡改数据的痕迹抹得一干二净。

"用通俗的话来讲，数据库好比一座仓库，无人值守更谈不上有出入登记记录，黑客盗窃完后还将'脚印'打扫得干干净净，这对于我们是第一项考验。"王清华说。

嫌疑人竟然是 3 名在校大学生

为了找出犯罪嫌疑人，洪山警方组成了多警种合成作战专班，一方面调查资金走向，一方面对系统数据库进行分析。

据了解，该电商平台注册会员有 20 多万人，只有通过对案发前三天的登录 IP 进行排查，才有可能找出幕后黑手，民警首先需要面对的是 15 万条数据库电子记录。接下来，专案组分成 6 个小组，花了三天三夜的时间，对 15 万条电子记录进行了分析，并将 6 个小组的结论进行整合，最终将重点锁定在了 200 多个可疑的 IP 地址上。

"虽然有点像大海捞针，但这是我们唯一破案的希望。"王清华笑着说。时间在流逝，但随着案件的深入调查，"黑客"的真面目在一点一点地浮出水面。

在这 200 多个 IP 地址中，他们为了故意掩盖身份，进行了 IP 跳转，国内国外来回跑，但这也恰恰更可疑，最终在洪山网警的不懈努力下，锁定了嫌疑人，并掌握了这群黑客的具体作案时间及过程。

"我们发现嫌疑人在 12 月 21 日至 22 日就已经完成入侵平台，在 23 日晚 7 点至 10 点分别入侵四次，将 73 万元分批盗走。"网警介绍。

更令人吃惊的是，嫌疑人张某某、赖某某、曾某、卢某和余某竟然都是福建某高校的在校大学生。

2 月 21 日，卢某和余某二人在福建厦门落网。

据了解，张某某、曾某涉嫌非法控制计算机系统罪、盗窃罪；赖某某涉嫌盗窃罪；卢某、余某涉嫌掩饰隐瞒犯罪所得罪被警方依法刑拘。目前警方已追回被盗赃款 40 余万元，案件正在进一步办理中。

（资料来源：荆楚网，有删改）

（4）网络钓鱼

网络钓鱼，是指不法分子通过多种手段，试图引诱网民透露重要信息的一种网络攻击方式。这些手段包括网站、语音、短信、邮件、Wi-Fi 等。网络钓鱼并不像其他病毒或黑客袭击会对用户计算机造成破坏，更多的是利用人心理上的弱点欺骗用户的敏感数据。常见的网络钓鱼诈骗包括以下类型：

①钓鱼网站。钓鱼网站是指欺骗用户的虚假网站。钓鱼网站的页面与真实网站差别细微，比如伪装成银行及电子商务网站，从而窃取用户提交的银行账号、密码等私密信息，钓鱼网站网页如图 5.1 所示。

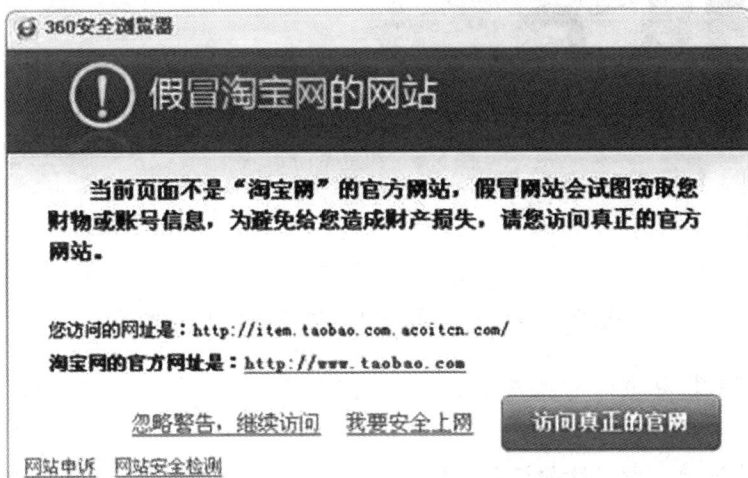

图 5.1　钓鱼网站网页

②钓鱼短信。钓鱼短信，是由手机短信"群发器"大量发出虚假信息，以"中奖""退税""投资咨询"等名义诱骗受骗者实施汇款、转账等操作，见图 5.2。

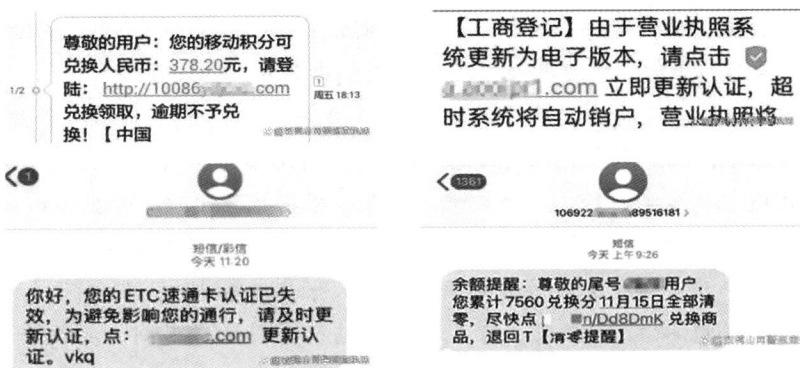

图 5.2　钓鱼短信

③钓鱼二维码。日常生活中，常见的"扫二维码立获 9 折优惠""添加微信公众号即得精美礼品"，"扫一扫"的背后，常常隐藏着钓鱼链接。

④钓鱼 Wi-Fi。钓鱼 Wi-Fi 是指犯罪分子通过架设一个与某公共 Wi-Fi 热点同名的 Wi-Fi 网络，吸引用户通过移动设备接入该网络，然后就可以通过分析软件窃取这些接入虚假 Wi-Fi 热点用户的资料，包括 Wi-Fi 登录密码、银行账户等信息，见图 5.3。

图 5.3　钓鱼 Wi-Fi

【案例 5.4】

广西警方侦破一起 ETC 钓鱼网站诈骗案

"【高速 ETC】尊敬的广西车主，您的高速 ETC 在 12 月 18 日已被锁定，请登录 k.xxxx.net 在线更新，延期将注销。"黄女士点击网址进入，按照引导一步步填写输入个人信息、银行卡账户、密码及验证码后提交。滴！手机立马收到银行卡扣款信息提示，卡内 7 000 余元被转走！

近日，广西柳州鹿寨县公安局经缜密侦查，专案攻坚，成功破获一起借"ETC"名义实施诈骗的案件，抓获 4 名犯罪嫌疑人，缴获 7 部手机，多部 POS 机，20 余张涉案银行卡。

2022 年 2 月初，柳州市公安局抽调网安、刑侦、派出所等单位精干警力成立 ETC 钓鱼网站诈骗专案工作小组，迅速开展案件的调查侦办工作。

经查，涉案嫌疑人通过非法途径获取 ETC 车主用户信息，再利用境外短信平台针对 ETC 车主发送短信，引诱车主前往高仿的 ETC 钓鱼网站填写银行卡、短信验证码等信息，最后再通过 POS 机将车主银行卡内余额进行转账。根据梳理比对，专案组初步断定发生在柳州市辖区内的 33 起 ETC 诈骗案均为同一团伙作案，张某婷有重大涉案嫌疑。

2 月 22 日下午，办案民警成功抓获涉案嫌疑人张某婷等 4 人。经讯问，张某婷等人如实供述了他们从 2021 年 12 月以来，勾结境外诈骗人员利用"点刷"系统平台作案多起，涉案金额数十万元的犯罪行为。

网警提示：

如果你也收到此类诈骗短信，请赶紧删除，千万不要点开链接！不要看到"高速 ETC""交管 ETC""12123"等字样就先入为主，必须仔细辨别。不要通过来历不明的短信、电话、网页链接办理 ETC 业务，应该通过 ETC 官方渠道处理，更不要随意将身份证号、验证码等信息透露给他人，如果发现被骗请尽快报案！

（资料来源：新浪新闻，有删改）

2）商务交易安全问题

在电子商务交易过程中，买卖双方是通过网络进行联系，由于距离的限制，因而建立交易双方的安全和信任关系相当困难。电子商务交易双方（销售者和消费者）都面临安全威胁。

卖方（销售者）面临的安全问题主要有以下5个：

①系统中心安全性被破坏：入侵者假冒成合法用户改变用户数据（如商品送达地址）、解除用户订单或生成虚假订单。

②竞争者的威胁：恶意竞争者以他人的名义订购商品，从而了解有关商品的递送状况和货物的库存情况。

③商业机密的安全：客户资料被竞争者获悉。

④假冒的威胁：不法分子建立与销售者服务器名字相同的另一个www服务器假冒销售者；虚假订单；获取他人的机密数据。

⑤信用的威胁：买方提交订单后不付款。

买方（消费者）面临的交易安全问题主要有以下4个：

①虚假订单：一个假冒者可能会以客户的名字订购商品，而且有可能收到商品，而此时客户却被要求付款或返还商品。

②付款后不能收到商品：在要求客户付款后，销售商中的内部人员没有将订单和钱转发给执行部门，因而使客户不能收到商品。

③机密性丧失：客户有可能将秘密的个人数据或自己的身份数据（如PIN、口令等）发送给冒充销售商的机构，这些信息也可能会在传递过程中被窃听。

④拒绝服务：攻击者可能向销售商的服务器发送大量的虚假订单挤占它的资源，从而使合法用户不能得到正常的服务。

5.2　电子商务安全技术

电子商务安全技术在电子商务系统中有着十分重要的作用，保护着电子商务交易过程中商家和客户的信息安全，维护着交易过程中交易双方的财产和信誉，也为电子商务系统中的服务对象和被服务对象提供了极大的方便。因此，只有采用了必要的、先进的电子商务安全技术，才能充分提高电子商务系统的利用效率和有效性。

5.2.1　防火墙技术

防火墙技术是建立在现代通信网络技术和信息安全技术基础上的应用性安全技术，正越来越多地应用于专用网络和公用网络的互联环境中。

防火墙技术实际上是一种隔离技术，是一个由软件和硬件设备组合而成、在内部网和外部网之间、专用网与公共网之间的界面上构造的保护屏障，是一种获取安全性方法的形象说法。它是一种计算机硬件和软件的结合，在互联网与企业内部网之间建立起一个安全网关，从而保护内部网免受非法用户的侵入。它实际上是一种隔离技术。防火墙是在两个网络通信时执行的一种访问控制尺度，它能允许"同意"的人和数据进入网络，同时将"不同意"的人和数据拒之门外，最大限度地阻止网络黑客访问网络。防火墙的原理如图5.4所示。

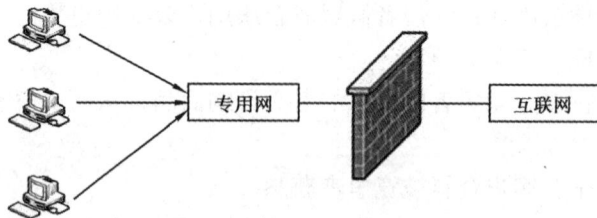

图 5.4　防火墙的原理

防火墙的主要功能是建立网络之间的一道安全屏障，从而起到内部网络与外部公共网的隔离，加强网络之间的访问控制，防止外部网络用户以非法手段通过外部网络进入内部网络的作用。防火墙的基本特征如下：

①内部网络和外部网络之间的所有网络数据流都必须经过防火墙。这是防火墙所处的网络位置的特性，也是一个前提。因为只有当防火墙是内、外部网络之间通信的唯一通道时，才可以全面、有效地保护企业内部网络不受侵害。

②只有符合安全策略的数据流才能通过防火墙。防火墙最基本的功能是确保网络流量的合法性，并在此前提下将网络流量快速地从一条链路转发到另外链路上。

③防火墙自身应具有非常强的抗攻击免疫力。防火墙技术主要采用控制的方法，限制访问权限，对网络安全进行保护。防火墙主要涉及信息筛选、检测网络状态和网络代理等服务。计算机系统通常都有防火墙软件对网络进行实时监控。电子商务中加入防火墙技术，可以对黑客入侵加以控制，有效保护用户信息免受攻击。网络中常存在一些不知途径的数据信息，电子商务中防火墙技术的应用对这部分信息实行直接杀毒，有效防止病毒程序的自行运作。目前，防火墙技术已经向智能化发展。智能防火墙采用记忆、统计、概率智能化途径，辨识网络数据信息，用智能化的方式对网络访问进行有效的控制。电子商务可以大力推广智能化防火墙技术。

5.2.2　加密技术

加密技术就是按照确定的密码算法将原始的明文信息变换成难以识别的密文信息。加密技术是实现信息保密性的一个重要手段，目的是防止合法接收者之外的人获取信息系统中的机密信息。当需要时可使用密钥将密文数据还原成明文数据，称为解密。尽管在网上传递的信息有可能被非法接收者捕获，但仍然比较安全，因为在没有密钥和解密方法的前提下，想恢复明文或读懂密文是非常困难的。数据加密被认为是最可靠的安全保障形式，它可以从根本上满足信息完整性的要求，是一种主动安全防范策略。加密的基本过程如图5.5所示。

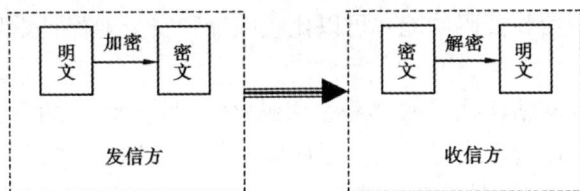

图 5.5 加密的基本过程

根据密钥产生和使用的方式不同，可以将加密技术分为对称密钥加密和非对称密钥加密两类。

1) 对称密钥加密技术

对称密钥加密技术是在加密与解密过程中使用相同的密钥加以控制，它的保密度主要取决于对密钥的保密。它的特点是数字运算量小、加密速度快，弱点是密钥管理困难，一旦密钥泄露，将直接影响信息的安全。

2) 非对称密钥加密法

非对称密钥加密法是在加密和解密过程中使用不同的密钥加以控制，加密密钥是公开的，解密密钥是保密的。它的保密度依赖于从公开的加密密钥或密文与明文的对照推算解密密钥在计算上的不可能性。算法的核心是运用一种特殊的数学函数——单向陷门函数。即从一个方向求值是容易的，但其逆向计算却很困难，从而在实际上不可能实现计算。

5.2.3 身份认证技术

计算机网络世界中一切信息包括用户的身份信息都是用一组特定的数据表示的，计算机只能识别用户的数字身份，所有对用户的授权也是针对用户数字身份的授权。如何保证以数字身份进行操作的操作者就是这个数字身份的合法拥有者，也就是说保证操作者的物理身份与数字身份相对应。

身份认证技术是鉴别某一身份真伪的技术，是防止冒充攻击的重要手段，是在计算机网络中确认操作者身份的过程而产生的解决方法。作为防护网络资产的第一道关口，身份认证有着举足轻重的作用。电子商务中的身份认证主要有以下 3 种方式。

1) 静态密码

用户的密码是由用户自己设定的，在网络登录时输入正确的密码，计算机就认为操作者就是合法用户。实际上，由于许多用户为了防止忘记密码，经常采用诸如生日、电话号码等容易被猜测的字符串作为密码，或者把密码抄在纸上放在一个自认为安全的地方，这样很容易造成密码泄露。由于密码是静态的数据，并且在验证过程中需要在计算机内存中和网络中传输，而每次验证过程使用的验证信息都是相同的，很容易被驻留在计算机内存中的木马程序或网络中的监听设备截获。因此，静态密码机制无论是使用还是部署都非常简单，但从安全性上讲，用户名/密码方式是一种不安全的身份认证方式。静态密码身份认证技术的优点是实施成本低，不需要购置特殊的设备，用户体验性好，缺点是安全性较低。

2) 短信验证码

短信验证码是通过发送验证码到手机的一种有效的验证码系统。无论是大型网站还是购物网站，都有手机短信验证码功能，可以比较准确和安全地保证购物的安全性，验证用户的正确性。

目前一些电子商务网站往往采取"静态密码+短信验证码"的方案。如支付宝网站在用户支付小额金额时只需输入支付密码，但如果超过一定额度（如200元），支付宝网站会向用户手机发一条包含验证码的短信，然后用户在网站上输入手机验证码后才能完成付款。采用这种身份认证方式的优点是既保证了小额支付的快捷性，又保证了大额支付的安全性。

3）用户特征

用户特征身份认证主要利用个人的生物特征和行为特征进行身份认证。指纹认证、人脸识别、虹膜扫描、语音识别都是较常见的基于用户特征的认证方式。以使用广泛的指纹认证为例，因每个人的指纹各不相同，所以采用这种验证方式的信息系统必须首先收集用户的指纹信息并存储于专门的指纹库中。用户登录时，通过指纹扫描设备输入自己的指纹，系统将用户提供的指纹与指纹库中的指纹进行匹配，如果匹配成功，则允许用户以相应身份登录，否则用户的访问将被拒绝。

当今社会越来越重视对个人隐私的保护，对网站和App的安全性也提出了更高的要求，具备私密性与独特性的指纹与人脸识别，就成了强有力的保障。当用户在解锁设备、支付、文件访问时，利用指纹或人脸认证，这在很大程度上减少了账号盗取、信息泄露的风险。

目前，被广泛应用各大商业超市的刷脸支付是一种基于人的相貌特征信息进行身份认证的生物特征识别技术。技术的最大特征是能避免个人信息泄露，并采用非接触的方式进行识别。刷脸支付的过程非常简单，不需要带钱包、信用卡或手机，支付时只需要面对刷脸支付机屏幕上的摄像头，刷脸支付系统会自动将消费者面部信息与个人账户相关联，整个交易过程十分便捷。

5.2.4　安全协议

目前，电子商务中有很多种安全体制可以保证电子商务交易的安全性，其中SSL和SET是电子商务安全中两个最重要的协议。

1）SSL安全协议

SSL（Secure Sockets Layer）安全协议最初由Netscape Communication公司率先设计开发，又称"安全套接层协议"，是指通信双方在通信前约定使用的一种协议方法。该方法能够在双方计算机之间建立一条秘密通道，凡是一些不希望被他人知道的机密数据都可以通过公开的通路传输，不用担心数据会被别人偷窃。SSL安全协议实质上只负责端到端的安全连接，只保证在信息的传输过程中不被他人窃取和篡改，但不能提供其他安全保证，如商家和客户的身份认证，这个缺陷会导致电子商务交易过程中出现假冒欺诈行为。

2）SET安全协议

SET（Secure Electronic Transaction）安全协议也称为"安全电子交易"，由Master-Card、VISA、IBM以及微软等公司开发，是为了在互联网上进行在线交易时保证信用卡支付的安全而设立的一个开放规范。SET安全协议提供了强大的验证功能，凡是与交易有关的各方必须持有合法证书机构发放的有效证书。SET不仅具有加密机制，更重要的是通过数字签名、数字信封等实现身份鉴别和不可否认性，最大限度地减少了电子商务交易过程中可能遭受的欺诈风险。但是，由于 SET 安全协议是基于信用卡进行电子商务交易的，因此中间环节增加 CA 与银行、用户与银行之间的认证，从而提高了软硬件的环境要求，也增加了交易成本。

电子支付无论是采取何种支付协议，都要考虑安全因素、成本因素和使用便捷这 3 个最基本的因素。由于 SSL 安全协议和 SET 安全协议在使用过程中都不能满足以上 3 个基本要求，因此，针对网上支付的安全问题，除了安全协议，还需要考虑其他安全技术和相应的管理制度。

5.3　电子商务的安全管理

电子商务的安全问题是电子商务发展的关键所在，要想解决电子商务的安全问题，除了从技术上入手进行革新，还需要从机构制度、风险制度和法律制度上加强对电子商务交易的管理。

5.3.1　机构制度管理

实行网上安全支付是顺利开展电子商务的前提，建立安全的认证中心（CA）则是电子商务的中心环节。建立认证中心的目的是加强数字证书和密钥的管理工作，增加网上交易过程中商家和客户之间的信任，保障网上交易的安全性，防范交易风险，从而促进电子商务的发展。

1）认证中心

认证中心（Certificate Authority，CA），是电子商务的一个核心环节，是在电子交易中承担网上安全电子交易认证服务、签发数字证书、确认用户身份等工作的具有权威性和公正性的第三方服务机构。认证中心主要有以下功能。

（1）证书颁发

认证中心负责接收、验证用户（包括下级中心和最终用户）数字证书的申请，将申请内容进行备案，并根据申请内容确定是否受理该数字证书的申请，进一步确定为用户颁发何种类型的数字证书。新证书用认证中心的私钥签名后，发送到目录服务器，供用户下载和查询。为了保证信息的完整性，返回给用户的所有应答信息都要使用认证中心的签名。

（2）证书更新

证书使用一段时间后，为了保证证书的有效性，认证中心会定期对用户的数字证书进行更新，同时，用户也可根据自身的使用需求对数字证书进行更新。

（3）证书查询

证书查询可以分为两类：一是证书申请的查询，认证中心根据用户查询的请求返回当前用户证书申请的处理过程；二是用户证书的查询，这类查询由目录服务器完成，目录服务器根据用户的请求返回适当的证书。

（4）证书作废

认证中心通过维护证书作废列表完成证书的作废。同时，当用户私钥泄密等原因造成无法使用的情况时，用户可以提出申请，作废证书。另外，当证书超过有效期时，认证中心也会作废这些证书。

（5）证书归档

证书具有一定的使用年限，当证书过了有效期时，不可随意丢弃，因为有时可能需要验证以前某个交易过程中产生的数字签名，这时就需要作废的证书了。所以当证书过期后，应对其予以归档保存。

2）数字证书

（1）数字证书的定义

数字证书又称为数字凭证、数字标识，是由 CA 证书授权中心发行的，能提供在互联网上进行身份验证的一种权威性电子文档，人们可以用它来证明自己在互联网中的身份或识别对方的身份。

（2）数字证书的应用

一般来说，用户要携带有关证件到各地的证书受理点，或者直接到证书发放机构（即 CA 中心）填写申请表并进行身份审核，审核通过后交纳一定费用就可以得到装有证书的相关介质（IC 卡或 Key）和一个写有密码口令的密码信封。

用户在需要使用证书的网上进行操作时，必须准备好装有证书的存储介质。如果用户是在自己的计算机上进行操作，操作前还必须安装 CA 根证书。一般所访问的系统如果需要使用数字证书，会自动弹出提示框要求安装根证书，用户直接选择确认即可。当然，也可以直接登录 CA 中心的网站，下载安装根证书。操作时，系统会自动提示用户出示数字证书或者插入证书介质（IC 卡或 Key），用户插入证书介质后，系统将要求用户输入密码口令，此时用户需要输入申请证书时获得的密码信封中的密码，密码验证正确后系统将自动调用数字证书进行相关操作。数字证书使用完毕后，用户应记住取出证书介质，并妥善保管。

当然，根据系统的不同，数字证书会有不同的使用方式，现今在使用数字证书时，系统都会有操作提示，可以很方便地使用。

【资料】

支付宝数字证书

支付宝数字证书是使用支付宝账户资金的身份凭证之一，加密用户的信息并确保账户和资金安全。用户申请支付宝数字证书后，当进行付款、确认收货等资金操作时，就会验证计算机上是否安装了数字证书，即使用户的账户被盗，但对方没有相应的数字证书也动不了账户上的资金。

5.3.2　风险制度管理

针对电子商务安全管理中所面临的各种安全威胁，单靠电子商务企业还不足以应对，这时还需要制订完整高效的电子商务风险管理制度，化被动防御为主动防御。电子商务风险管理就是跟踪、评估、监测和管理整个商务过程中所形成的电子商务风险，尽力避免电子商务风险给企业造成经济损失、商业干扰、商业信誉丧失等，以确保企业电子商务的顺利进行。企业要做好电子商务风险管理，首先，要提高企业内部对电子商务风险的管理意识，掌握电子商务安全技术；其次，电子商务是商务过程的信息技术实现。因此，应将企业商务战略与信息技术战略整合在一起，形成企业的整体战略，这是电子商务管理成功的关键。

识别与评估公司电子商务安全管理中的问题，人是其中的关键因素。因此，在实现电子商务风险管理过程中，要遵循多人负责原则、有限任期原则、职责分离原则和最小权限原则4个原则，把责任落实到人，提高企业内部员工的风险防范意识，加强电子商务安全技术的培训。在发生紧急事故时，要利用各项措施保障计算机信息系统的安全，如采用瞬时备份技术、远程磁盘镜像技术和数据库恢复技术。

电子商务风险是不可能完全消除的，它与电子商务共生，是电子商务的必然产物，危害程度随不同的应用领域各不相同。因此，风险管理的主要目标是将其控制在影响最小的范围之内，在面对紧急事故时做好前期的应急处置方案，尽量把危害造成的损失降到最低。

5.3.3　法律制度管理

电子商务安全管理不完善是电子商务安全的重要隐患，安全管理在整个网络安全保护工作中的地位十分重要。任何先进的网络安全技术都必须在有效、正确的管理控制下和合理的法律保障下才能得到较好的实施。

2004年8月28日，全国人民代表大会常务委员会第十一次会议通过了《中华人民共和国电子签名法》(以下简称《电子签名法》)。《电子签名法》是我国推进电子商务发展、扫清电子商务发展障碍的重要步骤。该法被认为是中国首部真正电子商务法意义上的立法。

2005 年 1 月 28 日，中华人民共和国信息产业部第十二次部务会议审议通过了《电子认证服务管理办法》，自 2005 年 4 月 1 日起施行。

2009 年 4 月，中国人民银行、银监会、公安部和国家工商行政管理总局联合发布《关于加强银行卡安全管理预防和打击银行卡犯罪的通知》，国家监管部门开始真正着手加强对第三方支付企业的监管。

2010 年 6 月 1 日，国家工商行政管理总局出台了《网络商品交易及有关服务行为管理暂行办法》，明确规定，通过网络从事商品交易及有关服务行为的自然人，应提交其姓名和地址等真实身份信息。

2010 年 6 月 21 日，中国人民银行出台了《非金融机构支付服务管理办法》，要求第三方支付公司必须在 2011 年 9 月 1 日前申请取得《支付业务许可证》，且全国性公司注册资本最低为 1 亿元。该办法的出台意在规范当前发展迅猛的第三方支付行业。

我国在电子商务发展过程中，也在逐步制定一系列相应的法律法规加强在电子商务交易过程中的安全性，以及维护电子商务行业的稳步发展。

【本章小结】

本章首先介绍了常见的电子商务安全问题：计算机病毒、木马程序、黑客攻击、网络钓鱼等，然后阐述了电子商务安全技术：防火墙技术、加密技术、认证技术、安全协议，最后介绍了电子商务安全机构制度管理、风险制度管理和法律制度管理。

【案例分析】

冒充电商客服提供退款服务，一女子被骗 2 万多元！"618"将至，警惕此类诈骗！

5 月 29 日，李女士接到一自称是某电商平台客服人员的电话，对方称其之前在该平台购买的物品交易不成功需要退款。对方通过短信发来退款的网址，点击进去填好对应的信息后就可以退款。

根据提示，李女士在对方提供的网址上填写个人资料和银行卡号、密码等信息，填完后对方称在 3 分钟内款会退到其填写的信用卡内。3 分钟后，李女士的手机收到银行发来的短信，提示其信用卡支出了 6 069 元，李女士立即联系对方，对方称是系统虚拟的支出，不会真正扣钱，直到晚上其手机还是收到信用卡扣款的信息，查账后李女士发现被骗 21 068 元人民币。

"618"前后，这些诈骗套路要当心

1. 质量问题要退款

一些不法分子自称是商家，通过打电话、发短信等方式说你购买的东西质量出现问题，主动要求给你两倍退款、三倍退款，并借口你的芝麻积分不够，需要打开借呗等借贷产品操作来提高芝麻分，或通过微信扫码、发送钓鱼链接等要求你输入银行卡号验证码，从而套取受害人银行卡号、密码及验证码等信息，盗取钱财。

2. 不是所有红包都能点

购物狂欢节来临前夕，各商家会通过各种渠道发送店庆促销信息，比如微信、短信、邮件、QQ消息等。这让一些诈骗者钻了空子，他们会冒充知名电商、企业等，发送带有钓鱼网址的促销信息，并以"低价""免费"等关键词吸引网友点击，将木马植入用户电脑，或者欺骗用户输入淘宝、支付宝或网银账号、密码，盗取用户账号上的资金。

3. 您的订单已失效

6月18日当天各大网站可能会频现崩溃状况，不法分子借机冒充网店客服，打着"订单失效"或"操作故障"的幌子行骗，以系统故障没有支付成功为由，向消费者发送一条包含木马病毒的网站链接。消费者一旦输入了银行卡账号和密码，对方就会以系统拥堵、不立即转账资金会冻结为由，让消费者提供手机验证码，只要消费者提供了验证码，钱立即被转走。

4. 快递丢失要赔偿

诈骗者自称是"快递公司"的客服，客服在打电话中称：由于快递收件破损或快递损毁要给你双倍赔偿，然后借口你的芝麻积分不够，需要打开借呗等借贷产品操作提高芝麻分，或通过微信扫码、发送钓鱼链接请你输入银行卡号验证码等，从而套取相关信息，盗取钱财。

5. "消费返利"刷单

常以"返利"为诱饵，引导"刷单员"在购物网站"刷信誉"，并在约定时间内向"刷单员"连本带利返还一定金额，直到骗取更大金额后借故不再返款。还有不法分子会用"返利"诱惑消费者，消费者信以为真点击这些不法商家发的红包链接，就会被他们窃取个人信息甚至偷偷转移消费者的账户资金。

6. 冒充客服诈骗

抢购高峰期，经常出现网页打开慢、网银交易迟缓情况，就有不法分子冒充客服或店主，以订单出现"调单""卡单"为由，谎称没有收到款项，从而诱骗买家将钱汇到指定的账户。

"调单""卡单""激活订单"等多为诈骗术语，见到此类词语基本可以断定对方是骗子。类似没有收到款项这样的问题，是不会在正规的购物网站上出现的。

看似简单的诈骗手法为什么还会有人上当受骗呢？主要有以下四点

(1)骗子通过不法途径提前获得了你的购物清单，能准确说出你买的东西、时间、店铺，还通过你留的电话联系到了你，这样的人自称客服，确实很容易让人相信。

(2)以双倍赔偿利诱，骗子告诉你要给你退款，又不需要你提前交钱，相信每个人都会欣然接受，这是骗子能成功的关键一步。

(3)一旦你同意退款，骗子就会让你添加他的QQ或微信，骗子的QQ或微信头像看起来都相当正规，是电商客服等名称，随后就会发给你二维码，要求扫码，并填写个人信息、银行卡号、密码、验证码等。

(4)有些人想，我填一个没有余额的银行卡号，卡里又没钱，骗子还能骗走我的钱吗？当然能！你的银行卡没有钱，但骗子还可以利用你的个人信息进行网贷，诱导你开通网上借贷平台的账户，骗子告诉你这些你贷出来的钱就是刚刚给你退款，不小心多转给你了，要求你留下双倍退款后，把剩下的钱给他转过去。

民警提醒

1.在接到疑似售后电话时，一定要首先核实对方身份，通过官方平台的客服确认是否存在退货退款。

2.正规平台的客服绝不会添加您的微信或 QQ 好友，一切操作要在平台上进行。

3.不要点开陌生人发的链接或扫描对方发的二维码。

4.但凡需要输入银行卡号并提供密码的客服，一定是假的。

5.个人信息要小心保管，不要向他人提供手机上收到的各种验证码信息。

（资料来源：江苏警方微信公众号，有删改）

【本章习题】

1.常见的电子商务安全问题有哪些？

2.电子商务的安全技术有哪些？

3.常见的身份认证技术有哪些？

【推荐站点】

1. 360 杀毒

2. 诺顿

3. 瑞星

4. 卡巴斯基

第6章 网络营销

【学习要点】

1. 网络营销的概念、职能。
2. 网络营销导向的企业网站建设、搜索引擎营销、E-mail 营销。
3. 网络广告、微信营销。

【案例导入】

如何看待李子柒卓越的营销技巧?

说到李子柒,相信大家都不陌生。李子柒以丰富的创作展示了"采菊东篱下,悠然见南山"的日出而作、日落而息的田园生活。2021 年 2 月 2 日,吉尼斯世界纪录官方微博发文宣布,短视频博主李子柒以 1 410 万 Youtube 订阅量刷新了由她自己在 2020 年 7 月创下的"最多订阅量的 Youtube 中文频道"的吉尼斯世界纪录,成为此项吉尼斯世界纪录的保持者。作为一位现象级的网络红人,这位从 2015 年就开始进行短视频制作的中国姑娘,从国内红到国外,热度持续攀升,是国际网络社交平台上具有鲜明个人特色的中国短视频博主。

关于李子柒及其团队的营销技巧是现象级的,具有一定的参考价值。那么,"如何看待李子柒卓越的营销技巧?"

1. 类型定位明确

李子柒的短视频定位非常明确,回归淳朴的生活本身,一日三餐,四季更替,日出而作,日落而息。李子柒大约是在这个类型上尝试的第一人,定位也很符合现代人的需求,自然有先入为主的特性,以及不可替代性。

这种类型在短视频发展的初期非常少见,竞争力小;视频以纪录片的形式展现,画面美观清晰,回归生活本真,这种类型的短视频容易让受众有带入感,引起粉丝共鸣。

2. 内容质量高

所有产品在卸去各种包装、复杂的营销手段之后,最根本的还是产品本身。所有类型的产品、思想、行为变得流行的根本原因还是在于产品本身是有价值的,口碑营销真的很重要,无论是品牌、企业、公司还是个人。

内容本身容易打造热点。李子柒身处市场初期这种短视频新鲜、独特、重复性较低的时候，自然会更让人难忘。除此之外，再利用比如事件营销促成媒体的自发报道和用户的主动参与和传播。难得的是，在如今各大 KOL 都在争取为金主爸爸打广告时，李子柒仍然一如既往地只做视频，鲜少打广告，而是将重点放在了电子商务平台，做品牌产品。

3. 后期盈利，顺势而为

将李子柒自身的影响力打造成大 IP（Intellectual Property，知识产权），后期再开店或打造 IP 周边，自己就是代言人。观看李子柒视频的人，大多都会好奇她做的食物是否好吃，她做的手工品质量如何。因此开网店，也是顺势而为的营销，而她的视频就是为网店产品带货的最佳推广手段。

4. 利用整合营销打造 IP

李子柒在真正拥有自己的团队后，综合利用多种媒体平台，整合推广渠道，不断创新、测试、优化内容和营销方式，巩固自己头部 IP 的地位。李子柒在抖音、快手、视频号、小红书等平台都有账号，仅在抖音上，李子柒就有 5 000 多万粉丝，获赞 2.2 亿。

（资料来源：搜狐网，有删改）

随着互联网的飞速发展，网络营销作为一种新型的营销手段越来越受到企业的关注，其营销价值也被越来越多的实践应用所证实。虽然网络营销的发展历史比较短，在理论和实践方面还处于初级阶段，但是其方法和工具越来越丰富，应用的手段也越来越成熟。本章主要阐述了网络营销的基本概念及职能，并对搜索引擎营销、微博营销、微信营销、短视频营销、直播营销等方式进行了详细介绍。

6.1 网络营销的概念及职能

6.1.1 网络营销的诞生及发展

虽然网络是网络营销必不可少的前提条件，但是网络营销并不是与网络同时产生的，它是随着互联网及各种信息技术进入商业应用而逐渐产生的。互联网诞生于 20 世纪 60 年代末，在 20 世纪 80 年代才逐渐发展起来。在 1993 年出现了基于互联网的搜索引擎，涌现了 Yahoo!、Lycos、Inforseek 等知名搜索引擎。1994 年 10 月，美国出现了网络广告，这就树立了广告史上的里程碑。E-mail 诞生于 1971 年，最初并没有应用于营销领域，1994 年美国著名的"律师事件"被认为是"第一起利用互联网赚钱"的事件，在当事人用 20 美元的上网通信费赚了 10 万美元之后，更多的人开始关注互联网的营销功能，该事件也对网络营销产生了深远的影响。1994 年出现了很多与网络营销后来的发展息息相关的事物，因此一般认为网络营销诞生于 1994 年。

网络营销产生于 20 世纪 90 年代，90 年代互联网媒体以新的方式、方法和理念，通过一系列网络营销策划，制订和实施的营销活动，可以更有效地促成交易的新型营销模式。

随着互联网影响的进一步扩大，人们对网络营销理解的进一步加深，以及出现的越来越多网络营销推广的成功案例，人们已经开始意识到网络营销的诸多优点并越来越多地通过网络进行营销推广。网络营销不只是一种营销手段，更是一种文化，信息化社会的新文化，引导媒体进入一个新的模式。

网络营销自诞生以来，随着网络及信息技术的不断发展，在其理论不断完善的情况下，其营销方法及营销工具也在与时俱进，除了企业网站、E-mail 营销、搜索引擎营销、网络广告等应用普遍的方式，还出现了微博营销、微信营销、短视频营销、直播营销等新的营销方式。

6.1.2　网络营销的概念

网络营销是数字经济时代的一种新的营销理念和营销模式，是改造和发展传统营销的新的有效的方法。随着网络的飞速发展，网络营销的实践应用总是超前于理论研究，到目前为止，学术界还没有一个公认的、权威的网络营销的定义。

网络营销是基于互联网络及社会关系网络连接企业、用户及公众，向用户及公众传递有价值的信息和服务，为实现顾客价值及企业营销目标所进行的规划、实施及运营管理活动。简单地说，网络营销就是以互联网为主要手段进行的、为达到一定营销目的的营销活动。总体来讲，凡是以互联网或移动网络为主要平台开展的各种营销活动，都可称为网络营销。

网络营销不是网上销售，不等于网站推广，网络营销是手段而不是目的，不局限于网上，也不等于电子商务，不是孤立存在的，不能脱离一般营销环境而存在，应该被看作传统营销理论在互联网环境中的应用和发展。在网络营销的不同发展阶段，人们在不同时期从不同角度对网络营销的认识存在一定的差异。有些人把网络营销等同于网上销售，认为东西在网上卖出之后就是实现了网络营销；而有些人认为建立一个网站就等于开展网络营销；还有些人认为网站推广是网络营销的全部，只要将网站推广出去，网站上的信息必定帮助企业实现销售业绩的上升，于是营销目标就实现了。这些认识都存在一些片面性，网络是一个瞬息万变的新事物，因为新的适合网络营销的方法和工具不断地涌现，所以不能只是将网络营销的定义依托于其中的某一种方法和工具。

当网络与营销、销售结合在一起时，会想到很多名词，如网上销售、网络营销、电子商务等。它们之间并不完全等同，也不完全孤立，为了更深刻地了解网络营销的定义，有必要界定以下一些概念。

1）网络营销与传统营销并不是对立的

网络营销是凭借网络开展营销活动，相对传统营销而言，只是使用的方法和工具与传统营销存在区别，如借助建立企业网站、电子邮件、搜索引擎、微博、微信、短视频、直播等来进行，但是其最终目的是实现企业整体的营销战略目标。这个目标可能必须在传统营销方法的配合下才能完全实现。网络营销与传统营销是相辅相成的，它们要实现的最终目标是一致的。

2）网络营销不等于网上销售

网络营销是为最终实现产品销售、提升品牌形象的目的而进行的活动，网上销售是网络营销发展到一定阶段产生的结果，但这并不是结果，因此网络营销本身并不等于网上销售。网络营销是进行产品或者品牌的深度曝光。例如：可口可乐公司利用各种方法开展了网络营销，如发布网络广告、发布微博等，但是这些方法对提高可口可乐的网上销售额帮助不大，因为可口可乐产品本身的特点决定了线下销售才是它的主要途径，但是这些网络营销的活动对于推广其品牌、提高其线下销量有非常重要的作用。

3）网络营销不等于电子商务

当今，网络购物是很多人的爱好，也是电子商务的重要模式之一。很多人认为电子商务就是网络营销，其实它们之间是紧密相关又有明显区别的。电子商务的内涵很广，其核心是电子化交易，强调的是交易方式和交易过程的各个环节；而网络营销是企业整体营销战略的一个组成部分，它的重要任务是传递营销信息，而交易是否实现并不是它的直接任务。所以电子商务在实现网上交易这个结果之前，需要通过各种途径传递营销信息，即开展网络营销，为促成交易提供支持。因此，网络营销是电子商务的一个重要环节，尤其体现在交易发生之前，网络营销发挥着重要的信息传递作用。

网络营销并不是一个静态事物，它也在不断发展和演变，对网络营销的定义和理解只适合一定时期的实际，随着时间的推移，网络营销的定义也会显示出它的不完善和不全面性，这就需要在其定义中注入新的血液，使其与时俱进。

6.1.3 网络营销的职能

网络营销的基本职能表现在建立和推广企业的网络品牌、网站推广、信息发布、销售促进、开拓网上销售渠道、提高顾客服务质量、增进顾客关系和网上市场调研8个方面。

1）建立和推广企业的网络品牌

网络营销的重要任务之一就是在互联网上建立并推广企业的品牌。网络品牌建设是以企业网站建设为基础，通过一系列的推广营销活动，获得顾客和公众对企业的认知和认可。网络营销可以塑造品牌，企业可以通过互联网快速带来流量，树立品牌形象。在一定程度上来说，网络营销塑造的品牌价值要高于网络营销带来的直接收益。

2）网站推广

企业建网站是企业传播营销信息最重要的信息源之一，网站内容越丰富，就越有利于消费者了解企业。企业网站的网络营销功能的发挥是建立在一定访问量的基础上的，所以，企业网站推广就显得格外重要，它也成为网络营销的核心工作。

3）信息发布

这是网络营销的重要职能之一。网络营销的实质其实是通过网络传递有价值的营销信息，而网站作为传递信息的一种载体，是开展网络营销的主要方法之一。无论使用哪种网络营销的方法和工具，结果都是将一定的信息通过网络传递给目标人群，包括目标顾客、媒体、合作伙伴、竞争者等。

4）销售促进

营销的基本目的是为增加销售提供帮助，网络营销也不例外，大部分网络营销方法都与直接或间接促进销售有关，当然这里的销售促进包括网上销售和网下销售。在前面的内容中提到促进网上销售是网络营销可能产生的结果但并不是必然结果，事实上，网络营销在很多情况下对促进网下销售也十分有价值。

5）开拓网上销售渠道

一个具备网上交易功能的企业网站本身就是一个网上交易场所，网上销售是企业销售渠道在网上的延伸。网上销售渠道建设不限于网站本身，还包括建立在综合电子商务平台上的网上商店，如一些品牌在天猫、京东、抖音等平台上开设的旗舰店。

6）提高顾客服务质量

顾客永远是企业的关键成本因素，提高顾客服务质量至关重要。网络营销可以完善顾客服务，顾客可以通过各种工具与卖家进行沟通，顾客的服务质量对网络营销具有重要影响。

7）增进顾客关系

良好的顾客关系是网络营销取得成效的必要条件，通过网站的交互性、顾客参与等方式，在进行顾客服务的同时，也增进了顾客关系。想要网络营销取得长期的效果，必须增进顾客关系和做好顾客服务，从而形成良性循环，提高顾客忠诚度。

8）网上市场调研

通过在线调查表或电子邮件等方式，可以完成网上市场调研，搜集需要的各种信息，而相对于传统的市场调研，网上市场调研具有高效率、低成本的特点。同时，有时企业为了获取竞争对手的相关信息，也可以通过网络了解他们的营销信息。因此，网上市场调研成为网络营销的主要职能之一。

开展网络营销的意义就在于充分发挥各种职能，让网上经营的整体效益最大化，因此，仅因某些方面效果欠佳就否认网络营销的作用是不合适的。网络营销的职能是通过各种网络营销方法来实现的，网络营销的各个职能之间并非相互独立的，同一个职能可能需要多种网络营销方法的共同作用，而同一种网络营销方法也可能适用于多个网络营销职能。

6.1.4　网络营销常用的方式

网络营销是借助于网络将更多的营销信息传递出去，于是在整个过程中需要有内容丰富、真实的信息源，同时需要有尽量多的通向信息接收者的网络传递渠道，也就是网络营销的工具。随着互联网影响的进一步扩大，人们对网络营销理解的进一步加深，以及出现的越来越多网络营销推广的成功案例，人们已经开始意识到网络营销的诸多优点并越来越多地通过网络进行营销推广。

网络营销的方式有很多，但是比较常用的方式主要有微博营销、微信营销、短视频营销、直播营销等。

1）微博营销

微博营销是指通过微博平台为商家、个人等创造价值的一种营销方式，也是指商家或个人通过微博平台发现并满足用户的各类需求的营销方式。微博营销以微博作为营销平台，每一个听众（粉丝）都是潜在的营销对象。

2）微信营销

微信营销是指企业或个人通过在微信上进行信息的传播、分享、反馈、互动，从而实现营销目标的行为。简单地说，就是企业或个人利用微信做宣传推广。

3）短视频营销

短视频营销主要借助短视频，通过选择目标受众人群，并向他们传播有价值的内容，这样吸引用户了解企业品牌产品和服务，最终形成交易。短视频营销，最重要的就是找到目标受众人群和创造有价值的内容。

4）直播营销

直播营销是以直播平台为载体而开展的营销活动，可达到提高品牌形象或增加销量目的的一种网络营销方式。

6.2　网络营销的方法

6.2.1　搜索引擎营销

1）搜索引擎营销的概念及一般过程

所谓搜索引擎营销，就是根据用户使用搜索引擎的方式，利用用户检索信息的机会尽可能地将营销信息传递给目标用户。用户检索使用的关键词能反映出用户对该问题（产品）的关注，这种关注是搜索引擎之所以被应用于网络营销的根本原因。

搜索引擎营销的实质就是通过搜索引擎将企业的营销信息传递给用户。搜索引擎营销实现的基本过程：企业将信息发布在网站上成为以网页形式存在的信息源；搜索引擎将网站相关信息收录到索引数据库；用户利用关键词进行检索；检索结果中罗列相关的索引信息及其链接；用户根据对检索结果的判断选择有兴趣的信息并点击链接进入信息源所在网页。这样便完成了企业从发布信息到用户获得信息的整个过程，这个过程也说明了搜索引擎营销的基本原理。

搜索引擎营销主要包含6个基本要素：信息源（企业网站）、搜索引擎信息索引数据库、用户构造关键词检索信息、搜索引擎反馈检索结果、用户对检索结果的筛选、点击进入选中的结果。

根据搜索引擎营销的一般过程可以看出，企业要想通过搜索引擎开展营销活动，可以在以下几个方面下功夫：

(1)构造合适的信息源

何谓"合适的信息源"？从用户的角度来看，用户访问企业网站，主要是想获取有用的信息，而且要顺利地获取信息。这就要求企业在建网站时要经过充分的了解，合理规划网站的结构、功能和内容，使用户能够在网站上获取有用的信息。另外，在搜索引擎的检索结果中，出现的只是网站的简单信息，企业也要格外重视这些信息。

(2)创造网站中的网页被搜索引擎收录的机会

网站建设完成并发布到互联网上并不意味着自然可以达到搜索引擎营销的目的。无论网页设计得多么精美，如果不能被搜索引擎收录，用户便无法通过搜索引擎发现这些网页，当然就不能实现传递网络营销信息的目的。因此，让尽可能多的网页被搜索引擎收录是网络营销的基本任务之一，也是搜索引擎营销的基本步骤。要想网页被搜索引擎索引，很重要的一点就是网页要对搜索引擎友好，这是建设网站或者进行网站优化时必须考虑的，它是影响搜索引擎营销的重要因素。

(3)尽量使网站中的企业信息出现在搜索结果中靠前的位置

网页仅被搜索引擎收录还不够，还需要企业信息出现在搜索结果中的靠前位置，这就是搜索引擎优化所期望的结果。因为搜索引擎收录的信息通常很多，当用户输入某个关键词进行检索时会反馈大量的结果。如果企业信息出现的位置靠后，那么被用户发现的机会就大为降低，搜索引擎营销的效果也就无法保证。当下，除了通过搜索引擎优化，使网页出现的位置能够尽量靠前，还有一些"竞价排名"工具，可以使企业通过付费推广的方式在搜索结果中获得好的排名。

(4)以搜索结果中有限的信息获得用户的关注

通过对搜索引擎检索结果的观察可以发现，并非所有的检索结果都含有丰富的信息，用户并不能点击浏览检索结果中的所有信息，而要对搜索结果进行判断，从中筛选出一些相关性最强、最能引起用户关注的信息进行点击，进入相应网页之后获得更完整的信息。要做到这一点，需要针对每个搜索引擎使用者收集信息的方式进行研究。

(5)为用户获取信息提供方便

用户通过点击搜索结果进入网页，是搜索引擎营销产生效果的基本表现形式。用户的进一步行为决定了搜索引擎营销是否可以最终为企业带来利益。用户来到网站可能是为了了解某个产品的详细介绍，或者成为注册用户，但最终是否转化为购买者还取决于更多的因素，如产品本身的质量、款式、价格等。在此阶段，搜索引擎营销将与网站信息发布、顾客服务、网站流通统计分析、在线销售等其他网络营销工作密切相关。搜索引擎在为用户获取信息提供方便的同时，与用户建立密切的关系，使其成为潜在顾客，或者直接购买产品。

2）搜索引擎营销的主要模式

随着搜索引擎的发展，越来越多的企业开始重视搜索引擎营销，目前，搜索引擎营销的模式主要有以下两种。

（1）搜索引擎优化

搜索引擎优化，就是让网站更容易被搜索引擎收录，并且当用户通过搜索引擎进行检索时在检索结果中排名靠前，从而达到网站推广的目的。真正意义上的搜索引擎优化应该是按照规范的方式，不仅网站设计要符合搜索引擎索引信息的一般规律，更重要的是为用户通过搜索引擎获取信息提供方便，让用户最终可以通过网站获取有价值的信息。作为网络营销的一种手段，搜索引擎优化的根本目的是让用户利用搜索引擎获取有效信息。

需要注意的是搜索引擎优化，不是对搜索引擎进行优化，而是对企业网站进行优化。通过了解搜索引擎怎样抓取网页、怎样索引、怎样确定搜索关键词等相关技术，然后优化网站，确保其能够与用户浏览习惯相符合，并且在不影响网民体验的前提下使网页在搜索引擎排名中得以提升。对网站进行有针对性的优化，提高网站在搜索引擎中的排名，吸引更多的用户访问网站，提高网站的访问量，从而有效提升网站的品牌效应。

当用户搜索某个关键词时，搜索引擎把与该关键词相关的网页进行分析后的结果进行排列，然后把按算法认为最符合（或说最匹配）的页面展示在搜索引擎最前面的位置。影响网页在搜索引擎中的排名的因素主要有以下两个。

一是关键词匹配度。关键词匹配度，是指所搜索的关键词与文章的标题或内容里的关键词的相同程度。关键词匹配程度越高，越有利于网页在搜索结果中的排名。

在关键词的选择上，要选网络用户在搜索时喜欢的、常用的关键词，避免冷门、生僻词，并且要选与核心推广的产品、服务、信息强关联的关键词。另外，网站主关键词不能太多，要符合搜索工具的要求，一般关键词在 5 个左右，一个文本网页关键词密度最好的是文本数的 2%~8%。

二是网站综合因素。除了上面讲的关键词匹配度，通过对网站栏目结构、网站内容、网页布局、外部链接、网站域名等网站综合要素的优化设计，使网页在搜索引擎中获得好排名，达到提升网站访问量、产品推广、获得潜在用户的目的。

①网站结构优化。合理的网站结构，应具备以下特点：

a.网站的栏目结构及层次清晰简洁，一般一级栏目 8 个以内，栏目层次在 3 层以内；

b.通过任何一个网页可以进入任何一个一级栏目的页面；

c.如果产品类别较多，设计一个专门的分类目录或增加站内搜索功能是有必要的；

d.通过任何一个网页经过最多 3 次点击可以进入任何一个内容页面。

②网站内容优化。网站内容优化包括网页标题设计、网页 META 设计、网站链接等方面。网站内容优化的主要指标包括以下方面：

a.每个网页都有独立地概述网页主体内容的网页标题，并且每个网页标题应该含有有效关键词；

　　b.每个网页都应该有独立地反映网页内容的 META 标签（关键词和网页描述）；

　　c.每个网页主体内容应该含有适量、有效的关键词，并且以用户体验为中心；

　　d.对某些重要的关键词应该保持其在网页中相对稳定；

　　e.网页标题不宜过短或过长：一般来说 6~10 个汉字较为理想，最好不要超过 30 个汉字；

　　f.网页标题应概括网页的核心内容；

　　g.网页标题中应含有丰富的关键词。

　　③网页布局优化。合理的网页布局是为了更好地展示网页内容，正确的网页布局应该包含以下几点：

　　a.最重要的信息出现在最显著的位置；

　　b.希望搜索引擎抓取的网页摘要信息出现在最高位置（根据网页 HTML 代码顺序）；

　　c.网页最高位置的重要信息保持相对稳定，以便搜索引擎抓取；

　　d.首页滚动更新的信息（如新闻动态等）应该有一定的稳定性，过快滚动的信息容易被搜索引擎错过。

　　④外部链接优化。外部链接是指从其他网站指向自己网页的链接。外部链接的一般方法有登录重要分类目录、交换友情链接、自有资源链接（关联网站等），通过高质量内容获得单向链接、发文章带链接等。

　　⑤域名注册与优化。

　　a.域名短小容易记忆；

　　b.域名以 .com 最好；

　　e.域名注册以品牌优先，如阿里巴巴的域名 alibaba.com、京东的域名 JD.com、当当网的域名 dangdang.com、淘宝的域名 taobao.com 等。

　　（2）关键词广告

　　关键词广告，是指当用户利用某一关键词进行检索时，在检索结果页面出现的与该关键词相关的广告内容。由于关键词广告是在检索特定的关键词时才出现在搜索结果页面的显著位置，因此其针对性非常强，关键词广告被称为性价比较高的网络推广方式。

　　关键词广告也叫竞价排名广告。竞价排名广告，是当潜在客户通过搜索引擎查找信息时，企业网站或网页信息出现在搜索引擎的搜索结果页面或合作网站页面醒目位置的一种广告形式。由于搜索结果的排名或在页面中出现的位置是根据客户出价的多少进行排列，故称为竞价排名广告。这种广告按点击次数收费，企业可以根据实际出价，自由选择竞价广告所在的页面位置。因而企业能够将自己的广告链接更加有的放矢地发布到某一页面，只有对该内容感兴趣的网民才会点击进入，因此广告的针对性很强。图 6.1 为在百度中搜索空气净化器时搜索结果页面的竞价排名广告展示。

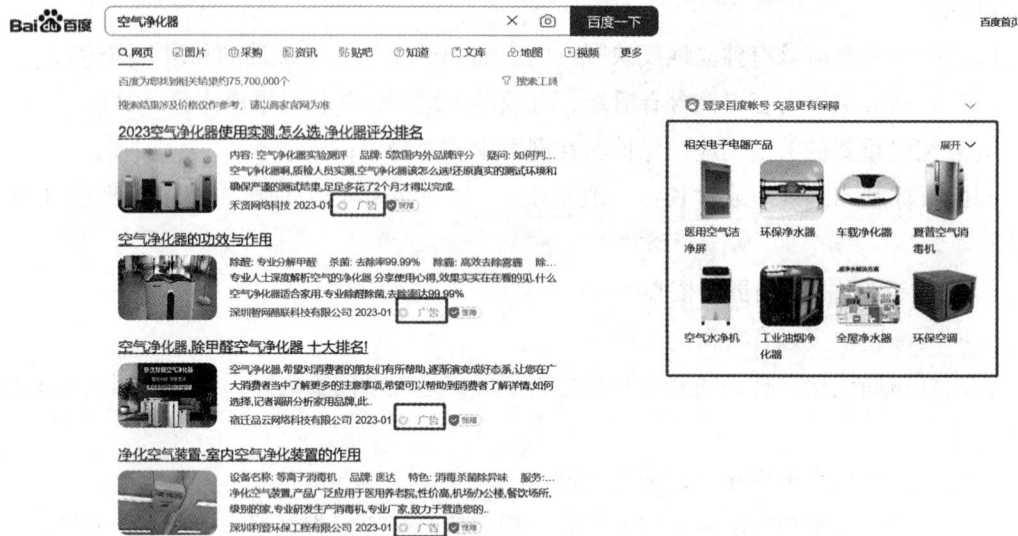

图 6.1　百度竞价排名广告

6.2.2　微博营销

微博营销是指通过微博平台为商家、个人等创造价值的一种营销方式，也是指商家或个人通过微博平台发现并满足用户的各类需求的营销方式。微博营销以微博作为营销平台，每一个关注者（粉丝）都是潜在的营销对象。

1) 微博营销的类别

(1) 个人微博营销

个人微博营销是指个人通过微博吸引关注者（粉丝），提升个人名气，打造个人品牌。当微博粉丝达到一定数量后，可借助微博实施营销，比如代言产品、代言活动等。

(2) 企业微博营销

企业微博营销是指企业通过微博向网友传播企业信息、产品信息，树立良好的企业形象和产品形象。企业进行微博营销，应当形成自己固定的消费群体，与粉丝多交流、多互动，多做企业宣传工作。

2) 微博营销的技巧

(1) 个人微博营销

要做好个人微博营销，应该做好以下几点：

①做好微博定位。要想做好微博定位，需要从账号昵称、简介以及内容垂直这 3 个角度入手。

a. 账号昵称。一个好的定位从账号的昵称就能体现出来，好的昵称就是要让人通过昵称，一眼看出你是做哪个类别的博主。

如果你是美食博主，叫@中华美食为王、@美食家大雄、@DIY 私房菜就很合适。

如果你是搞笑博主，那叫@笑点菌、@微博搞笑排行榜、@九品段子手就让人一目了然。

如果你是情感博主，那么可以叫@治愈系心理学、@正能量录、@恋爱日常事等。

如果你是旅游博主，那么可以叫@全球旅游攻略、@旅行少女酱、@咱们去旅游等。

b.简介。简介是让用户更快更详细地识别你的另一途径，因此，简介一定要能体现你做的是哪方面的内容，以方便用户更快地了解。

美食博主的简介都充满浓浓的生活气息：@中华美食为王的简介是"美食分享，吃货的最爱!"@美食家大雄的简介是"两个娃娃的父亲，一个妻子的丈夫，两对老人的儿子。生活，美食，简单快乐"。@DIY私房菜的简介是"以美食会友，用视觉和味觉分享生活的感动"。

搞笑博主一般直接告诉用户，我这里每天都会分享搞笑段子/视频：@笑点菌的简介是"微博每天分享搞笑幽默"。微博搞笑排行榜的简介是"微博搞笑中心! 每天搜罗最搞笑最好玩的微博"。

情感博主的简介就会文艺一些：@治愈系心理学的简介是"治愈系，一种平静后舒畅的感觉"，@正能量录的简介是"每天正能量"。

旅游博主的简介和"出游""旅行""生活"相关：@全球旅游攻略大全的简介是"让我们一起结伴遨游世界吧，去看更多的风景"，@咱们去旅游的简介是"牵起手，一起去旅游，看最温暖的风景，让你走进如画的世界，感受大自然带来的快乐"。

c.内容垂直。何为内容垂直? 其实就是"专一"。浏览者觉得你的微博和其他微博差不多，或是别的微博可以替代，都是不成功的。这和品牌与商品的定位一样，必须塑造个性。这样的微博具有强黏性，可以持续积累粉丝与专注，因为此时的你有了不可替代性与独特的魅力。决定做哪个类型的内容，就统一做这个类型的内容，不要第一天发情感类的内容，第二天发影视剧的推荐，第三天开始推荐美食，这样你的用户无法定位你，你也无法吸引用户。

试想用户以为你是情感博主，是到你的主页寻找情感慰藉的，却看到东一条影视推荐，西一条美食推荐，用户可能就直接取消关注了，这样用户的黏性自然也不高。

②合理推广。在积累到一定粉丝量时，就可以尝试代言产品、代言活动等。但是这一定要注意，要把握好分寸，有的博主因为关注自己微博的人数多了就植入过多营销信息，而失去了原本自己微博的个性，从而导致关注度下降，甚至被取消关注。

③控制内容发布频率。微博就像一本随时更新的电子杂志，要注重定时、定量、定向发布内容，让粉丝养成观看习惯。虽然微博可以随时随地发布信息，但如果想利用它做营销，那么最好能每天定时定量发布一些提前精心准备的内容，不要想起来就发一条，当形成规律时，粉丝自然就会知道你大概什么时候会发微博，那么一到时间粉丝就会不由自主地关注你，看看你今天又发了什么内容。

④加强互动性。微博的魅力在于互动，拥有一群不说话的粉丝是很危险的，因为他们逐渐会变成不看你内容的粉丝，最后可能离开。因此，互动性是使微博持续发展的关键。博主认真回复留言，用心感受粉丝的思想，更能唤起粉丝的情感认同。这就像朋友之间的交流一样，时间长了会产生一种微妙的情感连接，而非利益连接，这种联系持久而坚固。

（2）企业微博营销

一个企业要想快速稳步发展，离不开微博营销。要想做好微博营销，要做好以下

几点:

①精准定位。企业要想做好微博营销，就必须准确定位企业的产品。不仅要清楚企业产品的特点，更要清楚地知道它的优势及劣势，从而可以有效地帮助企业做好微博营销。对企业微博来说，粉丝质量更重要，因为企业微博最终的商业价值或许就需要这些有价值的粉丝。这涉及微博定位的问题，很多企业抱怨：微博人数都过万了，可转载、留言的人很少，宣传效果不明显。其中一个很重要的原因就是定位不准确。假设自己是从事玩具行业的，那么就围绕一些产品目标顾客关注的相关信息进行发布，吸引目标顾客的关注，而不是只考虑吸引顾客的眼球，导致被吸引的都不是潜在消费群体。

②注意专业化。企业微博定位专一很重要，但是专业更重要。专业是一个企业微博重要的竞争力指标，微博不是企业的装饰品，如果不能做到专业，只是流于平庸，不如不建立企业微博。因为作为一个"零距离"接触的交流平台，负面信息与不良的用户体验很容易迅速传播，并给企业带来不利的影响。

③善于借势营销。企业要想做好微博营销，就要善于借势做好营销，利用当前的社会热点问题作为切入点，将自己的产品广告无形地与社会的热点相结合，从而悄无声息地达到良好的营销目的。

④确保内容质量。企业要想做好微博营销，还必须确保在微博上发布的内容质量过硬，必须有内涵并且有价值，这样才有助于运营好微博。

想把企业微博运营得有声有色，持续发展，只在内容上传递价值还不够，必须讲求一些技巧与方法。比如，微博话题的设定，表达方法就很重要。如果博文是提问性的，或是带有悬念的，引导粉丝思考与参与，那么浏览和回复的人自然就多，也容易给人留下印象。反之带来新闻稿一样的博文，会让粉丝想参与都无从下手。

【案例6.1】

完美日记的微博营销

近年来，随着时代的发展，越来越多的人意识到个人外在形象的重要性，购买能够提升形象的美妆产品的数量也逐年增加。虽然近几年掀起了国风彩妆热潮，但目前中国化妆品市场还是以国际品牌居多，国产品牌相对较少，因此国产品牌能在中国化妆品市场中取得一席之地是十分难得的。完美日记作为国产美妆品牌仅成立几年，就在化妆品市场取得了良好的口碑，收获了一批忠实粉丝，它是如何做到的呢？

一、优质偶像代言，增加品牌影响力

如今，随着物质生活、精神世界的丰富，"粉丝效应"已成为市场经济中重要的元素之一，偶像的影响力越来越大，不少品牌都会邀请艺人作为品牌代言人，吸引粉丝消费，完美日记也不例外。

2020年10月19日，完美日记在微博上宣布著名影星周某担任其首位全球代言人，这是完美日记成立近3年来首位品牌代言人。此次官宣可谓是相当高调，除了提前预热，官宣第二天，完美日记便立马发出了周某与《ELLE》合作拍摄的口红大片，还在微博、微信等多处投放广告，安排多个热搜，"周某完美日记品牌全球代言人"话题阅读数突破一千万，讨论数也破一万。

不少粉丝评论道"感觉完美日记高级了不少""完美日记变得不同了"。可以说，这次官宣是成功的，不少网友都认为，周某代言使完美日记品牌看起来更有大牌气质了。

周某作为"三金影后"，在荧幕上塑造过不少经典形象，是许多消费者心中当之无愧的好演员，有良好的观众缘和强大的国民度。周某与完美日记的合作，显示出顶级艺人对完美日记的肯定，也凸显出国货美妆品牌势力的崛起，在粉丝情怀滤镜的加持下，此番合作对完美日记品牌格调有着肉眼可见的提升作用。

二、利用传统节日，开展节日营销活动

现如今，许多品牌方喜欢利用传统节日开展营销活动，这是因为我国的传统节日形式多样、内容丰富。在传统节日期间，品牌方可以发挥的空间也更大，他们可以充分利用不同节日的意义，以此开展各类主题宣传活动，利用消费者的节日消费心理进行产品的推介活动。完美日记在节日营销活动这方面就做得很不错，值得其他品牌学习。

如在情人节时，完美日记就在微博官宣推出了情人节专属礼盒，并联合京东推出满199减100的大额专属优惠券，同时在微博上还推出情人节主题绘画活动，在参与活动者中随机挑选赠送产品，吸引了一大波的人流量，产生了较好的宣传效果。

在11月的感恩节，完美日记为特殊儿童群体举办了一场音乐会，本次音乐会的门票收益将全部捐赠，用于重症孤儿临终关怀、困境儿童医疗救治康复、儿童融合教育。完美日记在感恩节推出这样的活动，不仅符合感恩节的节日氛围，更宣传了品牌关注社会、关爱特殊儿童的慈善观和价值文化。

对于品牌来说，在微博上积极倡导并投入公益事业，利用微博传播能力，可以让品牌在消费者心中树立良好的形象，扩大品牌知名度，扩大品牌影响力，这就是最好的品牌宣传。

（资料来源：知乎，有删改）

6.2.3 微信营销

集文字、语音、视频于一体的微信，正在深刻地改变着人们的社交与生活。目前，微信在全球拥有超过12.6亿用户，它集社交、通信、购物、旅游等功能于一体。微信圈成为人们晒心情、晒活动的社交圈，因为拥有海量用户和实时、充分的互动功能，微信正成为一个重要的营销工具。

微信营销是指企业或个人通过在微信上进行信息的传播、分享、互动，从而实现营销目标的行为。简单地说，就是企业或个人利用微信做宣传推广。

1) 微信营销的特点

（1）点对点的精准营销

可以借助移动端、位置定位、社交功能等优势，对信息进行有针对性的推送，让目标用户都可以收到推送信息，有利于商家实现点对点的精准营销。

（2）形式灵活多样

微信营销的形式有很多，除了朋友圈营销、微信公众号营销、小程序推广、视频号营销等，还可以借助一些功能展开营销，例如附近人、搜一搜、看一看、直播等这些功能展开营销，相较于其他单一的营销形式而言，微信更灵活多样化。

（3）强关系的营销

微信本身的属性就是社交，社交必然会产生关系，只要能维护好，普通的关系也能实现强关系互动，进而产生更大的价值。强关系的优势就在于营销的机遇更大，让大家通过互动或是联络和消费者形成朋友似的交易关系，大家在需要商品时也会优先考虑企业所营销的商品，自然也就因此提高了转化。

2）微信营销的方式

①微信朋友圈营销。微信朋友圈营销主要是以微信朋友圈作为宣传推广的平台，潜移默化地影响朋友圈好友。朋友圈营销起到的主要作用就是品牌宣传、产品展示、实景案例分享、团队文化输出、个人形象品牌建立等，从而赢得目标客户的信任和喜爱，进而增加转化率。朋友圈营销简单地说，就是通过微信朋友圈做网络营销推广，不过朋友圈营销和朋友圈刷屏发广告是不同的，在朋友圈里刷屏发广告毫无意义，甚至可能会被朋友拉黑。微信朋友圈营销需要在微信朋友圈里发布一些有价值的内容，从而加强与用户之间的信任，达到营销转化的目的。比如你是销售漱口水的，可以经常发一些护牙、洁牙的相关知识，偶尔再介绍漱口水，久而久之，想买漱口水的朋友就会翻你的朋友圈，可能还会下单购买。

②微信群营销。微信群营销指的是利用微信群做一些营销活动。微信群的定位很重要，要么是相同兴趣爱好者聚在一起，要么是人脉聚集。作为微信群的组织者，要让加入这个微信群的成员知道，加入这个群能给他带来什么价值。用户加入一个微信群，一般都是带着需求的，如学习提升、了解资讯、拓展人脉，寻找一些新的项目或者机会。

③公众号营销。公众号营销是指通过在微信公众号上发布内容，输出价值，吸引粉丝关注。公众号营销简单地说就是利用微信公众号做一些营销活动。公众号对输出内容有很高的要求，如果微信公众号内容质量不高，一般情况下阅读量都是比较低的。

目前微信公众号有订阅号、服务号、企业号三种类型，企业可以注册企业号作为营销推广的工具。企业需要明确自己的市场定位，撰写的内容不能脱离主题，文章风格可以固定，但是需要原创内容，这样在推广时才容易增加曝光度。

企业在用微信公众号营销时需要注意以下几点。

a.深入了解客户的需求。在做微信公众号平台以前先要确立客户精准定位，确立自身要做哪种类型的微信公众号平台。要以客户为中心，了解客户需求，尽可能地满足其需求。可是客户是多样的，每一个人关注的都不一样，微信公众号就需要融合自身的具体情况，研究客户的喜好，进行有价值的内容输出。

b.适当地推送消息内容。若微信公众号平台消息推送过于频繁，会使客户产生抵触情绪。可如果消息推送太少，就无法满足客户的需求。所以，微信公众号推送消息时一定要把控好频率。

c.注重内容。微信公众号平台最注重内容，只有内容才可以真正地反映出微信公众号平台的整体实力。微信公众号平常在消息推送内容时，应当进行深层方案策划，一词一句地反复推敲，不论是创意文案还是排版设计，都要仔细琢磨。

d.与客户互动交流。微信是人和人之间互动交流沟通的桥梁，微信公众号平台也不例外，可以根据微信的互动交流特点发掘新客户，维系老顾客。及时回应客户的信息，做到有问必答。还可以每一个月在微信公众平台上开展一次小活动维系客户关系。

④微信小程序营销。微信小程序营销是指通过微信小程序链接产品和用户展开营销。商铺可以让消费者扫描线下的微信小程序码，直接进行自助下单，店铺可直接处理订单，使整个交易过程更加方便便捷。商家还可以通过微信小程序向消费者推送店铺优惠活动，通过发放活动优惠券的形式，刺激顾客的消费心理从而带来二次消费。伴随着小程序功能的不断更新，使商家能够实现更多的客户沉淀和盈利。

⑤朋友圈广告营销。朋友圈广告营销是基于微信公众号生态体系，以类似朋友的原创内容形式在朋友圈中展示的原生广告。用户可以通过点赞、评论等方式进行互动，并依托社交关系链传播，为品牌推广带来加成效应。以大数据为支撑，广告的推广可以定位到被推广者的兴趣、年龄、地理位置等。在微信朋友圈投放广告得到的不仅是变现能力，更多的是获得了庞大的用户资源。朋友圈广告内容形式类似原创朋友圈内容，体验好，还可以互动。

【案例6.2】

一家甜点店的微信营销

徐老板在浙江一个三线小城市的繁华商业区经营着一家主打高端甜点的蛋糕店，他主要通过微信营销，靠朋友圈大量晒图+简单文案进行宣传，轻松月入30万元。接下来看看他的具体做法。

一、确认客户群体的覆盖

徐老板在开店前先调查过这家店一公里以内的客户群体，客户中职场女性偏多，所以这家店甜点的制作造型就抓住了女青年、妈妈们和宝宝们的痛点。店里所制作的甜点不仅有最受女生欢迎的热门甜点，如芝士瀑布蛋糕、巧克力块慕斯蛋糕等，还有各种可爱的卡通动漫造型的生日蛋糕，特别受小朋友的青睐。

徐老板因为确定了客户圈层，所以能轻松抓住客户的痛点，不仅能建立口碑，也能为自己的实体店铺带来流量。

二、产品精细化

徐老板店铺的产品类型最开始并不多，只有不到10种甜点。但是依靠精致小巧的造型，尤其是蛋糕上糅合了经典卡通形象、时下流行元素，造型精美，常常引来顾客拍照发送朋友圈，被这种美食艺术品刷屏，就是一种享受。

随着管理线拉长，徐老板觉得每天拼命创新，不如把原来的蛋糕做得更精细，还方便管理，注重打造爆品推广引流，这也是非常适合中小型店铺的套路。

三、微信营销

除门店本身带来的客流量外，主要靠老顾客裂变引流，其中最重要的手段就是用微信营销。

徐老板用于联系客户的微信营销号就有 8 个，每个微信号可以添加 5 000 个好友，6 个微信号的好友人数已经满员，另外 2 个微信号也接近满员。也就是说，这家店铺拥有40 000 人左右的精准客户，复购率相当高。

徐老板每天做的事就是在微信群中晒图，每天在上午 7—9 点甜点刚出炉时发送第一条信息，18 点左右发送最后一条，这时一天的甜点基本卖完，同时在微信群里也会定期发送福利以及第二天的预订，老顾客介绍新顾客也有红包奖励。

这就是微信裂变引流法，徐老板就是通过自己精美的甜点做诱饵，选定了合适的种子客户以利益驱使，让他们自行裂变、引流而给蛋糕店带来收益，轻松把自家蛋糕店推广出去。

（资料来源：搜狐网，有删改）

6.2.4 短视频营销

说到短视频营销，先要了解什么是短视频，短视频是指在各个新媒体平台上播放的、适合在移动状态和短时休闲状态下观看的、高频推送的视频内容，时长一般在 5 分钟以内，通常以时长 1 分钟以内较为常见。短视频营销主要借助短视频，通过向目标受众人群传播有价值的内容，吸引用户了解企业品牌产品和服务，最终形成交易。做短视频营销，最重要的就是找到目标受众人群和创造有价值的内容。因为门槛低，传播速度快，入手简单，投入人力物力较少，短视频成了众多商家青睐的营销工具。

1）短视频营销的优势

通过制作精彩的短视频，可以吸引更多的观众，增加品牌的知名度和扩大品牌的影响力。与传统的营销不同，在用户观看短视频时，将产品信息不知不觉地传达给用户。当用户对产品或视频内容感兴趣时，会主动分享或下单购买，最终实现裂变引流的目的。短视频营销具有如下优势。

（1）用户群体广，限制少

短视频的最大特点就是"短"，时长在 15 秒至 3 分钟内，用户可以利用碎片化时间，在任何地点观看，并且不受行业、学历、年龄等限制。任何人都可以成为创作者，视频内容丰富，跨度大，覆盖了各个年龄段人群，并且用户还可以进行评论、点赞、转发，参与度高。

（2）传播迅速，成本低

与传统广告营销的资金投入相比，短视频营销的成本是较低的。成本低主要体现在以下方面，即制作成本低、传播成本低以及维护成本低。短视频是否能快速传播，并不需要太高的成本，关键在于如何打造短视频内容，内容有没有真正击中用户的痛点。

（3）购物更加便捷，高效

短视频是一种时长较短的图文影音，短视频营销能够带给消费者更加直观的感官冲击，更为立体的感受。短视频只要符合相关标准，且内容丰富、价值性高，具有观赏性，就可以赢得消费者的青睐，使其产生购买冲动及欲望。短视频可与电商、直播等平台结合，实现更加直接的盈利。它的高效性就体现在消费者可以边看短视频边购买，实现快捷购物。如用户可以在看抖音短视频时，通过抖音橱窗或抖音商城实现购买，方便快捷。

（4）可数据化跟踪

短视频营销本身就属于网络营销，因此可对短视频的传播和营销效果进行数据分析。一般而言，短视频营销的数据大致可包括播放量、评论量、点赞量、转发量、收藏量、播完率等，这些数据都可以从后台获取。我们可以通过分析短视频营销的数据，随时掌握账号数据并及时调整、优化短视频营销方案，以达到最佳的营销效果。

2）短视频营销的模式

（1）情感共鸣定制式营销

这种方式是很多企业常用的，主要是通过社会上的一些热点，借助这些热点进行传播，但这种传播不是简简单单的短视频宣传，而是借助短视频引发用户情感共鸣与反思，多角度、深层次地向大众传递企业价值观，提高大众对企业的认同感。

（2）场景沉浸体验式营销

大多数消费者都比较关注产品的特性，有的广告主就比较喜欢通过产品的特性塑造特定的场景，增加产品的趣味体验，激发用户的购买欲。实际上这种方式是让用户可以提前感受产品所带来的好处，让大家认识到产品的优势，然后实现产品重要特性的趣味传递。

（3）网红广告植入式营销

这种营销模式主要是借助网红的粉丝进行推广，因为大多数公众人物的流量实际上并不大，只有那些流量明星和一些网红的流量相对较大，粉丝也较多，那么这些网红发布的视频口播、贴片广告都可以引起粉丝广为传播，也能够吸引消费者进行消费，从而达到企业做短视频营销的目的。

（4）直播带货形式营销

当短视频的粉丝累积到一定量之后就是进行直播带货的最佳时机。通过直播，主播可以给消费者带来较大折扣的商品，让用户买到物美价廉的商品，还可以帮助一些商家解决产品销售问题。

【案例 6.3】

央视点赞的蜀中桃子姐，如何从普通农妇逆袭成为年入上百万的大网红？

2020 年，央视破天荒地点名表扬了一位短视频网红，称其为"灶台上的乡愁"，白岩松也评价这位网红称："大家看李子柒是在看远方，看中国，看一个美丽的田园画镜。而看桃子姐更像是看身边，看熟悉的人，甚至是看自己的生活。"

央视和白岩松点赞的桃子姐就是"蜀中桃子姐"，一个拥有 2 000 多万粉丝的短视频博主。

自 2020 年 6 月起，蜀中桃子姐在某平台的粉丝迎来爆发性增长，短短半年时间，粉丝从 300 万激增到 1 900 万，视频获赞和点击率突破上亿，目前蜀中桃子姐的粉丝人数更是达到了 2 000 多万。巨大的流量带来的是高额的收入。蜀中桃子姐 2020 年月均收入高达十几万元，年收入上百万元，从一个普通的农村妇女逆袭成为百万大网红。

桃子姐的转型之路——从美食教学到美食情景剧

蜀中桃子姐踏上短视频之路，和她的弟弟黄明关系非常大。作为家里唯一的大学生，黄明在创业失败后，决定改行做与美食相关的短视频，于是便找到了姐姐一起拍摄美食教学的短视频。2018 年至今，蜀中桃子姐保持每周至少 5 条视频的发送，视频没有精美的滤镜，没有完美的角度，更没有豪华的食材，只有真实的农村生活：温馨简单的一日三餐、烧柴火的农村灶台、与丈夫的日常拌嘴、家庭的生活琐碎，就是这样充满农村烟火气的视频，让桃子姐火了。

但其实一开始，桃子姐的视频并没有如今这样有情节、有幽默，只是简单的没有人出镜的美食教学，几乎无人点赞。

但从 2019 年 5 月开始，桃子姐的视频就增加了家庭相处、农村生活等元素，从冷冰冰的教学内容变成了有烟火气的情景剧。

事实证明，短视频拍摄最重要的就是要有故事、有温度、有内涵。

桃子姐的带货之道——专注自己擅长的领域

当桃子姐火了之后，就走上了视频带货之路。作为一个 2 000 多万粉丝的美食博主，不愁没有商家上门。但是桃子姐并没有被乱花迷眼，而是带货自家生产的"蜀中桃子姐"商品，如钵钵鸡、麻辣兔头、麻辣萝卜干等。

这些商品的价格虽然只有 10 多元，但是在桃子姐庞大的粉丝基础上以及 12% 粉丝转化率，购买商品的粉丝也高达 200 多万人。这也让桃子姐带货额上亿元，每月带货收入超百万元，年纯收入上百万元。

（资料来源：搜狐网，有删改）

6.2.5　直播营销

直播营销是以直播平台为载体而开展的营销活动，可达到提高品牌形象或增加销量目的的一种网络营销方式。如今，淘宝、京东、拼多多、唯品会等大型电商平台以及抖音、快手等短视频平台都可进行直播营销。

1）直播营销的要素

直播营销包括场景、人物、产品和创意 4 个要素。

（1）场景

场景是指搭建直播的场景，营造直播的气氛，让观众身临其境。比如在进行农产品直播营销时，可以选择将直播间搭建在田间地头，或者是将农产品搬进直播间，让观众一进入直播间就知道主播在直播带货。

（2）人物

人物是指直播的主角，直播的主角可以是主播或直播嘉宾。主播或直播嘉宾的定位需要与目标受众相匹配，并友好地引导观众互动、转发和购买。主播一般建议找行业领域相关或者当地粉丝资源较多、主持功底深厚的网络红人；直播嘉宾一般都是企业中的知名人物，能清晰地阐述自己的品牌和产品调性。

（3）产品

产品要与直播中的道具或互动有关，以软植入的方式达到营销的目的。企业产品需要巧妙地植入直播道具、互动中，从而达到将企业营销软性植入直播中的目的。

（4）创意

创意可提高直播效果，吸引观众观看，如明星访谈、互动提问等形式就比简单的直播更加吸引观众。新颖的主题直播、互动提问、红包抽奖等，都可以为直播营销加分。

2）直播营销的优势

（1）更快捷的营销覆盖

应用一般的营销方式时，观众在查看信息的同时需要自己在脑海中构建场景，而直播营销可以直接将产品的形态、使用过程等直观地展现给观众，将其带入营销场景，达到全方位覆盖用户对产品认知的效果。

（2）直达用户

直播营销直达用户，能够消除品牌与用户间的距离感。直播能够实时地向用户直观地展示产品制作流程、使用感受等，让用户对品牌的理念和细节更加了解，切身地感受到产品及其背后的文化。另外，在直播营销时不会对直播的内容进行剪辑和加工，直播的内容与观众看到的内容是完全一致的。因此，要注重直播流程与设备的维护，避免出现直播失误。

（3）身临其境的体验

营销宣传环节的用户契合问题一直是令企业头疼的问题。直播营销恰恰能解决这个问题，能为用户打造出身临其境的场景化体验。例如，旅行直播远比照片、文字形式更能让用户直观地感受旅游地的自然人文风光；直播酒店房间配备，可让用户感受到具体的细节。

（4）更直接的销售效果

不管采用哪种营销方式，其目的都是获得更好的销售效果。直播营销方式可以更加直观地通过主播的解说传递各种优惠信息，同时开展现场促销活动，可极大地提升用户的消费热情，提高营销效果。

（5）更有效的营销反馈

在确定目标产品的前提下，企业开展营销活动的目的是展现产品价值，实现盈利。在这个过程中，企业需要不断优化产品和营销策略，对产品进行升级改进，达到最好的营销效果。在主播直播的同时，可以通过弹幕、评论接收观众的反馈信息。这些反馈信息中不仅包含对产品信息的反馈，还包含直播观众的现场表现。这些反馈信息可以为企业开展直播营销提供优化依据。

3）直播营销的流程

一场直播活动看似只是一个或几个人对着镜头说说话、卖卖货，但其背后都有着非常明确的直播营销目的，如提升企业品牌形象、促进产品销量、引流涨粉等。

通常，一场直播营销的流程主要包括五个环节，也就是常说的以"五步法"策划直播营销。

(1)明确整体思路

策划直播营销的第一个环节便是明确整体思路。在准备直播营销策划方案前，你必须先把整体思路厘清，然后有目的、有针对性地策划与执行。

刚接触直播营销的新手通常认为"直播营销不过是一场小活动，按一般活动策划做好方案，然后认真执行就够了"。但事实上，如果没有整体思路的指导，整场直播营销很有可能只是好看、好玩，并没有达到实际的营销目的。

直播营销的整体思路设计需要包括三部分，即目的分析、方式选择和策略组合。

①目的分析。对于企业或者品牌而言，直播只是一种营销手段，企业直播营销绝不是简单的线上才艺表演或互联网游戏分享。作为企业直播营销策划者，需要综合产品特色、目标用户、营销目标，提炼出此次直播营销的目的。

②方式选择。在确定直播目的后，需要根据企业/品牌的调性，在颜值营销、明星营销、稀有营销、利他营销等不同的直播营销方式中，选择一种或多种方式进行组合。

③策略组合。在选择好直播方式后，需要对场景、产品、创意等模块进行组合，设计出最优的直播策略。

(2)策划、筹备

俗话说："兵马未动，粮草先行。"首先，需要撰写并完善直播营销方案。其次，在直播开始前，需要提前将直播过程中用到的软硬件设备调试好，尽可能降低失误率，防止因筹备疏忽而影响最终的直播效果。

为确保直播当天的人气，还需要对直播活动进行预热宣传，鼓励粉丝提前或准时进入直播间。

(3)直播执行

前期的策划筹备是为了确保直播现场执行流畅。而对于观众而言，只能看到当时的直播现场，无法感知前期的策划筹备。因此，为了达到预期的直播营销目的和效果，主播及现场工作人员需要尽可能地按照直播营销方案执行，将直播开场、直播互动、直播收尾等环节顺畅地推进，确保直播顺利完成。

(4)做好二次传播

直播结束并不意味着营销的结束，需要将直播涉及的图片、文字、视频等进行再次包装、加工，通过各个社交媒体平台进行二次传播，让抵达未观看现场直播的粉丝，实现直播效果最大化。

(5)效果总结

直播营销五步法的第五个环节是效果总结。直播后期传播完成后，需要对直播营销进行复盘，一方面进行直播数据统计并与直播前的营销目的作比较，判断直播效果；另一方面进行讨论，提炼出本场直播的经验与教训，做好经验备份。每一次直播营销结束后的总结与复盘，可以为下一次直播营销提供优化依据或策划参考。

【案例6.4】

董宇辉直播爆火的原因终于找到了！

前新东方教师，现"带货一哥"董宇辉，不仅刷屏了全网，还带活了"新东方"。他的直播间3天涨粉500万，七天销售额突破7 800万元，2022年上半年，他领着东方甄选直播间盈利6亿元。

很多人在打开董宇辉的直播间之前，会疑惑：只有一张白板、一支笔，以及长着一张方脸，自嘲是"兵马俑"的董宇辉，怎么就火了？其实，进入他的直播间便能找到答案！

别人在卖货，他们在贩卖理想

看他直播，更像是在经历一场心灵的洗涤，超出商品本身，谈论爱，谈论生活，谈论梦想……

他卖东西，却从来不讲消费者关心的那些问题：多少钱、送什么、怎么领券、什么时候发货。

而当他卖玉米时，会先"离题万里"告诉你，这一根玉米是如何生长、如何到来的："从美洲大陆的密西西比起始，越过太平洋，就是中国大陆的松嫩平原……"

卖牛排时，他能从牛排的形容词，多汁的"juicy"，教到"调料为什么叫seasonings"，再附送一段历史科普。

讲书，而又不只讲书，讲世界之大、星河璀璨，而难以步行之地，能以书丈量。

带货，又没有怎么带货，像在作散文诗，商品是标题，正文无关买卖。其惊人的知识储备量，脱口而出的人生金句，信手拈来的段子令人赞叹。看他的直播，没有夸张的表演，没有聒噪的环境，没有卖货的套路，只有知识的传递和文化的碰撞，让人一进直播间就舍不得出去！

直播爆火，少不了感动之外的声音

董宇辉直播的爆火，也少不了感动之外的声音。有人说看他直播的感受是不忍心、不忍看，人为什么要这么辛苦活着。

董宇辉和他的同事、曾经的新东方教师在直播间边带货边教英语，倒不是教书匠和卖货郎有职业贵贱之分，但为什么一个想要安安静静教书育人的教师，要这么艰难地在直播卖场里寻找价值？

而更能戳中大众的是，董宇辉并没有被苦难击退，反而是在苦难中长出诗意、远方和希望。各种经历没有磨灭他的梦想，反而帮助他生出了一种骨子里的慈悲。

正如董宇辉自己所说，大家都在他身上看到了另一个平行时空里的自己，受尽苦难，但不改初心。这一路，他关关难过关关过，在行业变故、疫情影响、生活难以为继的缩影下，却还能在他的言语中，看到在艰难中的一往无前和绝境中的脉脉柔情！

我们不歌颂苦难，但我们依然会感动于人性在苦难中的良善和柔软。看他直播，让人重新审视物的价值。与其说董宇辉在直播间带货，不如说他让人们重新审视到物的价值。无关商品属性，他讲的是乡愁、相遇和错过，那些私人的、隐秘的情感记忆，让人愈发觉得物是拥有灵魂的存在，人与物是在相互选择！

而我们也在与董宇辉的直播间相互选择！相互拥有、相互塑造，相伴着成长！感谢像董宇辉这样具有表达能力和自觉性的人，用他丰富的语言和细腻的情感体验给我们大家打了个样！

（资料来源：微信公众号"颜如玉"，有删改）

【本章小结】

本章介绍了网络营销的概念、职能，并详细介绍了目前用得较多的网络营销方式：搜索引擎营销、微博营销、微信营销、短视频营销、直播营销等。随着网络营销理论及实践的不断发展，会不断有新的网络营销工具和方法出现，企业要根据实际情况选择合适的开展网络营销的方法。

【案例分析】

2022 年度刷屏案例盘点

一、哔哩哔哩《不被大风吹倒》

事件综述：

2022 年 5 月 4 日，也是哔哩哔哩《后浪》刷屏的第三年，依旧有不少甲方参与借势营销，包括不限于：哔哩哔哩《不被大风吹倒》、快手《青春十万米》、伊利《苏神》、飞鹤奶粉《奋斗者！正青春》、匹克《脑动》、金典《人间》、TCL《想象力》、网易云音乐《敢于》、京东《何为青春》。

我专门写了一个合集分析。为啥 2022 年的五四青年节这么多品牌都要参与呢？一个背景是：中国共青团成立 100 周年。但在借势视频的质量上，也只有哔哩哔哩与莫言的《不被大风吹倒》刷屏了，其实伊利的《苏神》也不错，可惜内容还是逊色于哔哩哔哩与莫言了。

当天下午 5 点，这个视频在微信视频号的播放量破千万，转发量近 40 万，远超哔哩哔哩站内的数据（517 万阅读量+13.5 万转发），只有 2.1 万的评论略胜视频号一筹。值得一提的是，这信真的是莫言自己写的，而不是广告公司代笔。

与前两次相比，哔哩哔哩这次收住了"锋芒"，莫言通过一个来自年轻人的问题——"人生遇到困难，该怎么办？"讲述了两个小故事：新华字典和爷爷。

2022 年，大学生毕业人数首次突破千万，就业压力+疫情 3 年，在这样的背景下，哔哔哩哔哩通过莫言之口，告诉年轻人要"挺"住，而不是喊口号，我觉得朴实而温暖，与其他打鸡血的案例形成了强烈反差。

点评：

1. 节日营销+群体情绪引爆刷屏

《不被大风吹倒》洞察到了公众情绪，给了大家一个自我释放的内容载体，以此实现了品牌精神的传递。道理似乎谁都懂，但真正做到很难，难在与公众共鸣、难在品牌植入。

2. 社会化营销不再是投机取巧

如果你是一个品牌，需要问自己一个问题：你有自己的节日吗？像哔哩哔哩这样能坚持做3年"五四"短视频的甲方并不多。现在，哔哩哔哩在"五四"的心智优势，无人出其右了。

希望品牌主都能想清楚，你需要在每年的什么时候做一个代表品牌的重要发声，要想清楚这点，然后再结合自己平台和用户的特色，去坚持做，才能有引爆和出圈的可能性。社会化营销的手法可以投机，但策略不可以投机，需要长期注意力，因为做借势海报就能出圈的时代一去不复返了。

二、蒙牛 & 谷爱凌

事件综述与点评：

2022年北京冬奥会，可谓是全民关注，而关注度最高的运动员，一定是谷爱凌。粗略统计，她的商业代言突破了30个，而哪家企业又能脱颖而出呢？我认为是蒙牛。蒙牛厉害的地方在于：

1. 与伊利抢资源

在伊利作为冬奥会官方赞助商这样的巨大夹击下，蒙牛能否签准运动员，实现弯道超车，非常难。考验运气，更考验前瞻能力。早早地签下谷爱凌，才有了2022年的一系列动作。

2. 与谷爱凌强捆绑

如何让品牌与谷爱凌在冬奥会期间强绑定，这也非常难。在一次赛后采访中，让谷爱凌在回应中提到"中国牛"，再把"中国牛"与"蒙牛"及谷爱凌的广告打遍全中国，这是"广告公关化"的经典案例。

三、瑞幸椰树联名

事件综述：

品牌联名的活动，一年有很多案例，但真正在2022年刷屏的，应该只有瑞幸和椰树。

2022年4月8日，瑞幸微博率先放出了一条消息："倒计时3天！这个合作品牌34年来首次联名"，还配了一张联名海报图，海报左边是瑞幸经典的咖啡杯造型，右边则是打了马赛克的黑红黄蓝色的瓶子。明眼人一看就懂了，这是椰树。

经过3天预热之后，4月11日，椰树和瑞幸双双正式官宣：双方推出联名款产品"椰云拿铁"。这次联名的一系列动作，在朋友圈刷屏。4月12日，瑞幸官方微博称，椰云拿铁首发日就取得总销量超66万杯的佳绩。

点评：

1. "土"与"潮"在流量池碰撞

回看这次联名，瑞幸完美榨干了椰树的所有话题属性，尤其是简单粗暴的 PPT 设计，五彩斑斓无审美的撞色，以及肆无忌惮的文字排版，把椰树的"土"发挥到了极致，竟然变成了"土潮"！一方面是瑞幸强大的造梗和玩流量的能力，另一方面则是椰树天然的品牌属性。

2. 联名实为配合产品和基本面

瑞幸做这次联名有两个逻辑很清晰。

第一是支撑公司基本面。4 月 11 日晚，瑞幸的公告称，完成财务债务重组。"在债权人支持下，正式结束作为债务人的破产保护程序。"自此，瑞幸经过两年时间彻底扭转局面，而此时，它更需要一场"秀"证明自己的赚钱能力，向资本市场讲故事。

第二是强调品类霸主地位。超级明星单品"生椰拿铁"一年就卖了 1 亿杯，其他竞品早就跟进了，瑞幸需要抓紧这个品类，持续创新。

3. 品牌联名需要避免的 3 个坑

品牌联名有 3 个坑，分别是出圈、双赢和长线。品牌联名到底要如何做呢？逆向思维，把上面 3 个坑"倒"过来看，甲方做品牌联名之前，先问自己 3 个问题：

第一，凭什么我的品牌联名能出圈和刷屏？

第二，我在品牌联名中能赢得更多吗？

第三，品牌联名能给业务带来快速增长吗？

以椰云拿铁的案例来看，瑞幸（椰云）和椰树都通过各自擅长的手段出圈了，瑞幸策略清晰，赢得更多，实现了业务的快速增长。从这个角度看，椰树把 34 年的"第一次"贡献出来，创了微信指数最高点，吸引了大批年轻用户关注，也有收获。

案例评析：

1. 所有品牌都不能忽视微信的私域流量池

"两微一抖"时代，似乎所有品牌都把资源向短视频平台倾斜。但你也看到了，短视频平台的粉丝并不是真正属于自己的，无法形成私域流量的闭环，大家都在琢磨算法。

数据显示，微信的月活用户已经突破 13 亿，虽然抖音月活用户也接近 9 亿，但二者的数据架构和流量分发模式是完全不同的，虽然都是"内容找人"的逻辑，但微信靠私域，抖音靠算法。2022 年出了这么多现象级的刷屏爆款，足以证明，微信这个巨大的流量池依旧是个宝藏。

2. 情绪不再是"术"，而是刷屏之"道"

品牌在策划和制作任何社会化传播或营销素材时，都应该认真思考一个问题，即在用户看 5 秒就有可能刷走的"抢眼球"时代，我拿什么情绪牢牢抓住读者，让读者能够迅速被我的传播素材所吸引，进而产生共鸣和分享，而不是心里总想着植入的广告和所谓的创造者情节。

（资料来源：微信订阅号"万能的大叔"，有删改）

【本章习题】

1. 简述网络营销的职能。

2. 简述网络营销的方式。

3. 分析一些网络营销的案例，谈一谈这些案例采用了什么网络营销方式，取得了什么效果。

【推荐站点】

1. 人人都是产品经理

2. 网经社

第7章 电子商务物流

【学习要点】

1. 物流的概念与职能。
2. 电子商务物流的概念。
3. 物流信息技术。
4. 物流配送模式。

【案例导入】

菜鸟智慧物流：商业科技创新发力，送货上门提效 10%

从 2019 年开始，菜鸟就着手搭建基于人工智能的智慧城市物流大数据平台，推动建设城市智慧物流。到 2022 年底，该数智物流系统已在宝武上海基地取得良好的实践应用效果，并于近日在武汉基地成功上线，计划到 2023 年 6 月之前，陆续完成重庆、湛江、韶关、马钢、昆钢和梅山等生产基地的系统部署，菜鸟供应链将继续提供全程服务。

菜鸟通过将"时空 AI 预测能力"应用到城市内物流预测问题中，基于自研的深度时空预测模型，大幅改善时效和路径预测准度，提升配送服务质量，各场景下的预估准度比业界同类方法提升 15%。

在快递送货上门环节，菜鸟将"物流多模态 AI 的认知决策技术"全面应用到物流决策过程中，以此提升消费者物流体验。菜鸟的"楼栋码"技术手段，可以帮助快递员提前根据消费者的楼栋进行包裹分拣，使送货上门人效提升 10%。"真实上门履约识别模型"则通过 AI 技术手段保障快递上门的真实、有效。目前，该技术已经在"天猫超市送货上门""菜鸟驿站送货上门"等场景中大规模应用。

据悉，菜鸟智慧城市配送物流系统已应用于菜鸟直送、菜鸟裹裹退货和个人寄件、菜鸟驿站送货上门等多个物流场景，有效提升车辆、快递员、驿站工作人员的运作效率，并通过订单分配分单、智能装箱、决策等能力构建了自动化组织管理流程，为行业提供了一套降本增效的解决方案。

菜鸟 CTO 李强表示，近年来人工智能技术正在加速发展，作为一家客户价值驱动的全球化产业互联网公司，菜鸟聚焦产业化、全球化和数智化，在人工智能、自动化、大数据等核心技术领域坚持自主创新，通过科技创新推动物流更智能、更高效，用更低的成本为客户提供更好的体验。

作为一家全球化的产业互联网公司，长期以来，菜鸟坚持将数字技术融入传统制造行业，服务实体经济转型升级，包括上汽通用五菱、浙江电力、汇川新能源、重庆烟草等实体企业与菜鸟携手取得了数字化的转型成效。同时，菜鸟的科技能力正服务于出海、下乡等领域。菜鸟从 2022 年开始尝试将物流自动化技术"下沉"到县乡、村一级的快递网点。2022 年"双十一"，菜鸟在全国 27 个省级行政区的 170 余个县乡完成乡村共配中心自动化改造。与此同时，伴随全球化业务继续向海外拓展，目前菜鸟已在海外 16 个国家和地区运行自动化的物流设施。在泰国、巴基斯坦等国，菜鸟建设的智慧物流设施加速了这些国家快递物流行业的现代化进程。

（资料来源：现代物流报网站，有删改）

7.1 电子商务物流概述

7.1.1 物流的定义

物流（Logistics）这一概念源于第二次世界大战，物流科学也在战后数十年间在全世界广泛应用并迅速发展，各个国家对物流概念也作出了不同的定义。

1）美国的物流定义

第二次世界大战后期，美国在珍珠港遇袭后正式参战，战争主战场是在大洋彼岸的亚太地区，跨洋跨洲参战给美军的后勤部门带来巨大供给压力，为保证前线物资供应，美军方邀请著名的管理学家、运筹学家共同组成课题组研究并提出军方物资采购、运输、储存、分配、保养以及废弃物处理的一体化方案。得益于此，美军在强大的军事后勤补给保障下成为影响战争结果的重要力量。战后，美国商业企业把物流概念和思想方法应用于流通领域，并取得显著成效。

1998 年，美国物流管理协会（CLM）给出调整后的物流的概念：物流是供应链程序的一部分，其专注于物品、服务及相关信息从起始点到消费点的有效流通和储存的计划、执行与控制，以满足顾客需求。该定义充分反映了时代背景，即供应链管理理论在美国率先产生，强调物流是供应链的一部分。

2）日本的物流定义

1956 年，日本经济在经过十年的战后恢复期后，生产效率大幅提升，流通效率低下成为阻碍经济发展的短板。1956 年秋天，日本向美国派出"流通技术专业考察团"，把物流概念引入日本，在日本掀起了流通领域的一场工业革命。1965 年，日本政府文件中首次出现"物的流通"这一概念，简称"物流"。

1981 年，日本日通综合研究所编著的《物流手册》（这是我国最早翻译的外国物流著作）给出的物流定义是：物质资料从供给者向需要者的物理性移动，是创造时间价值、地域价值的经济活动。从范畴来看，物流包括包装、装卸、保管、库存管理、流通加工、运输、配送等诸多活动。日本商业的蓬勃发展使日本对物流的定义最终落脚在了商流上。

3) 我国的物流定义

1979 年，我国物资工作者代表团赴日，在考察报告中第一次引用"物流"这一术语。1988 年，中国台湾也开始使用"物流"这一概念。1989 年，在北京召开第八届国际物流会议，"物流"一词在我国推广。1995 年后，物流的理论研究和实践探索在我国逐步兴起。

2001 年出版的国家标准《物流术语》中对物流的定义作出如下表述：物流是物品从供应地到接收地的实体流动过程，根据实际需要，将运输、储存、装卸、搬运、包装、流通加工、配送、信息处理等基本功能实施有机结合。该定义有别于美国和日本的定义，强调物流是一种实体流动过程，是对物流这一客观经济现象的直观描述。

7.1.2 物流基本职能

物流基本职能是指物流活动应该具有的基本能力以及通过对物流活动最佳的有效组合，形成物流的总体功能，以达到物流的最终经济目的。一般认为，物流的基本职能应该由运输、储存、装卸搬运、包装、流通加工、配送，以及与上述职能相关的信息处理等所构成。

1) 运输职能

运输指的是用专用运输设备将物品从一个地点向另一个地点进行运送，其中包括集货、分配、搬运、中转、装入、卸下、分散等一系列操作。运输职能主要是实现物质资料的空间移动，创造空间价值，常见运输方式包括铁路运输、公路运输、水路运输、航空运输以及管道运输。

运输是物流基本职能中的核心，也是物流成本的重要组成部分，选择何种运输手段对物流效率具有十分重要的意义。在决定运输手段时，必须权衡运输系统要求的运输服务和运输成本，以实现安全、迅速、准时、价廉的运输服务。

2) 储存职能

储存即保护、管理、储藏物品。储存职能包括对进入物流系统的货物进行堆存、管理、保管、保养和维护等一系列活动。一般来讲，储存保管是通过仓库的功能实现的。物质资料的储存是社会再生产过程中客观存在的现象，也是保证社会再生产连续不断运行的基本条件之一。

储存的作用主要表现在 3 个方面：一是完好地保证货物的使用价值；二是为将货物配送给用户，在物流中心进行必要的加工活动而进行的保存；三是作为调节器平衡商品生产与商品消费。商品生产与商品消费在时间上往往是不均衡的，如土特产大多是季节性生产，常年稳定消费；日用化工用品大多是集中生产，分散消费。要避免这种不均衡，必须依靠商品储存来实现，才能保证商品流通均衡、顺畅地进行，才能保证市场供给连续、充分。

3）装卸搬运职能

装卸是物品在同一地域范围内（如仓库、码头、工厂等）以人力或机械实施垂直位移，改变物料存放、支撑状态的作业。搬运是改变物料空间位置的作业。装卸搬运是对运输、储存、包装、流通加工、配送等物流活动进行衔接的中间环节，以及在保管等活动中为实施检验、维护、保养所进行的装卸活动，如货物的装上卸下、移送、拣选和分类等。

在整个物流环节中，装卸搬运是一个频繁出现的物流环节，且是一个人力资源消耗较大的环节，装卸搬运费用在物流成本中所占的比重也较高。因此，对装卸搬运的管理主要集中于选择科学合理的作业方式、作业工具及作业场所等，尽量减少装卸搬运次数，节约物流费用，获得较好的经济效益。

4）包装职能

包装是在流通过程中为了保护产品、方便储运、促进销售，按一定技术方法而采用的容器、材料及辅助物等的总体名称，也指为了达到上述目的而采用容器、材料和辅助物的过程中施加一定技术方法等的操作活动。

包装存在于物流过程的各环节，包括产品的出厂包装，生产过程中在制品、半成品的换装，物流过程中的包装、分装、再包装等。一般来讲，包装分为工业包装和商业包装。工业包装的作用是按单位分开产品，便于运输，并保护在途货物；商业包装的目的是便于最后的销售。

包装在物流系统中有保护商品、单位化、方便流通及消费等作用。前三项属于物流功能，最后一项属于营销功能。

5）流通加工职能

流通加工是物品从生产领域向消费领域流动过程中为了促进产品销售、维护产品质量和提升物流效率，对物品进行加工处理，使物品发生物理或化学变化的一系列活动。流通加工的具体内容有装袋、分装、计量、拴牌子、贴标签、配货、挑选、混装、组装、刷标记等。

这种在流通过程中对商品进一步的辅助加工，虽不产生商品价值，但可以弥补企业、物资部门、商业部门生产加工的不足，更有效地满足用户的需求，更好地衔接生产和需求环节，使流通过程更加合理化。它是物流活动中的一项重要增值服务，也是现代物流发展的一个重要趋势。

6）配送职能

配送是在经济合理区域范围内，根据客户的要求，对物品进行拣选、加工、包装、分割、组配等作业，并按时送达指定地点的物流活动，是以配货、送货形式最终完成配送物流并最终实现资源配置的活动。

配送是物流的一种特殊的、综合的活动形式，几乎包括了物流的所有职能，是物流的一个缩影或在某一范围内物流全部活动的体现。一般来讲，配送集包装、装卸搬运、保管、运输于一体，并通过这些活动将物品送达目的地。

配送与运输虽然都包含运送货物的物流活动，但配送并不等同于运输。运输通常指的是少品种、大批量的干线运输，并多使用大型货车完成作业，而配送多指多品种、少批量的支线运输，因此多使用小型货车进行作业。运输作业的附属功能较少，强调效率优先，配送集合了多种附属功能，强调服务优先。

7）信息处理职能

信息处理是对反映物流各种活动内容的知识、资料、图像、数据、文件等进行收集、整理、储存、加工、传输和服务的活动。物流整体职能的发挥，是通过物流各种职能之间的相互联系、相互依赖和相互作用实现的。也就是说，物流各种职能的作用不是孤立存在的，这就需要及时交换情报信息，因此物流基本职能的前六项可以统称为作业职能，有别于最后一项信息处理职能。

信息处理的基本职能在于如何对情报信息进行收集、加工、传递、存储、检索、使用，包括其方式的研究，以及管理信息系统的开发与应用研究等，目的在于保证情报信息的可靠性和及时性，以促进物流整体功能的发挥。

【案例 7.1】

物流"国家队"来了！开启我国打造世界一流综合物流集团新篇章

2021 年 12 月 6 日，经国务院批准，中国物流集团有限公司（以下简称"中国物流集团"）于 12 月 6 日正式成立，至此，物流领域的"国家队"终于问世。

公开资料显示，中国物流集团的组建阵容强大，该集团由原中国铁路物资集团有限公司更名而来，整合 4 家在仓储、运输和产业资源深耕多年的企业，并引入东方航空、中国远洋海运集团、招商局集团为战略投资者，整合后的中国物流集团将围绕现代流通体系建设需要，着力打造产业链条完整、综合实力强的现代物流企业。

当前，我国物流业存在企业"小散弱"、物流效率不高等短板，而建设现代物流体系是构建新发展格局的重要抓手，因此，推进中央企业物流业务专业化整合、打造综合物流国家队、致力于优化仓储网络布局、完善现代物流体系势在必行。

据介绍，中国物流集团在"十四五"乃至今后较长时期，将定位于"专业综合物流服务方案提供者、值得信赖的全球供应链组织者"，以"促进现代流通、保障国计民生"为己任，着力发展供应链物流、民生物流、特种物流、危险品物流、工业物流、应急物流、冷链物流、军民融合物流、国际跨境物流等，涵盖仓储、运输、配送、包装、多式联运、国际货代、期货交割、跨境电商、国际贸易、物流设计、供应链管理、加工制造、科技研发、电子商务等综合物流服务各种业态，努力降低社会物流成本，着力提升国际竞争力，致力打造具有全球竞争力的世界一流综合性现代物流企业集团。

目前，新组建的中国物流集团经营网点遍布国内 30 个省（区、市）及海外五大洲，拥有土地面积 2 426 万平方米，库房 495 万平方米，料场 356 万平方米；拥有铁路专用线 120 条，期货交割仓库 42 座；整合专业公路货运车辆近 300 万辆；国际班列纵横亚欧大陆，在国际物流市场具有显著竞争优势。可以预见，中国物流集团将着力推动物流板块高质量发展，力争在统筹推进现代流通体系建设、培育壮大具有国际竞争力的现代物流企业中发挥重要作用。

面对难得的历史发展机遇，中国物流集团方面表示：将融入国家战略，践行央企使命，努力降低社会物流成本，着力提升国际竞争力，当好维护产业链、供应链安全稳定的"国家队"，在国家现代物流体系中发挥领军作用，致力打造具有全球竞争力的世界一流综合性现代物流企业集团。

（资料来源：央广网，有删改）

7.1.3 电子商务物流概述

电子商务物流是指以互联网为基础开展的物流活动。从宏观角度理解，电子商务物流是电子商务与物流两个行业相结合的产物，伴随电子商务这一新兴产业的发展，为电子商务客户提供物流服务。从微观角度理解，电子商务物流是电子信息技术和物流作业环节的结合，将现代网络基础、信息技术注入物流环节，实现高度信息化、智慧化、智能化的物流运作。

1) 物流是电子商务的重要组成部分

电子商务的核心是商务，商务的关键在于商品的货币交易，而商品货币交易会涉及4个方面，分别是商品所有权的转移，货币的转移，有关信息的获取、交换和应用，以及商品本身的交付，即信息流、商流、资金流和物流。其中，信息流既包括商品信息的提供、促销行销、信息技术支持、售后服务等，也包括诸如询价单、报价单、付款单、转账通知单等商业贸易凭证，乃至交易方的支付能力、商业信誉等。商流是指商品在购、销之间进行交易和商品所有权转移的运动过程，具体是指商品交易的一系列活动。资金流主要是指资金的转移过程，包括付定金、付尾款、转账支付等过程。在电子商务环境下，这4部分活动都有别于传统做法，商流、信息流与资金流的处理都可以通过计算机网络实现。物流，作为四流中最特别的一种，指的是物质资料的实体流动过程，具体指运输、储存、配送、装卸搬运、包装、信息处理、流通加工等活动。对于少数商品和服务，可以直接通过网络传输进行配送，如电子出版物、信息咨询服务、水电煤气及电话费缴纳、网游消费等。而对于大多数商品和服务来说，物流仍要经由物理方式传送。

过去，人们对物流在电子商务环境中的重要性认识不够，对物流在电子商务环境下会发生的变化也认识不足，认为对于大多数商品和服务来说，物流仍然可以依赖传统的经销渠道。但随着电子商务的应用和推广，以淘宝为代表的一系列电子商务企业已经明显地改变了现代人的购物习惯和消费方式，甚至改变了市场格局和企业发展战略。阿里巴巴在美国上市更是宣告一个全新的高速发展的电子商务时代的到来，落后的物流能力和蓬勃发展的电子商务之间的矛盾日益突出，物流的重要性对电子商务活动的影响引起了越来越多的人注意。

2) 物流是实现电子商务的保证

物流作为电子商务的重要组成部分，是实现电子商务的重要保证，离开了现代物流，电子商务也无法保障。

(1) 物流保证生产的顺利进行

无论是在传统的贸易方式下，还是在电子商务环境中，生产都是商品流通之本，而生产的顺利进行需要各类物流活动的支持。生产的全过程从原材料的采购开始，便要求有相应的供应物流活动将所采购的材料到位，否则，生产就难以进行。在生产的各工艺流程之间，也需要有原材料、半成品的物流过程，即所谓的生产物流，以实现生产的流动性。部分余料、可重复利用的物资的回收，也需要回收物流，废弃物的处理需要废弃物物流。可见，整个生产过程实际上包含系列化的物流活动。合理化、现代化的物流，能通过降低费用从而降低成本、优化库存结构、减少自己占压、缩短生产周期、保障现代化生产的高效运行。相反，缺少了现代物流的生产将难以顺利进行，无论电子商务是多么便捷的贸易形式，都将是无米之炊。

(2) 物流服务于商流

在商业活动中，商品所有权在购销合同签订的同时便由供方转移到了需方，而商品实体并没有因此而到达需方，通常表现为滞后，偶尔也会有提前，很少是和商品所有权同时发生转移的。在电子商务环境中，顾客通过网络购物，完成了商品所有权的交易过程，但商务活动并未结束，只有商品和服务真正到达顾客手中，商务活动才告终结。

在整个电子商务中，物流实际上是以商流的后续者和服务者的姿态出现的。没有现代物流，轻松的商务活动只会成为一纸空文。

(3) 物流是实现以顾客为中心理念的根本保证

电子商务的出现，在最大程度上方便了最终消费者，他们不必到拥挤的商业街挑选自己所需的商品，而只要坐在家里，通过上网浏览、查看、挑选，就可以完成购物活动。但试想，如果他们所购商品迟迟不能到货，或商家送的货物非自己所购，那么消费者还会上网购物吗？网上购物的不安全性一直是电子商务推广过程中的一道难题，不管是企业与企业之间的电子商务，还是企业与消费者之间的电子商务，作为消费者，买了商品自然最关心的问题就是商品能否安全迅速地送达，其中就需要解决物流和配送等问题。物流是电子商务实现以顾客为中心理念的最终保障，缺少现代物流技术与管理，电子商务无法为消费者带来便捷的综合商务服务，消费者必将流向他们认为更可靠、更便利的购物方式。因此，电子商务的发展需要物流提供基础，物流是实现以顾客为中心理念的根本保证。

3) 物流促使电子商务快速发展

目前，物流业越来越受到各国的重视，许多先进技术在物流系统被采用，如 EDI（电子数据交换）、RF（射频技术）、GPS（全球定位系统）、GIS（地理信息系统）等。物流系统不断升级，物流业迅速发展，直接效果便是能够迅速地满足顾客对商品的需求，从而使交易量大幅度上升，使电子商务的效率得以提高，同时，经济效益也增加了。随着电子商务的不断扩大，对物流的需求也越来越高，物流已成为电子商务的支柱。物流业直接影响着电子商务，其发展壮大对电子商务的快速发展会起到支撑作用。

7.2 物流信息技术

电子商务物流的发展是以电子商务技术和物流技术，尤其是物流信息技术为支撑的。物流是一个集中和产生大量信息的领域，物流信息是使运输、保管、装卸、配送等物流功能顺利完成的必不可少的条件。物流要成为系统的集成活动，就必须依赖信息的作用。因此，物流信息的恰当管理对整个物流系统效率的提高具有重要意义。可以说，物流信息是物流系统的中枢神经系统，物流信息化成为现代物流的灵魂和关键。

物流信息技术是指运用于物流各环节的信息技术。根据物流的功能与特点，物流信息技术主要包括条码自动识别技术、射频识别技术（RFID）、地理信息系统（GIS）、全球定位系统（GPS）等。

7.2.1 条码自动识别技术

1）条码的概念

条码是由一组按一定编码规则排列、用以表示一定字符、数字及符号的条、空符号组成的信息。条码系统是由条码符号设计、制作及扫描阅读组成的自动识别系统。

条码最早出现在 20 世纪 40 年代，美国的诺曼·约瑟夫·伍德兰（Norman Joseph Woodland）和伯纳德·西尔弗（Bernard Silver）两位工程师就开始研究用代码表示食品项目及相应的自动识别设备，于 1949 年获得了美国专利。20 世纪 20 年代，一位名叫约翰·科芒德（John Kermode）的发明家想对邮政单据实现自动分拣；1949 年，专利文献中出现了"公牛眼"条码（图 7.1）。靶式的同心圆是由圆条和空绘成的圆环形，这是世界上第一个现代意义上的"现代条码"。

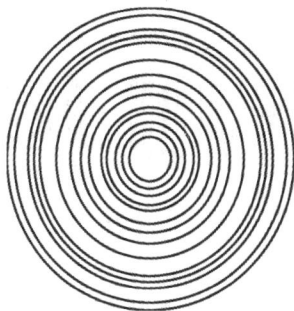

图 7.1 "公牛眼"条码

2）条码的分类

条码按照维数可分为一维条码、二维条码。一维条码按照用途可以分为商品条码（包括 UPC 码和 EAN 码）、存储条码（交叉 25 码、ITF-14 条码和 ITF-6 条码）、物流条码（包括 39 码、ITF 码、128 码、库德巴码）等。

（1）UPC 码

1973 年，美国率先在国内的商业系统中应用 UPC 码，之后，UPC 码便在各国推广开来。UPC 码是一种长度固定的连续型数字式码制，其字符集为数字 0~9。它采用 4 种元素宽度，每个条或空是 1、2、3 或 4 倍单位元素宽度。UPC 码的各种版本见表 7.1 和图 7.2。

表 7.1　UPC 码的各种版本

版　本	应用对象	格　式
UPC-A	通用商品	S×××××××××C
UPC-B	医药卫生	S×××××××××C
UPC-C	产业部门	×S×××××××××C×
UPC-D	仓库批发	S×××××××××C××
UPC-E	商品短码	××××××

图 7.2　UPC 码

（2）EAN 码

1977 年，欧洲经济共同体各国按照 UPC 码的标准制定了欧洲物品编码——EAN 码，与 UPC 码兼容，而且两者具有相同的符号体系。EAN 码的字符编号结构与 UPC 码相同，也是长度固定的、连续型的数字式码制，其字符集是数字 0~9。它采用 4 种元素宽度，每个条或空是 1、2、3 或 4 倍单位元素宽度。EAN 码有两种类型，即 EAN-13 码和 EAN-8 码，如图 7.3 所示。

图 7.3　EAN 码

（3）交叉 25 码

交叉 25 码是一种长度可变的连续型自校验数字式码制，其字符集为数字 0~9，采用两种元素宽度，每个条和空是宽或窄元素。编码字符个数为偶数，所有奇数位置上的数据以条编码，偶数位置上的数据以空编码，如图 7.4 所示。

图 7.4　交叉 25 码

（4）39 码

39 码是第一个字母数字式码制，于 1974 年由 Intermec 公司推出。它是长度可比的离散型自校验字母数字式码制，其字符集为数字 0~9，26 个大写字母和 7 个特殊字符（"–""·""space""/""+""%""$"），共 43 个字符。每个字符由 9 个元素组成，其中有 5 个条（2 个宽条、3 个窄条）和 4 个空（1 个宽空、3 个窄空），是一种离散码，如图 7.5 所示。

图 7.5　39 码

（5）128 码

128 码出现于 1981 年，是一种长度可变的连续型自校验数字式码制。它采用 4 种元素宽度，每个字符由 3 个条和 3 个空组成，共 11 个单元元素宽度。它由 106 个不同条形码字符组成，每个条形码字符有 3 种不同含义的字符集，分别为 A、B、C，使用这 3 个交替的字符集可将 128 个 ASCⅡ 码编码，如图 7.6 所示。

图 7.6　128 码

二维条码按结构可以分为行排式二维条码（PDF417、Code49、Code16K 等）和矩阵式二维条码（QR Code、Data Matrix、Maxi Code、Code One 等）。

普通一维条码自问世以来，很快得到了普及并广泛应用。但是由于一维条码的信息容量很小，如商品上的条码仅能容纳 13 位阿拉伯数字，更多的描述商品的信息只能依赖数据库的支持，脱离了预先建立的数据库，这种条码就变成了无源之水、无本之木。二维条码技术就是在一维条码无法满足实际应用需求的前提下应运而生的。

【案例 7.2】

火车票上的条码变迁

我国火车票到目前为止已经更新到第四代。

第一代硬板式火车票是在 20 世纪 50 年代到 90 年代用的，57 毫米×25 毫米的大小，票面印着盲文，贴了写着车次座位和发车时间的小纸片。乘客通过火车票上的红杆区分快慢车，没有杆的是慢车，有一道的是快车，有两道的是特快，而如果火车票上未标注座位，那么上车就可以随便坐。第一代火车票见下图。

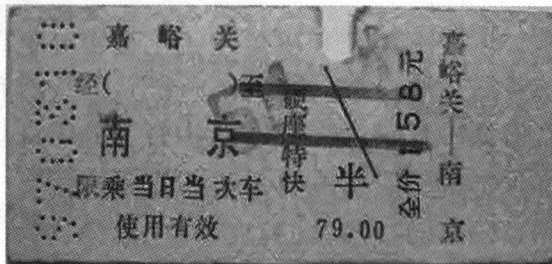

1997 年全国铁路系统开始用计算机联网售票，启用第二代火车票，车票在售票现场打印，早期的车票是蓝色底纹，经过改版后才变成了沿用至今的粉红色软纸车票。众所周知，粉红色火车票最下方都有一条长长的条形码，下面还有很多数字，这就是一维条码。因为其存储容量小，所以只能起到一种标识作用。第二代火车票见下图。

第二代火车票上条码数据的含义如下。

第一组：前面是车站和窗口代码，后面是发售日期代码（识别假票的好办法）。其中第一段前 6 位是车站代码（始发站代码），第 7—10 位是窗口代码（出票窗口代码），第 11—14 位是售票日期。

第二组：票号（第 15—21 位），是车票号码，和左上角的红色数码一样。

第三组：前面是防伪代码（通票改签时机器智能识别），最后 4 位是里程（识别假票的好办法）。

2008 年春节，公安部门查处了数千张第二代假火车票。第二代假火车票采用的是敲图章的方法，制假者将到站地、票价和有效期刻成图章，挖掉到站地、票价和有效期后，敲上图章。这类假票底板都是真票，做工精细，初看起来和真票没有什么不同，几可乱真。

为了有力打击假火车票的泛滥，中华人民共和国原铁道部决定 2009 年 12 月 10 日在全国范围内对火车票进行升级改版，即升级为第三代火车票。此次升级最大的变化就是将车票下方的一维防伪条码变成了二维防伪图案。二维防伪图案呈方形，黑白相间，形似以前的"三维立体画"。第三代火车票见下图。

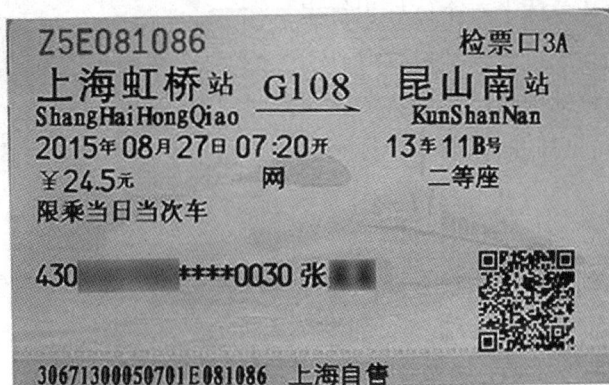

第三代火车票采用的是 QR 二维码。QR 码是 1994 年 9 月由日本 Denso 公司研制的一种矩阵二维码符号。QR 码呈方形，只有黑白两色。在 4 个角落的其中 3 个印有较小像"回"字的正方形图案，它是帮助解码软件定位的图案。QR 码除具有其他二维条码所具有的信息容量大、可靠性高、可表示汉字及图像多种信息、保密防伪性强等优点外，还具有数据密度大、超高速识读、全方位识读等特点，使用者不需要对准，无论以任何角度扫描，资料均可被正确读取。

（资料来源：360 个人图书馆，有删改）

7.2.2 射频识别技术（RFID）

射频识别技术（Radio Frequency Identification，RFID），又称无线射频或无线电射频技术，是一种无线电通信技术，利用无线电波对记录媒体进行读写，是一种非接触式的自动识别技术，它通过射频信号自动识别目标对象并获取相关数据。与磁卡、IC 卡等接触式识别技术不同，射频识别技术系统的电子标签和读写器之间无须物理式接触就可以完成识别，因此，它可实现多目标识别、运动目标识别，可在更广泛的场合中应用。识别工作无须人工干预，可工作于各种恶劣环境。短距离射频产品不怕油渍、灰尘污染等恶劣环境，可以替代条码，如用在工厂的流水线上跟踪物体。

1）RFID 的特点

RFID 的基本原理是电磁理论。射频识别系统不局限于视线，识别距离比光学系统远。射频识别标签具有可读写能力，可携带大量数据、难以伪造并具有智慧化特征。射频识别系统的传输距离由多种因素决定，如传输频率、天线设计等。应用射频识别应考虑传输距离、工作频率、数据容量、尺寸、质量、定位、响应速度及选择能力等。

RFID 主要具有以下 8 个特点：

①非接触：读取距离从数厘米到几十米。

②可遮盖：即使有遮蔽物（金属、液体除外）也可识别。

③轻薄短小：可多样化地贴于对象人/物。

④环境时间性：耐污、耐振、耐撞击、长期性。

⑤个体识别：芯片单体上有个体标识符串。

⑥自动读取：无须人工介入即可读取。

⑦移动读写：在移动中也可实现读取、写入。

⑧同时多笔读取：可同时读取多个标签。

2）RFID 的组成

（1）标签（Tag）

标签，即射频识别检签，由耦合元件芯片及内置天线组成，其中包含 RF 发生器、混频器、滤波器、ID 译码器、显示器等，如图 7.7 所示。

图 7.7　RFID 的标签

（2）读写器（Reader）

读写器是读取（也可以写入）标签信息的设备，一般由振荡器、ID 编码器、变量装载器组成。读写器应具有读写器与标签通信的功能。读写器可设计为手持式或固定式，如图 7.8 所示。

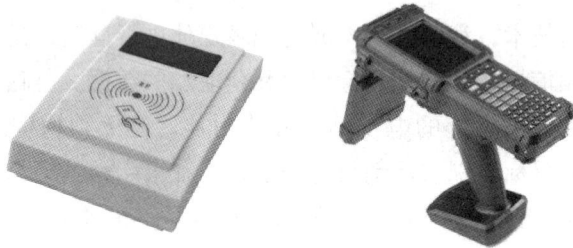

图 7.8　RFID 的读写器

（3）天线（Antenna）

天线是标签与读写器之间传输数据的发射、接收装置，用于发射和接收信号，如图 7.9 所示。

图 7.9　RFID 的天线

【**案例**7.3】

RFID 在北京冬奥会的应用

安全防范和信息安全一直以来都是历届奥运会关注的焦点，其重要性甚至超过了竞赛本身。其中，对参会人员、运动员、教练员、记者及观众进行身份检测认证，拒绝不安全因素的进入，对于保障奥运会顺利举行有着极其重要的意义。在 2022 年北京冬奥会和冬残奥会中，RFID 射频识别技术应用于多项赛事相关领域，为保障大赛顺利、安全、高效地开展发挥了重要作用。

1. 冬奥版行李条

区别于普通行李条，国航冬奥版行李条是在现有行李条的基础上进行设计、调整格式的，添加了国航凤凰标识与冬奥会、冬残奥会会徽组合图标，旨在传播奥林匹克理念、助力北京 2022 年冬奥会和冬残奥会。

冬奥版行李条嵌入了 RFID 芯片，支持行李全流程跟踪功能。冬奥版行李条的全面启用也标志着国航在 T3 国内出港航班实现了 RFID 功能全覆盖，旅客可在"中国国航"App中的"行李及状态查询"页面查询行李的运输状态。见下图。

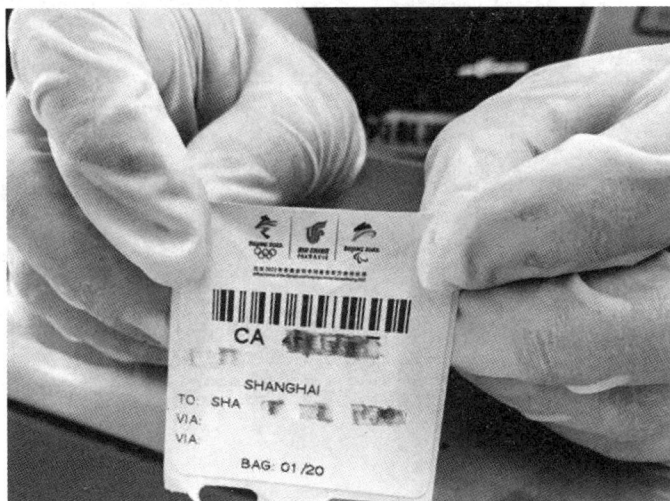

2. 数字化票务系统

冬奥会中 PDA 验票方式，具有便携性、灵活性等优点，是整个数字化票务系统运作中不可或缺的部分。与传统的验票方式相比，使用 PDA 检票方式，就无须额外搭建与布置网络，无须额外设立闸机，一人一 PDA 即可开始检票。通过 PDA 扫描进行高效、高速的检票操作，检票信息实时记录，确保人流量和票据的精确采集，大大减少了差错和提高了工作效率。同时，PDA 检票多重核验更安全，可扫码检票、识读 RFID 标签检票，防止伪造，可以识读人员身份证件，确保人票合一。冬奥会数字化票务系统见下图。

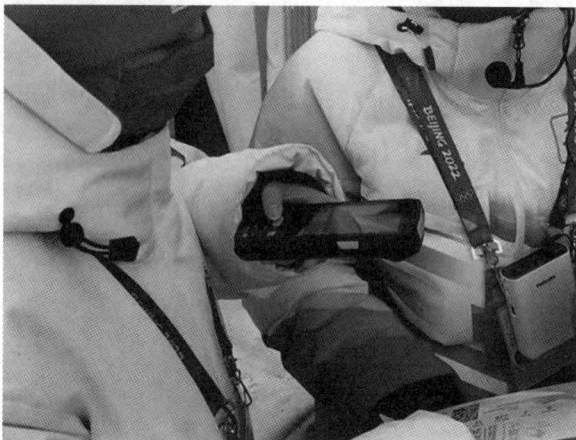

3. RFID 洗涤保障服务

冬奥会的洗涤保障服务是以酒店、医院等公用纺织品洗涤为核心，集布草租赁、洗涤服务、物流配送等于一体的大型智能化服务体系。为了圆满完成冬奥会洗涤保障工作，引入了超高频 RFID 无线射频识别技术，使洗衣管理变得智能化。该技术应用于布草采购、收集、洗涤、分拣及配送全过程，助力客户把好清洗过程质量控制、出品检验关卡，保障输出的纺织品 100% 见下图。

4. 实时掌握运动员比赛用时

在本届冬奥会中，RFID 技术在整个比赛过程中也得到了越来越广泛的应用。在冬残奥会速度滑冰的比赛中，运动员都要佩戴一张有 RFID 电子标签的小芯片，用于跟踪他们的进度，但并不会影响他们的比赛结果。

负责计时记分的设备供应商会在赛场内的冰层下布设很多感应线圈，当运动员通过线圈时，线圈内的 RFID 读取设备就会通过无线射频方式，与运动员身上的芯片进行非接触双向数据通信记录下相应信息，并立即通过短波频段无线信道传输给场边的数据采集设备（图为"黑匣子"）。"黑匣子"把相关数据发送到成绩处理机房的计时记分系统，随后将精确的比赛用时提供给媒体转播系统并最终呈现在电视屏幕上，让教练和观众能够随时掌握赛况及选手状态，同时为裁判的成绩判断提供最终依据。

5. 保障奥运食品安全

在冬奥会期间，为了保障运动员和众多工作人员的饮食安全问题，组织人员需要严密监控包括运送在内的食品供应的每一个环节。而在这个过程中，利用 RFID 技术对生产、处理和运输进行监控便成为不二之选，冬奥会期间所有食物都配备了 RFID 标签，实现全程监控溯源，按照奥运食品安全标准对出厂产品实行逐批检验，建立奥运食品物流配送中心，实行专车专用、封闭运输、全程监控。在这些过程中，RFID 的无接触式识别能力发挥了至关重要的作用。

（资料来源：腾讯新闻，有删改）

7.2.3　全球定位系统（GPS）

全球定位系统（Global Position System，GPS），利用卫星星座（通信卫星）、地面控制部分和信号接收机对对象进行动态定位，具有在海、陆、空进行全方位实时三维导航与定位能力。GPS 在物流领域中可用于运输工具的跟踪，提供出行路线的规划和导航，还提供查询和报警功能。地面指挥中心可随时与被跟踪的目标通话，实行管理或紧急援助。

1）GPS 的功能

（1）快速定位

GPS 定位的基本原理是以高速运动的卫星的瞬间位置作为已知起算数据，采用空间距离后方交会的方法，确定待测点的位置。目前 GPS 系统提供的定位精度为 10 m，而为得到更高的定位精度，通常采用差分 GPS 技术，将一台 GPS 接收机安置在基准站上进行观测。

（2）准确测量

GPS 主要用于测量时间、速度及大地测绘，如地下地形测量、地壳形变测量、大坝和大型建筑物变形检测及浮动车数据，利用 GPS 定期记录车辆的位置和速度信息，从而计算道路的拥堵情况。

GPS 在精确定位的基础上，不仅可以测量定位点的距离，而且可以在三维空间中进行准确测量，从而为运输、航海、航空等领域提供服务。

（3）同步授时

GPS 时是全球卫星定位系统建立的专用时间系统，由 GPS 主控站里的一组高精度原子钟所控制。协调世界时（Coordinated Universal Time，UTC）是一种以原子钟秒长为基础，在时刻上尽量接近世界时的一种折中的时间系统。它的秒长严格等于原子秒长，采用闰秒修正下的方法使其与世界时接近。它是目前世界各国时号播发的基础。GPS 时也属于原子时系统，其秒长与 UTC 相同。但 GPS 时是一种连续计时系统，不包含闰秒修正，它与 UTC 的时刻规定于 1980 年 1 月 5 日 0 时相同。随着时间的累计，两者时间的差异表现为秒的整数倍。

2）GPS 的特点

①定位精度高：GPS 相对定位精度为 50 km 以内可达 6~10 m，100~500 km 可达 7~10 m，1 000 km 可达 9~10 m。

②观测时间短：每站观测只需几秒。

③覆盖面广：全球。

④测站间无须通视：要求测站上空开阔，但不要求互相通视。

⑤提供三维坐标：观测点平面位置和高程。

⑥操作简便：自动化、傻瓜式、质量轻、体积小。

⑦全球全天候作业：任何地点、任何时间、功能多、应用广。

3）北斗卫星导航系统

20 世纪 80 年代初，我国开始积极探索适合我国国情的卫星导航系统。2000 年，我国初步建成北斗卫星导航试验系统，标志着我国成为继美国、俄罗斯之后世界上第三个拥有自主卫星导航系统的国家。目前，我国正在稳步推进北斗卫星导航系统的建设，2020 年已建成覆盖全球的北斗卫星导航系统，截至 2023 年 5 月 17 日已成功发射了 56 颗北斗导航卫星。

北斗卫星导航系统与 GPS 相比，主要有以下几个方面的差异：

①覆盖范围：目前北斗卫星导航系统是覆盖我国本土及亚太地区的区域导航系统；GPS 是覆盖全球的全天候导航系统。

②卫星数量和轨道特性：北斗卫星导航系统设置有 2 颗同步卫星；GPS 是在 6 个轨道平面上设置 24 颗卫星。

③定位原理：北斗卫星导航系统是主动式双向测距二维导航；GPS 是被动式伪码单向测距三维导航。

④定位精度：北斗卫星导航系统的三维定位精度约几十米，授时精度约 100 ns；GPS 定位精度提高到 6 m，C/A 码提高到 12 m，授时精度约 20 ns。

⑤用户容量：北斗卫星导航系统是主动双向测距的询问——应答系统；GPS 是单向测距系统。

⑥生存能力：一旦中心控制系统受损，北斗卫星导航系统就不能继续工作了；而 GPS 正在发展星际横向数据链技术，使万一主控站被毁后 GPS 卫星仍可以独立运行。

⑦实时性：北斗卫星导航系统的处理时间延迟更长；而 GPS 的延时较短。

【案例7.4】

高德地图全面应用北斗系统，推出北斗卫星定位查询功能

2022年11月18日，高德地图宣布全面应用北斗卫星导航系统，正式推出北斗卫星定位查询系统。用户在定位导航时可查看当前所调用的北斗卫星数量，以及具体编号、方位角、高度角、频段、信号强度相关详细信息。

除此之外，高德地图还全面推出了基于北斗系统的一系列大众出行服务，包括车道级导航、红绿灯倒计时、共享位置报平安等。

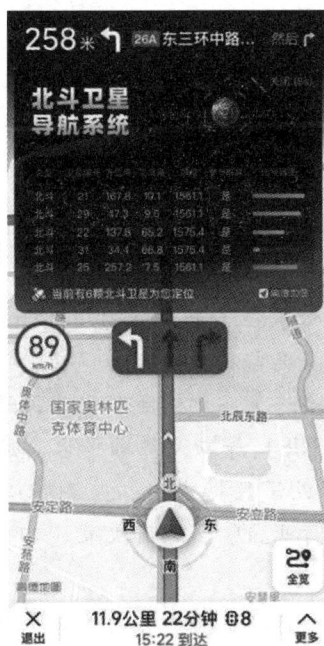

使用安卓系统智能手机的高德地图用户在户外使用驾车、骑行、步行导航等服务时，就可以通过点击界面中的卫星角标，查看有多少颗北斗卫星参与到当前的定位过程中，同时还能了解具体的卫星编号、方位角、高度角、频段、信号强度等详细信息。

目前，该功能已首先在安卓版高德地图App中上线，用户升级App至最新版本后，在户外导航时即可查询体验；iPhone用户（iPhone12及以上机型）使用时，则会看到"北斗卫星正在为您定位"的提示，以及北斗系统的介绍。

（资料来源：快资讯网站，有删改）

7.2.4　地理信息系统（GIS）

地理信息系统（Geographic Information System，GIS）是在计算机软硬件支持下，运用系统工程和信息科学方法，对地表空间数据进行采集、存储、显示、查询、操作、分析和建模，以提供对资源、环境和区域等方面规划、管理、决策和研究的人机系统，主要提供

空间信息查询和分析、可视化、制图和辅助决策等功能。它以地理空间数据为基础，采用地理模型分析法，适时地提供多种空间的、动态的地理信息，是一种为地理研究和地理决策服务的计算机技术系统。它可以对在地球上存在的东西和发生的事件进行成图与分析。GIS技术把地图这种独特的视觉化效果、地理分析功能与一般的数据库操作集成在一起，其基本功能是将表格型数据转换为地理图形显示，然后对显示结果进行浏览、操作和分析。显示范围可以从洲际地图到非常详细的街区地图，显示对象包括人口、销售情况、运输路线及其他。

GIS具有以下4个功能：

①数据采集和编辑。

②空间信息查询和分析。

③制图功能。

④辅助决策功能。

【案例 7.5】

青岛建设综合智慧交通体系，加快数字化城市转型升级

青岛市交通运输公共服务中心承担了全市交通运输系统信息化基础设施建设、运行、维护工作以及全市交通运输运行状况监测、预测和预警工作。

为贯彻落实网络强国战略，塑造数字化发展新优势，青岛市交通运输公共服务中心构建了交通基础地理信息平台（T-GIS）等四大基础平台，建成了"运行监测与协调联动平台"等四大业务平台，逻辑上形成了数据中心、监测中心等"五大中心"的功能架构，持续面向公众出行、企业运营、行业监管、政府决策"四个方面"提供创新服务，并做到"四项支撑"应用成效。

一是支撑重大活动运行保障。在上合组织青岛峰会服务"上海合作组织青岛峰会青岛市交通运输委公路通行指挥部"，并得到国家、省、市领导的一致认可；疫情防控期间，为青岛市疫情防控指挥部的各项运行监测与管理决策工作提供了重要技术支撑。

二是支撑国家试点、青岛市重点工程建设。充分支撑交通强国双试点和"市双12"等工作部署。

三是有效支撑民生领域热点关切。深耕公众出行诉求，打造出行信息服务产品，部分成果相继获得中央电视台、大众日报等媒体报道；节假日期间，持续通过"电视直播、电台连线"等方式发布综合交通出行信息，平均受众达200万人次。

四是支撑行业领域发展生态。依托平台资源，发起成立青岛市智慧交通发展联盟和青岛市综合交通管理与服务大数据实验室，发布《胶东五市交通运输信息资源交换共享方案》，充分助力胶东五市交通运输信息一体化发展。

（资料来源：快资讯网站，有删改）

7.3 物流配送模式

物流配送模式是企业对物流配送所采取的基本战略和方法，根据我国目前各产业部门、各地区开展物流配送的实际情况，物流配送可以概括为以下4种模式：企业自营物流配送模式、第三方物流配送模式、共同配送模式、互用配送模式。

7.3.1 企业自营物流配送模式

企业自营配送模式是指企业物流配送的各个环节由企业自己筹建并组织管理，即企业通过自己投资购进和建设物流配送所需的运输工具、储存仓库，并由企业自己承担配送过程中的全部费用，从而实现对企业内部及外部货物配送的模式。人们所熟悉的零售业巨头沃尔玛采用的就是这种自营物流配送模式。以连锁企业为例，自营物流配送模式如图7.10所示。

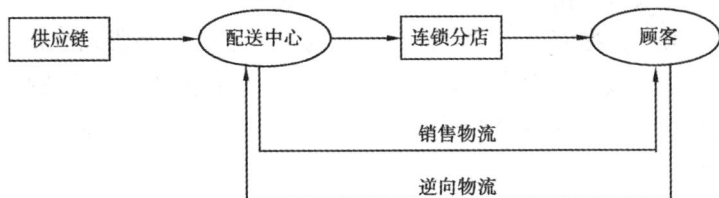

图 7.10 连锁企业自营物流配送模式

1) 企业自营物流配送模式的优点

①企业对供应链的各个环节有较强的控制力，易与企业的生产和其他业务环节密切配合，可以全力服务于企业的经营管理，确保企业获得长期稳定的利润。

②这种模式可以合理地规划管理流程，提高物流作业效率，更多地减少流通费用。

③这种模式可以减少原材料和零配件采购、配送及生产支出，从战略上一体化，实现准时采购，增加批次，减少批量，调控库存，减少资金占用，降低成本，从而实现零库存、零距离和零营运成本。

④这种模式反应快速、灵活。由于企业自营物流配送模式的整个物流模式是属于企业内部的一个组成部分，与企业经营部门关系密切，它以服务本企业的生产经营为主要目标，可以更好地满足企业在物流业务上的时间、空间要求，特别是对物流配送较频繁的企业，自营物流更加快速、灵活。

2) 企业自营物流配送模式的缺点

①一次性投资大，成本较高。由于物流体系涉及运输、仓储、包装等多个环节，因此建立物流系统的一次性投资较大，占用资金较多。

②规模较小的企业所开展的自营物流规模有限，物流配送的专业化程度较低。由于规模不大的企业的产品数量有限，采取自营物流配送模式，不仅不能形成规模效应，还会导致物流成本过高，不利于凸显产品的竞争优势。

③企业配送效率低下，管理难以控制。对一些企业而言，物流部门只是企业的一个后勤部门，物流活动并非企业所擅长，因此企业无法利用其优势。

7.3.2 第三方物流配送模式

第三方物流配送模式是指供方与需方以外的物流企业提供物流服务的业务模式。第三方通过与第一方或第二方的合作提供其专业化的物流服务，它不拥有商品，不参与商品买卖，而是为顾客提供以合同约束、结盟为基础的、系列化、个性化、信息化的物流代理服务，如图7.11所示。

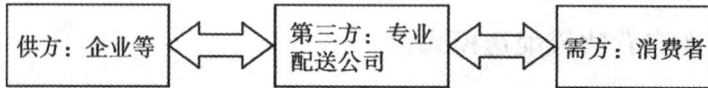

图7.11　第三方物流配送模式

1）第三方物流配送模式的优点

①第三方物流配送模式使企业核心功能集中于主业，任何企业的资源都是有限的，它有利于企业将有限的人力、物力、财力集中于核心业务。

②减少库存。第三方物流可借助其高效、适时适用的物流手段减少企业库存。

③提升企业形象。第三方物流企业的专业特性使其有能力制订以顾客为导向、低成本、高效率的物流方案，为顾客带来更多的附加价值，提升顾客满意度，进而改善企业服务，树立企业形象。

2）第三方物流配送模式的缺点

①企业不能直接控制物流职能。

②不能保证供货的准确和及时。

③不能保证服务顾客的质量及维护与顾客的长期关系。

7.3.3 共同配送模式

共同配送是物流配送企业之间为了提高配送效率及实现配送合理化所建立的一种功能互补的配送联合体。共同配送的核心在于充实和强化配送的功能，共同配送的优势在于有利于实现配送资源的有效配置，弥补企业配送能力的不足，促使企业配送能力的提高和配送规模的扩大，更好地满足客户需求，提高配送效率，降低配送成本，如图7.12所示。

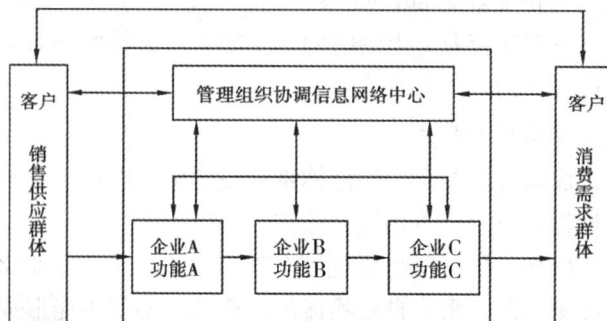

图7.12　共同配送模式

1）共同配送模式的优点

①达到配送作业的经济规模，提高物流作业的效率，降低企业营运成本。

②不需投入大量资金、设备、土地、人力等，可以省节企业的资源。

③可扩大市场范围，消除原有封闭的销售网络，营造共建、共存、共荣的环境。

④可以做到最小风险、最大柔性。

2）共同配送模式的缺点

①同产业共同配送的缺点在于容易造成商业信息的泄露。

②不同产业共同配送的缺点在于配送商品理化特性不同，不宜组织混载配送，配送成本核算也较难。

③各企业的规模、商圈、客户、经营意识等方面也存在差距，管理、控制、协调较难。

7.3.4　互用配送模式

互用配送模式是几个企业为了各自期望的利益，以缔结某种配送契约的方式达成某种共同的协议，互用对方不同的配送系统而进行的配送模式。这种模式的优点在于企业不需要投入较大的资金和人力，就可以扩大自身的配送规模和范围，但同时要求企业有比较高的管理水平和相关的企业组织协调能力，如图 7.13 所示。

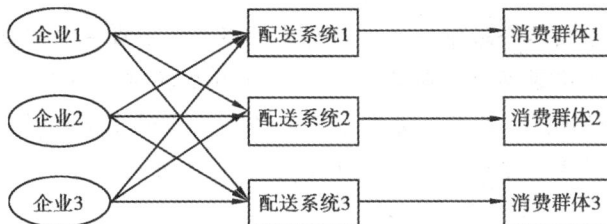

图 7.13　互用配送模式

互用配送模式的特点：

①这种配送模式有利于提高企业的配送功能，以服务企业自身为核心。

②这种配送模式的合作对象既可以是经营配送业务的企业，也可以是非经营业务的企业。

③这种配送模式的稳定性较差。在现代化的企业中，物流是它的经济命脉，而企业的物流配送体系也直接决定着企业的利益。因此，现代化的企业物流配送体系有利于促进企业向正规化、国际化的方向发展。对企业而言，认真总结各种配送模式的优缺点十分重要，然后结合自身情况，选择最优的配送模式。例如，在企业销售比较密集的区域，可以利用自建的配送中心进行配送服务；在销售密集程度较低的区域，可以使用第三方物流配送的配送模式；在那些比较偏远的区域，利用邮政系统完成配送任务。在配送体系上，我们应该进行一些方案上的创新，如我们可以利用多种配送模式和时间的搭配服务，向那些有不同配送时间要求的客户收取相应的费用，从而满足不同层次顾客的需要，这样才能使

企业在如今竞争十分激烈的市场中站稳脚跟，从而使企业在今后有更长远的发展。

【本章小结】

本章首先介绍了物流的概念与职能，重点掌握电子商务物流的概念，随后介绍了4种具有代表性的物流信息技术，理解条码自动识别技术、射频识别技术（RFID）、全球定位系统（GPS）、地理信息系统（GIS）的基本内涵，最后阐述了物流配送的4种模式，了解企业自营物流配送模式、第三方物流配送模式、共同配送模式、互用配送模式。

【案例分析】

做中国特色的 UPS——百世物流

百世物流成立于2007年9月，是由信息技术领域、物流与供应链管理领域资深专业人士联合组建的创新型综合物流与供应链服务提供商，其创始人为周韶宁（曾任 Google 大中华区联合总裁和 UT 斯达康全球首席运营官）。百世物流将自己定位为智能供应链服务供应商，依托完善的合作伙伴认证和管理体系、专业的供应链解决方案，公司自行研发先进的信息技术平台，针对不同类型的消费者需求，提供以信息系统为核心的一体化物流产品和服务。

百世物流通过在全国各个城市设立分公司或办事处，形成一个覆盖全国的仓储、干线运输、区域分拨和同城配送网络，服务可到达600多个城市。7×24小时的一站式客服中心（CSC）负责干线的调度与跟踪，分布在国内各个城市的本地运营中心（LCS）负责区域分拨和同城配送的调度与跟踪。消费者可以通过互联网或拨打客服电话随时委托下单、查询状态。

目前，百世物流旗下业务包括百世供应链、百世快递、百世快运、百世店加等，并于2017年9月20日在纽交所挂牌上市。至2020年9月底，百世供应链拥有超过440个云仓，百世快递拥有64个转运中心、近120个分拣中心和超过21 000个服务站点，总管理面积350万平方米，全年履约订单达4.33亿单，并在美国拥有3个配送中心，在德国拥有1个配送中心。

百世物流的竞争优势：

1.按产品属性分类

百世物流有一流的技术团队，开发和使用业内先进的基于互联网的综合信息服务平台（SaaS，BestAPP）；有先进物流信息和调度跟踪系统能实现自动跟踪、智能配货、线路优化等功能；使用 TMS、WMS、GIS/GPS、EMS、ePay 等系统，可实现与消费者、合作伙伴系统的无缝对接，实现共赢。

2.综合供应链解决方案

百世物流解决方案中心（Solution Center）依托覆盖全国的服务网络和自主研发的物流综合业务处理平台（Geni Max），为企业消费者提供各种供应链解决方案，协助企业快速提高采购、分销及电子商务物流效率，减少供应链多余环节，快速响应市场变化。

3. 全国密集的网络和精准的服务

对第三方物流运营商来说，由于网络的构建是依靠整合各方物流资源完成的，因此其对网络的掌控和管理尤为重要。周韶宁给百世物流设定的模式是将网络分为自营、加盟、合作伙伴3个部分。全国56个城市，大的中转中心和干线班车由公司自营，末端的收件、配送工作则由加盟商完成，运输、仓库管理工作由全国各地的合作伙伴来完成。将网络的节点和干线握在手中，就等于掌握了整个网络。截至2022年9月底，百世旗下的知名零担物流品牌百世快运已经实现100%省市覆盖率，98%乡镇覆盖率，全国服务站点超过18 900个。百世物流运用现代化的作业设备、信息化管理，以及全国统一的标准化流程，形成一流的运营服务体系，为消费者提供供应链设计与优化、电子物流与网络化仓储管理、干线运输、区域和同城配送等一站式物流管理外包服务。

4. 一流的专业管理和执行团队

百世物流汇聚了大批高素质的综合物流和IT业界资深专家团队；以结果为导向，有强大的执行能力；以创新的商业模式和资源整合管理的能力，成为消费者的长期战略合作伙伴；有"创新、激情、责任"的企业家精神和强烈的社会责任感与使命感。

5. 创新模式与理念

百世物流投资"人"与"技术"，创新整合和发展现有物流资源；利用海量信息处理系统，同步信息流、物流和资金流，使物流生态平面化，优化物流资源配置，缩减环节费用。

成立百世物流伊始，周韶宁曾给富士康公司董事长郭台铭发了一封邮件，说自己即将开始创业，打造一个以新的商业模式和信息平台为核心的"中国的UPS"。诞生于美国的UPS是全球最大的供应链解决方案的提供商，"物流是基础行业，对各行各业的贡献最大，而中国缺少这样一个专业、规范的物流企业"。周韶宁看好物流行业，其信心还来源于美国《时代》周刊曾报道，美国最受尊重的54家企业中有2家是物流企业。

做中国的UPS，周韶宁并不是简单地复制美国的UPS，而是结合中国实际进行创新。"UPS十分注重资产，建了很多机场，有四五百架飞机、几十万辆车，这在中国实施起来并不现实，但却有更好的做法。"周韶宁认为，中国资源丰富，关键是如何利用好这些资源，如何制订标准、规则、流程，改进这个行业。

周韶宁举了一个简单的例子，就像电信的演变，过去有接线员、交换机等，现在已经完全自动化了。但物流工作目前还靠人工完成，而不是全程自动化、信息化。"当然这需要一个过程，如果能做到这一点，就会彻底地改变这个行业。对社会的贡献就是资源节约，现在员工工作辛苦，疲劳工作，收入低，承担的风险大，自动化会让员工减少工作量，有更多时间学习，以提高自己的能力。"

案例评析：

百世物流通过面向服务的信息平台架构（SOA）建立以消费者需求为导向的快速响应机制，优选服务产品组合，以专业的服务管理能力和协同工作平台，帮助企业消费者和合作伙伴提高效益，降低成本。

显然，国内快速消费品的迅猛增长，以及整个电子商务产业链的变化已经给传统的物流行业带来了更大的改变空间。但是这个仍然相对分散的行业如何整合，怎样的商业模式和服务才能满足电子商务时代的需求以及用户挑剔的胃口始终是摆在所有物流企业面前的难题。

（资料来源：百世物流网站，有删改）

【本章习题】

1. 简述电子商务与物流的关系。
2. 相较于一维条码，二维条码的优点有哪些？
3. 简述 GIS 的功能。
4. 思考第三方物流配送模式的适用范围。
5. 思考互用配送模式在实际实行中可能会遇到哪些困难？

【推荐站点】

1. 中国物流与采购联合会网站
2. GIS 空间站——中文地理信息系统门户网站
3. 北斗卫星导航系统网站

第8章 电子商务的其他应用

【学习要点】

1. 网上证券交易的概念、特点、流程和风险。
2. 网上保险的概念、优势和业务流程。
3. 互联网教育的概念、模式和特点。
4. 旅游电子商务的概念、功能和商业模式。
5. 网络招聘的概念、优势和现状。

【案例导入】

旅游电商领域"爱周游"

中国消费市场的升级带动了旅游业的快速发展,越来越多的人习惯在周末、小长假、黄金周外出旅游,或到近郊周边,或长途远行。而随着互联网技术的飞速发展,人们追求"高级的、人性化"的自由行的心理使得线下旅游向线上升级的趋势越来越明显,旅游电商这片蓝海成了炙手可热的争夺宝地。

整体来看,中国在线旅游市场在行业加速进入标准化、品质化建设,提升产品及服务质量,对质量市场投入精细化运营后,增长态势有所回暖,在线旅游行业的精耕作业初有成效。

在线上旅游各种模式百花齐放的当下,避开传统 OTA 模式,立足旅游细分市场,线上多样化产品与线下活动相结合的发展方式是在旅游电商这块大市场中分得一杯羹的不错方式。

爱周游,旅游电商的新黑马

爱周游是国内第一家专注于周边旅游的电子商务平台,其网站涉及所有的周边旅游相关产品。无论是郊区优质的度假村游玩、餐饮和住宿,还是城市周边各个景点的低价门票,或是精品农家院原生态的农家住宿生活及户外活动项目都应有尽有,并且一站式采购,保证100%正品,安心购买。

谈到爱周游的发展模式,相关业界专家评论说,爱周游立足于周边旅游景点,在细分的领域深入挖掘,一定程度上填补了线上原本被人们忽略的"冷门"市场,通过资源整合,向消费者提供了相对个性化的选择。而对企业本身来说,选择细分的度假产品为市场的切入点,也避开了与携程、艺龙等传统 OTA 的直接竞争,成为旅游电商领域的新黑马。

聘周游达人维护旅游市场环境

爱周游在不断丰富线上产品的同时，更是积极开展线上线下配合的活动。如近日，爱周游就举行了行走京城全免单活动，向旅游爱好者提供了免费游北京周边景点的机会。同时，周游达人也扮演了美景鉴定者、商家监督者的角色，将体验放在第一位，力争维护健康有序的旅游市场环境。

旅游是一个精神愉悦的过程，旅游电商平台只有站在消费者的角度，细致地把握消费者的心理需求，提高用户体验度，才能更好地赢得消费者的信任。爱周游作为新兴的周边旅游电商平台，始终将服务客户放在第一位，在提供优质、全面旅游产品的同时，也受到了越来越多周边游爱好者的信赖。

（资料来源：中国电子商务研究中心，有删改）

8.1　网络金融

【案例 8.1】

刚入职场小白领年入 10 万元　有房有车如何理财

刘先生今年 24 岁，大学本科毕业，工作了一年多时间，家里有车有房，没有经济压力。在事业单位上班，工作稳定，每年有 10 万元左右的固定收入，3 年内没有结婚计划。他个人觉得存款收益小，希望能投资一些理财产品。

浦发银行西安高新支行理财经理谢程妍告诉小刘，他只需要下载并安装浦发银行手机App，就可以随时随地方便快捷地理财，让自己省心、放心、安心。谢经理给小刘提了以下建议：

作为职场新人，拥有不多却相对稳定的收入，打理好自己的收入，科学地分配资产，开始得越早，存得就越多，利润就越成倍地增长。

首先，需建立紧急备用金计划，一般为 3～6 个月的生活费，刘先生暂无结婚计划，因此准备 1 万元的应急资金即可。这 1 万元可以一部分放在银行卡的约定理财账户上，用于刷卡消费、网上支付等。如浦发银行轻松理财卡的约定定期 3 个月，不影响随时支取，如果放满 3 个月还可以计 3 个月的定期利率。一部分也可以用于购买货币基金，1 000 元起无手续费，年化收益一般略高于一年期定期存款，赎回 2 个工作日即可到账，可享受定期的收益、活期的便利。

其次，是稳定收益计划，要想取得稳定的收益，债券基金无疑是最佳选择。现在大部分银行理财的投资方向也主要是债券类产品，如国债、企业债、金融债、可转让债券等固定收益类金融工具，尤其是封闭式债券基金，可有效降低日常申购、赎回给基金带来的流动性冲击，资金利用效率更高。

再次，是资产增值计划。刘先生已有一年多的工作经验，逐步进入事业上升期，且为理工科毕业，逻辑分析能力强，要想实现资产的快速增值，不妨以定投的方式配置一些股票或股票型基金。配置比例可参考"80"法则来进行投资分配，即（80-现在的年龄）×100%作为投资到风险资产上的比例。

最后，是保险计划。从理财的角度看，保险虽不会产生很高的投资回报，但它却能提供必要的保障，也能给人心理上的安全感，保险可以让人在许多意想不到的情况发生时，不致使家庭遭受太多影响。

（资料来源：西安新闻网，有删改）

网络金融就是计算机网络技术与金融的相互结合。从狭义上理解，网络金融是指以金融服务提供者的主机为基础，以因特网或通信网络为媒介，通过内嵌金融数据和业务流程的软件平台，以用户终端为操作界面的新型金融运作模式；从广义上理解，网络金融的概念还包括与其运作模式相配套的网络金融机构、网络金融市场以及相关的法律、监管等外部环境。网络金融是在国际互联网上实现的金融活动，包括网络金融机构、交易、市场和监管等方面。它不同于传统的以物理形态存在的金融活动，是存在于电子空间中的金融活动，其存在形态是虚拟化的、运行方式是网络化的。它是信息技术特别是互联网技术飞速发展的产物，是适应电子商务发展需要而产生的网络时代的金融运行模式。

8.1.1 网上证券

1) 网上证券的概念

网上证券也称网络证券，是证券行业以互联网为媒介向客户提供的全新的商业服务。它是一种大规模、全方位、体系化、新型的证券经营模式。证券公司利用互联网等网络技术可以为投资者提供证券交易所的及时报价、查找各类金融信息、分析市场行情等服务，并帮助投资者完成网上开户、委托、支付、清算和交割等证券交易的全过程，实现实时交易。它是传统证券交易的电子化、网络化，是电子商务在证券业中的重要应用。

2) 网上证券交易的特点

网上证券交易作为一种全新的交易方式能够在极短的时间内迅速地发展，主要有两个方面的原因：一是近年来国际互联网的飞速发展以及网络与证券业的有机结合；二是网上证券交易相对传统的交易方式具有较多优势。网上证券交易的特点主要体现在以下4个方面。

(1) 虚拟性

网上交易打破了传统交易的时空限制。理论上，券商只要有一个网站，而投资方只要有一台个人联网的计算机或手机，券商就可以无限制地扩大自己的客户群体，从而更有利于券商实现其经营的规模经济效益。

（2）便捷性

网上证券交易突破了时间和空间的限制，能跨越时空进行交易，是一种无形的交易方式，它不需要有形证券交易所，也不需要有形证券，而是通过互联网，将世界各地的投资者、证券公司、银行和证券交易所联系起来，形成虚拟的证券交易市场。网上证券交易大大缩短了证券交易的时间，为投资者赢得了宝贵的投资时间。

（3）成本低

对证券公司而言，网上证券交易可以通过交易环境的虚拟化，借助因特网上信息传输的快捷性以及计算机进行信息处理的自动化、高速度、智能性和准确性，使传统证券交易中许多由人工进行处理的单证和环节都被数字化的单证和计算机处理所代替，而投资者也能够非常方便、快捷地发送交易指令，进行支付/清算和交割，既降低了券商的经营成本，又简化了传统证券交易的复杂手续，提高了交易效率，也降低了投资者的交易风险、节省了投资者的时间成本和交通成本以及获取信息的成本。与电话委托相比，网上证券交易的佣金更低一些，一般是营业部柜台交易的一半，甚至更低。这对于交易金额较大或者短线投资者尤其有利。特别是短线投资者，频繁地进出市场，买卖股票的交易费用必然上升。有时候投资者账面上的亏损就是频繁交易致使费用增加造成的。

（4）专业化服务

开展网上证券交易以后，证券公司之间的差别主要体现在技术及投资咨询服务上。证券公司以前采用的手续费折扣、不规范融资等手段已经不再具有竞争优势，证券公司只有全面准确地提供证券信息，及时精准地对客户投资进行指导，才能形成证券投资咨询的品牌，在竞争中立于不败之地。

相对于传统的证券交易方式，网上证券交易综合了网络的优势，券商为投资者提供的信息增值服务就显得更重要。同时在网上证券交易过程中，技术始终是服务和业务的基础，拥有创新意识和先进的技术也是券商核心竞争力的体现。

3）网上证券交易的流程

网上证券交易必须借助互联网实现，还要安装相关的软件，其流程与传统的证券交易没有什么区别，只是实现交易的手段不同。网上证券交易要在计算机和互联网上完成。其流程如图 8.1 所示。

开户 → 委托 → 成交 → 清算和交割

图 8.1 网上证券交易的流程

在不同的证券交易市场以及不同的证券经纪商参加的证券交易关系中，证券交易程序不尽相同，但由证券经纪商参加的证券交易所交易程序最具有代表性，主要分开户、委托、成交、清算和交割等步骤。

（1）开户

开户可以到各证券营业部办理开户手续，并申请开通网上交易功能。随着移动互联网及信息技术的发展，当今也出现了多种更便捷的开户方式。证券营业部具体开户流程为：携带身份证、股东账户卡到指定的营业点填写"××证券公司网上证券交易开户申请表"，然后由该营业部工作人员出示"网上交易用户须知""网上证券买卖委托协议书"和"网上交易风险揭示书"，提醒开户人正确、全面地了解网上交易的风险并明确双方的权利和义务；开户人签字以后，工作人员为开户人开设资金账户并发给开户人个人数字证书。以上手续办完以后，投资者安装交易软件，再连上互联网后，方可开始进行交易。

（2）委托

依现行法规，每个投资者买卖证券均须委托具有会员资格的证券公司进行。投资者（委托人）的交易指令先报送于证券公司（或交易系统）；证券公司通过其场内交易员或交易系统将委托人的交易指令输入计算机终端；各证券公司计算机终端发出的交易指令将统一输入证交所的计算机主机，由其撮合成交；成交后由各证券公司代理委托人办理清算、交割、过户手续。投资者通过网络进行证券委托，每一交易指令或报单均应包含以下内容：①股东账户及密码；②委托序号和时间；③买卖区分；④证券代码；⑤委托数量；⑥委托价格（市价或限价）；⑦委托有效期（推定当日有效）。

（3）成交

竞价成交按照一定的竞争规则进行，其核心内容是价格优先、时间优先原则。价格优先原则是在买进证券时，较高的买进价格申报优先于较低的买进价格申报；卖出证券时，较低的买出价格申报优先于较高的卖出价格申报。时间优先原则要求当存在若干相同价格申报时，应当由最早提出该价格申报的一方成交，即同价位申报，按照申报时序决定优先顺序，然后进入交易软件，开始交易。委托执行后证券公司会把最新情况传送给客户，投资者应保留交易确认的书面或电子记录。例如点击"股票交易"，填写营业部、股票账号、密码就可以进入交易程序了。证券公司发出的实物成交单据或电子成交单据，投资者须熟悉单据的一般格式，以及单据上必须列明的项目。

（4）清算和交割

证券交易清算是指证券买卖双方通过证券经纪商在证交所进行的证券买卖成交后，通过交易清算系统进行交易资金支付与收讫的过程。根据我国目前实行的交易清算制度，证券经纪商在代理投资者进行证券交易的当日，应于收市后首先与交易所办理清算业务，依差额交收规则由各证券经纪商对买卖证券的金额差价予以清偿；然后证券经纪商对其代理的每位投资者买卖证券的价款金额进行清抵。但是由于当日信用结算惯例的存在，每位投资者在其买卖证券得到成交回报的当时，其账户内的资金则已即时结算，其中，卖出证券者已得到资金，并可用该资金另报买其他证券，而买入证券者则已减去其账户内资金，不得再透支购买证券。

4）网上证券交易的风险

相对于传统的证券交易，网上证券交易能在数秒内让投资者足不出户完成一笔交易，既省时又省力。但是现实中部分人依然对网上证券交易望而却步，究其原因，即网上证券交易还存在一定的风险。

（1）网上证券交易的风险

①技术性风险。硬件的脆弱性、操作系统的缺陷、软件设计的漏洞、网络缺乏可靠保障等都决定了网上证券交易必然伴随着技术性风险。证券公司在系统设计、平台搭建、实施和后续维护中的不足会造成风险，如果证券公司没有有效的内部控制程序和质量保证手段，风险就会延伸到网上交易的各个环节。

②安全性风险。安全性是网上证券交易中最受关注的风险。网上证券交易的安全是赢得客户信赖的基石。网上证券交易的安全性风险包括系统缺陷、未授权访问、欺诈等。此外，证券公司的服务器也可能会遭到侵入，窃取投资者信息、篡改交易信息、进行恶意攻击、制造服务器故障等，会给投资者造成经济损失。

③虚假信息风险。准确成功的投资往往取决于投资者所获取信息的正确性和及时性。网上信息真假难辨，一旦投资者相信虚假信息，就会影响他们的投资决定，造成损失。而网上总有一些别有用心的人或机构受利益驱使，发布虚假信息，误导投资者，进行操纵市场的违法活动。

④法律风险。网上证券交易的立法在一些业务领域还是空白状态，增加了证券公司经营的不确定性。比如，对消费者权益的保护规则是否可适用于网上交易的投资者、网上交易协议的法律效力、信息披露和用户信息隐私的保护等，这些都需要由相关法律法规进行明确，以此减少纠纷的产生，明确投资者和证券公司应承担的责任。

（2）网上证券交易风险的防范

投资者是证券市场的基石，为调动投资者的积极性，促进我国网上证券交易快速、健康发展，我们应当准确识别网上证券交易风险，并采用积极的手段防范和应对网上证券交易的风险，应注意以下3个方面：

①加强对网上证券交易的监管。首先加强组建分工明确的监管队伍，不管是纵向还是横向分工，在进行监管的过程中必须有一支精通网上证券交易的专业人员队伍，应当吸收一部分网络技术人员、会计师、律师充实到监管队伍中，尤其是充实到基层的监管机构中。其次加大对披露信息网站的监管力度，要主要针对证券公司的网上投资咨询是否符合法律法规的内容，证券网站中是否有传播虚假的、错误性的信息，证监会或证券交易所应专门设置一个与投资者交流的信息平台或窗口，以便接受投资者的监督。

②提高券商的经营管理能力。

第一，开展对投资者的技术培训。投资者由于知识水平不对称和网络安全意识不强，仅靠其自身能力难以对网上证券交易中存在的潜在作用有明确的认识，券商应加强对投资者的安全操作和便捷操作技能培养，提高投资者操作水平和利用交易技术的能力，树立投资者的科学操作意识。

第二，提升券商的技术能力。券商的技术部应当摆脱长期以来扮演的用户使用测试和软件质量监督的替别人"打工"的角色，证券公司应具备核心系统的开发条件。国内券商应设法把公司内部的业务与技术精英整合在一起，打造自身最具有核心竞争力的业务，树立自己的特色和品牌优势。

第三，加强广告宣传，网络时代的广告宣传作用是显而易见的，网上证券交易是借助互联网开展的，其发展壮大也离不开广告宣传。广告宣传具有很强的客户群体针对性，在某种意义上，可以说网络时代也是宣传时代，许多好的交易网站都是通过宣传而家喻户晓的。

第四，开展合作经营，在当今网络互联、信息共享的社会里，证券公司将不再单纯依靠自身力量发展业务，而是利用自身优势建立与银行、邮电等行业的合作关系。各行业在优势互补、互惠互利的前提下联手为客户提供全方位、多层次的立体交叉服务。这种合作会使各方降低成本和增加客源，从而达到增收节支、扩大业务的目的。

③加快网上证券交易的法制化建设。我国证监会已制定了《网上证券委托暂行管理办法》和《证券公司网上委托业务核准程序》，但从其内容来看，还只是框架性的，尚未解决网上交易所涉及的众多复杂问题，因此，应尽快出台操作性更强、更具体的法规条文，完善各项技术和制度规范，保证网上交易安全可靠，为发展我国网上证券经纪业务创造良好的外部环境。

5）网上证券交易实例

国信证券股份有限公司（简称"国信证券"）前身是 1994 年 6 月 30 日成立的深圳国投证券有限公司。公司注册资本 82 亿元，总部设在深圳，员工总数超过 7 000 人，2014 年 12 月 29 日首次向社会公开发行股票并在深圳证券交易所上市交易。经过 20 多年的发展，国信证券已成长为全国性大型综合类证券公司，截至 2021 年末，注册资本 96.12 亿元，员工总数超过 1.2 万人。根据中国证券业协会发布的数据，近年来公司的总资产、净资产、净资本、营业收入、净利润等核心指标排名行业前列，公司在北京、上海、广州、深圳等经济发达城市设立的营业部均保持强劲的竞争实力，多家营业部长期领先当地同业。截至 2021 年末，公司累计完成 A 股 IPO 项目 289 个，其中完成创业板 IPO 项目 77 个，排名行业第一。

公司及子公司经营范围涵盖：证券经纪，证券投资咨询与证券交易、证券投资活动有关的财务顾问，证券承销与保荐，证券自营，证券资产管理，融资融券，证券投资基金代销，金融产品代销，为期货公司提供中间介绍业务，证券投资基金托管业务和基金服务业务，股票期权做市，上市证券做市交易，商品期货经纪，金融期货经纪，期货投资咨询、资产管理，受托管理股权投资基金，创业投资业务，代理其他创业投资企业等机构或个人的创业投资业务、创业投资咨询业务，为创业企业提供创业管理服务业务，参与设立创业投资企业与创业投资管理顾问机构，香港证券经纪业务、融资业务及资产管理业务，股权投资等。

目前国信证券在全国 118 个城市和地区共设有 58 家分公司、184 家营业部。国信证券拥有国信期货有限责任公司、国信弘盛私募基金管理有限公司、国信资本有限责任公司、国信证券（香港）金融控股有限公司4家全资子公司，50%持股鹏华基金管理有限公司。图8.2为国信证券首页，图8.3为国信证券开户方式，图8.4为国信证券开户流程。

图 8.2　国信证券首页

图 8.3　国信证券开户方式

图 8.4　国信证券开户流程

8.1.2　网上保险

近年来，"保险"一词已经在人们的热搜词汇中逐渐淡出，没有了刚作为金融舶来品的热度，这正是因为"互联网+"的科技赋能，使保险市场下沉了很多，新老保险企业和保险经纪公司也纷纷加快了转型的步伐，从以前的保险代理人模式过渡到了"互联网+"

模式，从中也催生了"互联网保险"行业的发展，互联网保险这一板块也逐渐成了金融科技企业必不可少的业务之一。虽然是"互联网保险"，但是主要的商业化模式还是要靠销售各种各样的保险产品来实现保险公司的保费收入。

网上保险（Internet Insurance）也称网络保险或保险电子商务。它是指保险公司或保险中介机构以信息技术为基础，通过互联网和电子商务技术支持保险经营管理活动及保险业务的经济行为，可以从狭义和广义两个方面进行划分。狭义的网上保险是指保险公司或保险中介机构利用互联网给客户提供有关保险产品和服务的信息，并实现网上投保、承保等保险业务，直接完成保险产品的销售和服务，并由银行将保费划入保险公司的经营过程。广义的网上保险除了包括保险产品的网上销售，还有保险公司通过互联网进行内部的经营管理以及与保险公司之间、股东之间和工商、税务等机构之间的事务交流。

保险公司通过开展网上保险扩大公司的知名度，发掘更多的潜在保险客户，增加客户数量，拓展市场业务，同时凭借网络信息技术为客户提供更多、更好、更全面的服务。这种方式很好地弥补了传统的保险经营方式，为保险公司提供了更大的利润空间。

1）网上保险的优势

网上保险基于互联网和信息技术，它的最终目标是电子交易，即实现保险的电子商务化。因此，网上保险除了具有一般的电子商务特点，如直接性、虚拟性和电子化等特点，与传统的保险经营方式相比，还有很多优势。

（1）对保险公司来说，网上保险的优势

①经营成本低。首先，网上保险降低了营业费用支出。网络建设的前期投入一定的费用以后，后期的维护费用较低，节约了传统营业网点的房屋租赁、装修等支出。其次，降低了各种销售费用支出。在销售和客户领域，保险公司通过网络进行保险计划的设计、向客户出售保单以及提供其他服务，将比通过电话或代理人节省58%~71%的费用。线上销售成本低，产品竞争透明，因此，线上产品通常都有一定的价格优势。再次，减少了员工工资支出。通过网络开展业务咨询、销售保单，可大量减少员工工资支出，降低公司经营成本。最后，降低了宣传成本。保险公司通过网络，可以将自己的公司概况、业务品种等信息向客户进行宣传，而不必再通过电视、广播、报纸等新闻媒体进行宣传，节约了不必要的广告费用。

②业务开展灵活。保险公司通过网络开展保险业务，既不受时空的限制，又方便快捷。保险公司可以利用网络覆盖面广的优势，充分拓展业务范围，较好地对潜在市场需求作出及时分析和深层把握，及早创新业务品种，适应公众需求。

③降低经营风险。网上投保公正透明，在很大程度上可以减少中间环节和利益驱动给保险机构带来的不可避免的承保风险，减少不同机构之间的不正当竞争，有效促进保险业整体经营的稳定。另外，由于保险业务代理人的业务素质、道德水准的不确定性，通过网络业务可以有效降低这方面的道德风险。

④提高工作效率。网上保险可以简化传统方式的烦琐手续以及人为不确定的其他消极因素，形成高效的工作理念，提高公司在客户中的形象。保险公司还可以在网上了解更多的保险技术、保险资本和保险人才等信息，形成完善的保险要素的结合，使保险产品具有

更强的竞争力。投保人足不出户，就能实现网上投保。保险公司在未设有分支机构的国家和地区也能提供保险服务，实现全天候 24 小时服务，使保险业务的进展突破时间和空间限制，在全球范围内有效分散风险，获得规模效应。

⑤整合保险资源。一方面，中小保险企业在业务发展中，无论是资金规模，还是企业规模、客户群体，都很难与大型保险企业相抗衡，不利于保险企业的整体发展，通过网络保险，各企业可以充分发挥自身的优势，缩小中小企业与大企业的抗衡空间。另一方面，不同企业通过透明的网络业务，相互监督，可以避免恶意竞争，规范企业间的经营行为，共同维护保险业的整体利益。

（2）对社会公众来说，网上保险的优势

①方便快捷。客户可以通过网络随时随地进行保险消费，既不受时间限制，又不受空间制约，业务流程方便快捷。

②信息广泛，选择自由。客户可以通过网络获得大量多样化的保险信息，减少消费的盲目性和局限性，也可以通过多家保险公司产品的比较，进行自主选择。

③保护隐私，安全性高。客户可以通过网络排除中间环节不可避免的知悉或有意无意的隐私侵犯，也可避免保险代理人的道德风险。

在网上购买保险还有一个优势就是能较好地保存交易记录。过去，传统的购买保险过程中存在销售误导问题，调查取证困难，容易造成双方"讨价还价"。不过，网上投保、产品展示和与客服人员的沟通可以省去，中国银行保险监督管理委员会（2023 年 3 月，中共中央、国务院印发《党和国家机构改革方案》，在中国银行保险监督管理委员会基础上组建国家金融监督管理总局）要求对网上保险平台的每个关键环节进行记录和截图，这样更有利于被保险人的维权。正因为网上保险相对于传统保险的这些优势，企业和客户都逐渐把注意力转向互联网，也促使了网上保险的飞速发展。

2）网上保险的业务流程

网上保险借助互联网和信息技术，不仅融入了新的技术，而且融入了新的经营理念，使网上保险的业务流程有了新的变化。网上保险的业务流程主要包括：客户通过网站了解产品和服务的详细信息，选择满足自身需求的保险产品；在网上输入投保需要的相关信息并提交；保险公司进行核保，并通过电子方式向用户确认，在用户正式签名后，合同生效；通过网络银行转账系统进行保费的支付，保单正式生效。客户在签订合同期间，还可以利用网上售后服务系统，对整个合同签订、保费划交等过程进行监督，确保自己的利益不受损害，具体流程如图 8.5 所示。

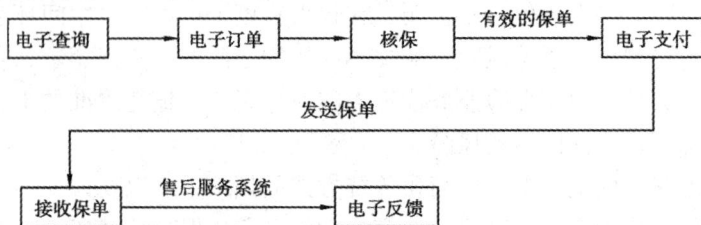

图 8.5　网上保险的业务流程

3) 网上保险的风险

尽管网上保险有种种优势，但作为一种新事物，其在国内的发展尚处于不完善阶段，仍然存在一些风险和不足，主要表现在以下5个方面：

①法律制度不够健全，容易形成法律风险。一些互联网平台利用其场景和客户流量优势，在其主营业务流程中嵌入保险产品销售，在未取得业务许可的情况下非法从事保险中介业务。一些不法分子利用互联网平台虚构保险产品或保险项目，或承诺高额回报引诱消费者出资，或冒用保险机构名义伪造保单，往往涉嫌非法集资，给消费者造成经济损失。某些在线平台在其票务、酒店预订页面通过默认勾选的方式销售一些保险产品，未明确列出承保主体或代理销售主体，未完整披露保险产品条款等相关重要信息，侵害了消费者的知情权、自主选择权等权益。

②存在安全技术隐患。互联网保险业务的资金支付和用户信息集中于信息系统，一旦系统被黑客攻击，可能导致资金被盗取、用户信息被非法利用等巨大风险。

③互联网保险营销宣传形式多样，人员良莠不齐，存在信息披露不充分、混淆经营产品类别、片面或夸大宣传等情形。有的保险机构为片面追求关注度和销售量，推出所谓的"吸睛"产品，存在宣传内容不规范、网页所载格式条款内容不一致或显示不全、未明确说明免责条款等问题，涉嫌误导消费者。

④一些互联网保险业务的线下服务薄弱，投诉纠纷较多，整体服务能力有待提升。

⑤互联网保险销售速度快、覆盖面广，一旦产品定价出现偏差，将比传统销售方式更快消耗保险公司偿付能力。

要应对以上的风险，就必须在宏观和微观层面共同努力，并不断完善和创新，使网上保险业务能够健康地发展。从我国目前的网上保险现状分析，应着重从以下4方面努力：

（1）加强法制建设，增强对保险企业和社会公众行为的约束

要尽快制定相关法律，明确网络使用者的权利和义务，制订破坏网络安全以及利用网络进行犯罪活动的惩治措施。由于网络是无国界的，因此要不断加强与国际间的合作，促进世界各国建立全球性的有关网络的法律框架和体系，尽快通过法律形式确定货币结算、网络签名、网络合同的法律效力，明确违约责任。另外，还要加强行业自律，制订行业规范管理办法，加强对企业自身的管理和约束。

（2）加强计算机安全管理，惩治网络犯罪行为

首先，要在技术上加强管理，加快对网络人才的培养，提高业务运行的技术标准，引进、改进和开发利用各种先进技术，提高高新技术的运用效果，并不断加强网络技术改造、升级，提高网络安全系数。其次，保险公司要不断加大网络硬件资金投入力度，保持设备的安全、良好运转，要加强安全管理，建立一套切实可行的风险评估和监测体系，加强对网络运行、系统安全、业务发展的监测，出现问题要及时处理。最后，还要加强对员工的安全教育，提高员工的安全防范意识，社会有关方面也要严厉打击各种网络犯罪行

为，提升社会公众对网络商务的认可度和信任度。

（3）不断进行业务创新，适应社会公众需要

保险公司要不断加强业务发展状况调查，加快投资型年金产品、企业保险产品以及正在快速增长的综合风险管理产品等适应公众需要的业务品种的开发。要不断推进业务管理、营销方式、投资管理、人力开发等的改革，适应网络化发展的需要。同时，要重视公众的消费心理，对于一些不适合网上销售的保险产品，要积极开展网下服务，注重新产品和增值服务的多层次开发和利用。保险公司要通过自身的网络产品优势、服务质量提升社会公众的网络消费欲望，进而加快相关行业网络商务活动的开展，促进整体网络资源的协调发展。

（4）提高员工的业务素质，优化互联网保险售后服务

广大员工是开展各项业务的关键因素，在人员管理上既要注重引进高素质人才，又要不断加强对现有人员的思想政治教育和业务知识培训。要强化后续服务能力：要求保险机构配置充足的服务资源，提供与产品特点、业务规模相适应的后续服务。明确售后服务标准：明确批改、保全、退保、理赔和投诉处理等全流程服务标准。另外，还要规范互联网保险营销宣传活动，保险机构应建立互联网保险营销宣传管理制度，承担合规主体责任。保险机构应统一制作营销宣传内容，在营销宣传页面标明相关信息。宣传内容应清晰准确、通俗易懂，并与保险合同条款保持一致。保险机构开展互联网保险营销宣传活动应符合《中华人民共和国广告法》、金融营销宣传及银保监会相关规定。不断加强内部操作管理，在业务咨询、保单销售投诉建议、核保理赔等方面做到快速、准确，赢得公众的信任。

4）网上保险实例

中国人寿保险股份有限公司（以下简称"中国人寿"）的前身中国人民保险公司与中华人民共和国同龄，1949 年 10 月经中央政府批准组建，是国内最早经营保险业务的企业之一，肩负中国寿险业探索者和开拓者的重任。在长期发展历程中，中国人寿拥有一支稳定的专业化管理团队，积累了丰富的经营管理经验，深谙国内寿险市场经营之道。经过长期的发展和积淀，中国人寿拥有雄厚的实力。2003 年 12 月，中国人寿在境外上市。2007 年 1 月，中国人寿回归境内 A 股上市。截至 2022 年，中国人寿保险（集团）公司已连续 20 年入选《财富》"世界 500 强"企业。

中国人寿向个人及团体提供人寿、年金、健康和意外伤害保险产品，涵盖生存、养老、疾病、医疗、身故、残疾等多种保障范围，全面满足客户在人身保险领域的保险保障和财务管理需求。中国人寿同时积极拥抱互联网，致力于互联网保险业务的创新与开拓，整合线上、线下保险服务，提供普惠保险产品，全力打造"互联网保险"第一品牌，通过中国人寿寿险 App、官网、官方微信公众号、微信小程序等多入口线上平台，为超过 1.1 亿注册用户提供 7×24 小时不间断的线上一体化服务。中国人寿有 160 余项线上服务，全方位满足客户各种服务需求，畅享无接触式线上服务体验。图 8.6 是中国

人寿寿险 App。

图 8.6 中国人寿寿险 App

在中国人寿的网站上，客户可以查询保险的相关信息、搜索保险代理人、实现在线投保等，网上投保的流程如图 8.7 所示。

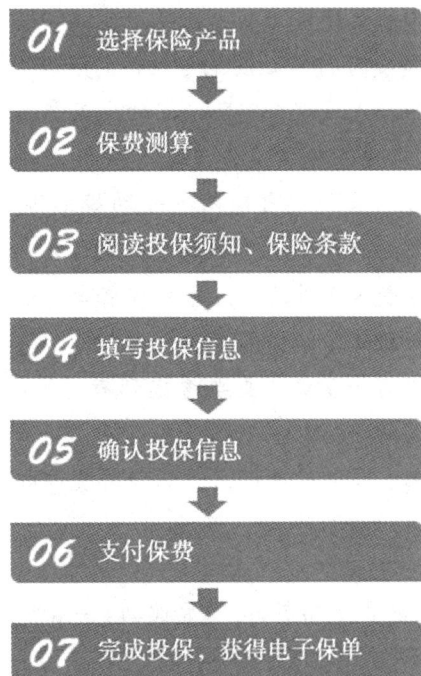

图 8.7 中国人寿网上投保流程

8.2 互联网教育

【案例 8.2】

互联网时代的教育：从"空中课堂"到"云端学校"

自新冠疫情出现以来，一些云上"空中课堂"发展得日渐成熟。这种在线教学模式可否延伸为"云端互联学校"，让更多学生从中受益，也引起不少人的思考。

"云端互联学校"可改善教育资源不均衡

"云端互联学校"可以借助互联网技术，构建云端教育体系，使其具有共享性、系统性、协同性、多元性、可复用性等特点；同时，可完善教育资源体系，推动教育资源的共享、互通，优化教育资源配置，促进乡村教育水平提高。目前，从技术层面来看，完全可以实现"云端互联学校"的搭建，以互联网、云计算、大数据、物联网、人工智能等为代表的信息技术在教育领域中的应用越来越广泛，教学已逐步走向智能化、自动化和数字化。实践证明，随着 5G 等互联网新技术的普及和应用，"云端互联学校"将为未来的教育模式开辟一条新的道路。

应考虑教育资源互联的内涵和外延

建设"云端互联学校"需要进行基础设施与软件的融合、基础平台的信息管理、第三方应用接入与集成、教学实践应用管理、实际应用的交互与展示等。

从硬件设施角度来看，"云端互联学校"应具有网络基础设施和终端设备作为硬件基础；从软件设计角度来看，可以采取"自顶向下"的规划进行逐步建设，并配合"自底向上"的基础建设支撑相关应用发展。优秀教师可以通过网络实时在线视频授课，与学生在线实时互动，让乡村学生享受来自外地重点学校优秀老师的指导；同时，还应注重调配教学进度和授课内容，保持帮扶双方的协同性。

教育的云端互联不仅要讲好一堂课，更要考虑到教育资源互联的内涵和外延。比如，如何推动教育资源欠发达地区的网络教学基础设施建设，建立符合当地学生需求的优质共享课程，如何实现多地区协同、多学校互联互通的教育资源配置机制，如何解决因教育资源不均衡而导致的教育公平化问题等。

"互联网+教育"深刻改变教育的发展方向

随着 5G 等互联网新技术的普及和应用，"互联网+教育"模式正深刻地改变着教育的发展方向。

在教育未来发展趋势中，信息技术的应用将更加深刻、广泛，教育的培养目标将转向以能力培养为主；混合式学习将更加普遍，学生的培养更加个性化，学习更以学生为中心；教师的角色和作用将发生变化，学校的办学模式将发生改变，终身学习将成为人们的生活方式，教育的对外交流与合作将进一步发展。

从上述的几个趋势看，未来借助互联网技术，构建线上线下混合、多地区协同、多学校联动的"云端互联学校"将是教育发展的一个重要方向。

特别是当前数字世界与物理世界不断融合，加速了应用技术的更新换代。元宇宙和未来教育也成了各界关注的重点课题。"元宇宙+教育"的结合模式，不仅是技术层面的应用，更是推动教育发展的深刻变革。元宇宙将改变传统学校形态，助力教育均衡发展梦想的实现。

元宇宙技术让随时学、随地学和随意学成为可能。同时在知识呈几何级增长的今天，人们可以选择对自己最有用的知识进行精准性和兴趣化的学习；元宇宙的出现还能解决现在区域间、校际间因教师水平质量差异和设备、技术差异而出现的教育不均衡问题。

我国已有高校对"元宇宙+教育"的模式进行积极的探索尝试，如由中国传媒大学打造的虚拟中传校园正式亮相百度希壤元宇宙平台。虚拟中传校园是中国首个开放于元宇宙平台的虚拟大学，借助街景地图、三维重建、三维引擎等数字技术，精准实现了数字孪生校园的搭建。

"元宇宙将深度重塑在线教育的课程资源、教学方式、学习支持服务和认证机制。"赵子平表示，元宇宙与教育的融合，可以突破时空的局限，变革在线教育的教学模式和评价方式，支持学生的个性化学习和全面发展；元宇宙与教育相融合可以营造出人机交互的沉浸式空间，教学双方可以进行更加深入、便捷的互动；此外，还可以通过数字技术优势有效降低教育教学成本，改善教育资源不均衡，实现教育机会均等。

"科普不仅要让专家觉得懂行，也要让年轻人觉得好玩。"全国政协委员、中国科学院院士、上海交通大学常务副校长丁奎岭说，科普不仅传播科学知识，也传播科学精神，"每一位科技工作者都应该做科普，当好排头兵和先行者，而且对广大科研工作者来说，科普工作也有助于科研，科普过程中的科学规划和思考价值绝非几篇论文能够相比。"

（资料来源：中国科普网，有删改）

8.2.1　"互联网+教育"的概念

近年来，随着国家对在线教育支持力度的加大，以及网络用户对网络学习方式接受度的提高，在线教育平台用户的规模得以快速增长。"互联网+教育"并不只是使用技术辅助教学，也不只是在教育系统的某一或几个环节上进行补丁。仅把网络技术作为教学的辅助与支持手段，而热衷于用网络技术来强化传统教学模式，也不符合"互联网+教育"的理念。近年来，国家高度重视"互联网+教育"的发展，在有关人工智能促进师资队伍建设的研究文件中，曾要求教育部科技司研究"互联网+教育"的内涵和本质。"互联网+教育"是推进互联网及其衍生的相关技术与教育深度融合，实现对教育的变革，创造教育新业态。教育课程的需求不断增长，在线教育课程服务模式呈现出多元化发展趋势。目前，从业务领域来看，国内在线教育课程市场可划分为综合平台类（如腾讯课堂、淘宝教育、百度传课）、语言学习类（如 91 外教、51talk）、幼儿教育类（如 61 时光网、贝瓦网）、K12 教育类（如学而思网校）、出国留学咨询（如华图网校）、职业教育及技能提升类（如多贝网、百度传课）、考试考证培训类（如嗨学网、环球网校）、网络学习工具类（如 YY 语音、词典类）、影音知识类（如喜马拉雅 FM、荔枝 FM、得到 App）等。互联网用户新需求的多元化，促使在线教育市场更加细分、产业规模不断增长，在许多细分领域发展前景广阔。

2022 年，国家高等教育智慧教育平台正式上线。截至 2022 年 11 月，该平台上线慕课数量超过 6.19 万门，注册用户有 4.02 亿人次，学习人数达 9.79 亿人次，在校生获得慕课学分认定 3.52 亿人次，中国慕课数量和学习人数均居世界第一。用户覆盖 166 个国家和地区，平台与课程服务平台累计访问 292 亿次，选课学习接近 5 亿人次。2022 年 12 月平台上线"创课平台"板块，设置创业理论、创业模拟、创业实践、创业支持 4 个模块，集聚并整合创新创业要素资源，推荐 400 多门创业相关的慕课、30 余门微课、近 20 门虚拟仿真实验等，助力造就大批"敢闯会创"的高质量人才。

8.2.2 互联网教育的主要模式

互联网教育依托网络，营造数字化的教育环境，综合利用各种教学方式，充分发挥它的优势，达到最好的教学效果。目前主要有以下 5 种常见的互联网教育模式。

1）直播模式

课堂直播是比较传统的网校上课模式，通过视频的方式将传统的课堂搬到线上，上课人数可能是千百倍于线下课堂教学。直播模式既包括已经拍摄录制完成的视频的线上分享，也包括固定时间的师生在线课堂直播。不管是哪种方式，其师生交互都比较方便快捷，能够及时地传递信息，解答疑惑。这也是直播模式的一大亮点。比如新东方在线、腾讯课堂便是直播模式的互联网教育了。

2）一对一模式

一对一模式，顾名思义，是由一位老师在特定时间为一个学员提供专项辅导，学生按照时间支付费用。这种模式也可以比喻为"在线家教"，目前主要应用于外语学习领域（多为英语）。其突出优势在于，学习者可以得到一对一的辅导，个性化地学习。

3）会员模式

会员这个词似乎出现得越来越频繁了。在慕课的高辍学率的背景下，为了提高教学质量，减少辍学率，开始采用会员模式，让学习者珍惜学习机会，积极认真地投入学习。

4）题库模式

在应试教育的大背景下，考试、做题无疑是学生学习生活中非常重要的一部分。题库平台多将大量试题进行总结，按照学生水平进行个性化错题重做等练习。题库模式在目前而言，也是非常实用、常见的。比如猿题库、学习宝等 App 的应用。

5）O2O 平台

O2O 即 Online To Offline（线上到线下），是指将线下的活动与互联网结合。O2O 的概念非常广泛，既可涉及线上，又可涉及线下教育领域的 O2O 平台，大多是通过内容运营，在线上平台让学习者进行学习，也适当开展线下课程进行交流学习。

【案例 8.3】

慕课——随时随地学习

大型开放式网络课程，即 MOOC（massive open online courses）。2012 年，美国的顶尖大学陆续设立网络学习平台，在网上提供免费课程，Coursera、Udacity、edX 三大课程提供商的兴起，给更多学生提供了系统学习的可能。这三个大平台的课程全部针对高等教育，并且像真正的大学一样，有一套自己的学习和管理系统。同时，它们的课程都是免费的。2013 年，MOOC 大规模进入亚洲。香港科技大学、北京大学、清华大学、香港中文大学等相继提供网络课程。这意味着，更多国内高校的课堂将通过网络传播到世界各地。截至 2022 年 11 月，中国慕课数量已经达到 6.2 万门，注册用户 4.02 亿，学习人次达 9.79 亿，在校生获得慕课学分认定 3.52 亿人次，慕课数量和学习人数均居世界第一。

MOOC 课程的特征：

（1）工具资源多元化。MOOC 课程整合多种社交网络工具和多种形式的数字化资源，形成多元化的学习工具和丰富的课程资源。

（2）课程易于使用。MOOC 课程突破传统课程时间、空间的限制，依托互联网，世界各地的学习者在家即可学到国内外著名高校的课程。

（3）课程受众面广。MOOC 课程突破传统课程人数限制，能够满足大规模课程学习者学习需要。

（4）课程参与自主性。MOOC 课程具有较高的入学率，也具有较高的辍学率，这就需要学习者具有较强的自主学习能力才能按时完成课程学习内容。

在网络时代，时间和空间的隔阂都无法再成为阻止你学习的原因。终身学习将变得越来越容易和便捷，爱学习和会学习的人将能更好地进行自我培训。有了慕课，随时随地都能学习。

中国大学 MOOC 是高教社联手网易推出的在线教育平台，承接教育部国家精品开放课程任务，向大众提供中国知名高校的 MOOC 课程。在这里，每一个有意愿提升自己的人都可以免费获得更优质的高等教育。中国大学 MOOC 网站首页可以看到各种热门课程推荐，比如 C 语言程序进阶设计、生命科学与伦理、大数据技术原理及应用等。中国大学 MOOC App 上面的课程种类非常多，包含计算机、经济管理、心理学、文学历史、艺术设计、工学（力学、电气信息）等。

中国大学 MOOC 特点介绍：

（1）这是高教社和网易联合打造的学习平台，第一个特点就是减轻了做笔记的苦难，让你随时可以翻阅以前的课程。

（2）第二个特点是不受课堂容量的限制，让好老师课堂能够容纳更多的学生，带来超级明星效应。

（3）第三个特点在于学习时间自由分配，能够利用大量碎片时间完成学习，最大化利用学生不多的时间。

（4）第四个特点是可以调整老师讲话的语速，满足不同学生的需求。

"互联网+教育"衍生出许许多多新的教学与学习方式，有时候这些并不只是一种形式，更是从思路、内容上能够给人以启示的东西。基于大数据的学习系统，在线平台交互，视频教学，App 应用的不断迭代……这些都会不断地为互联网教育注入新的力量。

（资料来源：笔者根据网络资源整理）

8.2.3 互联网教育的特点

互联网教育是围绕教育的本质，用互联网思维实现教育的目标，从促进教育改革的意义而言，互联网正在迅速改变着教育形态。

当今教育要求以因材施教和培养创造力为核心目标，突出个性化教育模式。互联网教育正提供了一个个性化教育的平台。相对于传统教育来说，互联网教育的优势主要体现在以下 5 个方面。

1）资源共享

互联网教育正在拆去传统教育的时空围墙，改变传统的知识传授方式。从有教育活动以来，优秀的教育资源向来只被少数人或特定群体占有，而互联网时代的到来，使优秀的教育资源向更广泛的群体扩散，让更多人分享知识成为可能，最大限度地实现了教育民主和教育公平。无论你在世界的任何角落，只要打开网络，都可以接受全世界最优秀的教师讲最好的课。

在线课堂的开设让学生可以不受时间、空间、所在学校、专业的限制，不受身份、地位、年龄的限制选择自己喜欢的课程，让以往学习过程中的不可能变成可能。互联网课程大规模开放性的特点，使其与传统课程一次只能接受几十个或几百个学生听课的情况不同，一门课程动辄上万人，甚至几十万人听课，并且通过互联网完成，极大地提高了知识传播的效率。

2）交互性

互联网教育的交互性体现在对传统单向交流授课模式的颠覆。同时，互联网可以使学习交流突破时间和空间的限制，通过在线社区或网络留言，交流可以在任何地点、任何时间进行。网络的屏障也使师生之间少了交流的拘谨，可以更真实自由地表达自己的看法。大数据的辅助更是使互联网时代的沟通变得如虎添翼，通过对学生学习行为和学习能力的分析，教师对学生有更科学全面的了解，可以更有针对性地进行沟通交流。

3) 个性化

学习也将变得可以"diy",充满个性化的学习将真正成为可能。大数据和自动化教学系统使个性化教学成为可能。互联网教育运用计算机特有的数据库管理技术,为个性化教学的实现提供了可行的路径。计算机系统针对学生的学习状况进行完整的跟踪、记录和分析,得出每个学生的学习特点和学习规律。再根据这些规律,学习软件系统将推荐适合该学生学习的课程和学习计划,更加人性化,真正做到"因材施教"。

4) 教学手段丰富多彩

传统教育的教学手段多为板书、挂图和PPT;而在互联网教育中,文本、图形、图像、动画、声音、视频等多种教学信息,多层次、多角度地对学习内容进行描绘。信息资源的超媒体性和非线性,使知识信息的组织呈现层次网络状,这有利于促进学生记忆的发展,并且具有变远为近、化大为小、变虚为实、化动为静的功能,将复杂抽象的概念具体化、形象化,激发学生的学习兴趣,加深对所学知识的理解,学生可以眼见其形、耳闻其声,调动多种感官共同参与认识活动,使学生系统地掌握知识,提高教学质量。

5) 节约学习成本

相比传统教育,互联网教育的成本更低。相对于传统教育机构来说,它们需要租大量的场地,招大量的老师,还需要教学设备等,不仅教育机构要赚钱,老师也要赚钱,所有的开支就是学生这里出。而互联网教育绕过了这些坎,只需终端、服务器、网络带宽等,依靠信息技术,部分的人力即可,节省至少60%的费用。

利用网络进行学习,学习者不仅可以不受时空限制地进行交流研讨,还可以利用BBS、新闻组、邮件列表等工具支持协同工作。目前许多互联网教育平台都带有类似的系统功能,可以支持学习群体方便地进行通信,共享工作空间、应用软件和协同工作等。但是互联网教育和传统教育相比也存在很多不足:①距离过长,教育是比较重视服务的,当缺少了线下的面对面交流时,需要学生有很强的自主性。②氛围感不足,在一定程度上学习缺少了对应的学习氛围,对学生的学习激情影响很大。③反馈路径长,因为距离过长,所以老师可能无法根据个别学生的情况做出及时的调整。

8.3 旅游电子商务

【案例8.4】

"互联网+"让旅游更有趣

在线预约门票,扫码即可进入景区;用上景区智能导览,游玩路线大大优化;沉浸式酷炫玩法,刷新你的旅游体验……近年来,5G、大数据、人工智能、虚拟现实等高科技在旅游行业深入应用，以数字化、网络化、智能化为特征的智慧旅游正迎来新的发展机遇。

"码"上知晓：旅游攻略轻松掌握

"5年前我来北京旅游，当时许多景区的售票处都有排着长队的游客。今年再来，去故宫、颐和园等我都先在网上预约，然后扫码入园，排队时间大大缩短，游览畅通多了。"来自广西的游客黄先生对北京旅游新体验连连点赞，"在景区还能享受在线导览讲解服务，既方便又有新意。比如用颐和园公众号，可以听西堤、南湖岛、文昌院、谐趣园等景点的语音讲解，如果想深入了解'东宫门的牌匾里藏着什么秘密''十七孔桥的观景方法'，就可以通过'颐起听'语音导览产品了解精彩生动的细节。"

"五一"期间，文化和旅游部要求各地景区景点实施门票预约制度，引导游客分批进场、错峰游览，将流量管控关口前置。为兼顾疫情防控和游客体验，旅游景点"预约制"正加速普及。"预约制"使旅游目的地接待工作更加有序平稳开展，使游客的出行规划更科学合理，可以有效优化旅游品质。借助大数据平台，实时监测预约数量、日接待量、瞬时承载量等已成景区常态。例如，江苏南京珍珠泉风景区通过闸机、客流监测探头，实时掌握在园游客数据，确保景区安全有序。为了避免过多的游客在同一个景点聚集，浙江缙云仙都风景区信息中心通过400个摄像头进行人流密度探测。游客通过景区官方公众号，可以实时获取定位，根据自身需求规划导览路线。

"目前，智慧旅游发展最好的是大数据对人流的分析和研判应用。"中国社会科学院研究员戴学锋认为，通过对行动轨迹、消费倾向、服务喜好等细分数据的分析，可以丰富产品体系、精确匹配服务，助力景区管理、旅游营销和公共服务等。如贵州推出全域智慧旅游平台——一码游贵州，利用大数据、5G直播、新零售、区块链等技术，将旅游资讯、产品服务进行多维度的传播。据悉，截至目前，"一码游贵州"已收录贵州省数百家A级景区、酒店、文化场馆、餐饮、精品路线、攻略指南等信息数据。

"云"游四方：新兴科技大展身手

从线上预约到"一码游一地"，从线上消费到网络营销，"互联网+旅游"为游客提供了多元化体验和服务。近年来，福建省平潭"蓝眼泪"景观在社交平台、短视频平台上走红。据悉，平潭联合驴妈妈、梨视频、去哪儿等平台，多次推出"追泪"直播等活动。"通过直播的方式，我们现场向观众演示如何花式'追泪'，重点聚焦游客体验，加深平潭旅游记忆点，提升平潭旅游好评度、回头率。"平潭综合实验区旅游与文化体育局相关负责人说，直播活动观看人次累计超2亿，300余万人参与话题互动。此外，平潭还依托百度地图推出"智慧追泪"系统，利用大数据等技术，将"蓝眼泪"景观播报与旅游出行服务相结合，打造集吃、住、行、游、娱为一体的智慧旅游景区。通过直播技术，发挥线上交流互动、引客聚客、精准推送等优势，可以引导线上用户转化为实地体验、线下消费。在直播经济带动下，各大旅游企业、旅游景区、旅游达人等纷纷开展网红直播营销业务。据悉，2020年微博旅游直播开播超过4万场次，微博旅游直播观看量超过20亿人次。

"游客在旅游过程中，一个是便利化的需求，另一个是差异化的体验，旅游需要与数字化结合，提供不一样的产品。数字化可以优化游客的体验感受。"中南财经政法大学数字经济研究院执行院长盘和林接受采访时说，数字技术助力文旅融合，可以将特色文化打造为更加智慧化、年轻化的文化生态，突破旅游在时间和空间上的限制，形成更多有创新性的文旅延伸场景。在光影的奇妙变幻中，邂逅冰川时代的动物朋友——河南银基国际旅游度假区的沉浸式全息投影互动餐厅内，文旅创意与数字科技碰撞出的新体验令人叫好。据悉，该度假区还引进无人机编队表演、VR沉浸式体验、数字多媒体娱乐馆、全息投影"生命之树"等，受到不少游客的喜爱。

抓住根本：提升游客满意度是关键

为助力旅游景区加快数字化转型，推动旅游产业高质量发展，一系列针对性举措正频频落地。2020年11月30日，文化和旅游部、国家发展和改革委员会等十部门联合印发的《关于深化"互联网+旅游"推动旅游业高质量发展的意见》，提出到2022年，建成一批智慧旅游景区、度假区、村镇和城市；到2025年，国家4A级及以上旅游景区、省级及以上旅游度假区基本实现智慧化转型升级。2021年3月22日，国家发展和改革委员会、中央网信办发布的《加快培育新型消费实施方案》指出，加快文化产业和旅游产业数字化转型，制定智慧旅游景区建设指南等。

加快推进智慧旅游具体分几步走？据文化和旅游部相关负责人介绍，"十四五"时期，中国将分三块内容加快推进智慧旅游建设：一是推进智慧旅游景区建设。推动实现国有旅游景区于2021年底前全部提供在线预约预订服务。二是规范引导智慧旅游公共服务平台建设发展。在为老年人等特殊群体保留线下服务的基础上，开发专门的应用程序和界面，优化使用体验。三是培育新业态新模式。推动景区、博物馆等发展线上数字化体验产品，让文化和旅游资源借助数字技术"活起来"，培育云旅游、云演艺、云娱乐、云直播、云展览等新业态，打造沉浸式旅游体验新场景。

随着国家对"互联网+旅游"支持力度进一步加大，未来中国旅游的数字化发展将加快提速。目前，中国旅游产业面临智慧化转型升级的巨大机会。携程集团首席执行官孙洁认为，智慧景区、智慧酒店、数字化建设、网约导游等，都会成为未来旅游行业发展的着力点。

（资料来源：环球网，有删改）

8.3.1　旅游电子商务概述

移动互联网的电子商务发展迅速，并已进入旅游各环节的产业领域，如机票预订、住宿预订、旅游线路预订、租车游船预订、导游预订以及用餐预订等，都与电子商务有关联，并由此产生了一些新的概念和名词，如网络旅游、自由行、个性化旅游、旅游博客、云旅游等。那么，什么是旅游电子商务呢？

旅游电子商务是指利用先进的计算机网络及通信技术和电子商务的基础环境，整合旅游企业的内部和外部资源，扩大旅游信息的传播和推广，实现旅游产品的在线发布和销售，为旅游者与旅游企业之间提供一个知识共享、增进交流与交互平台的网络化运营模式。首先，产品和价格信息最受关注，居民出游前最希望获取的信息主要是旅游核心产品及价格信息，包括旅游目的地与旅游线路、景区、住宿、交通价格的信息，包括食住行游购娱等旅游关联产业的信息和服务质量情况。其次，游客的散客化趋势进一步明晰，居民出游前希望通过参加旅行社或自己组织团队的形式较多，通过单位组织出游的比例相对较低。最后，互联网已成为当前绝大部分居民出游前了解相关信息的主要渠道，亲朋好友对旅游目的地的评价也是居民出游的重要信息渠道。

旅游电子商务的基本定位是满足旅游市场的发展要求，顺应旅游企业经营战略创新的趋势，探索新的旅游业务模式，建设有特色的、个性化的旅游电子商务，以降低成本，提高效率，寻求新的利润增长点。

旅游电子商务的基本目标是突破传统的经营模式与手段，建立以互联网为基础的现代旅游管理信息系统，形成规模化、产业化、标准化的旅游发展新格局，使旅游业整体利益最大化和运作效率最优化成为可能。

随着电子商务的发展，已经有越来越多的传统电子商务网站开辟了旅游这一功能，例如淘宝就有旅游同业者特约商家，而旅游类电子商务网站也逐步向多元化发展，已经不再是单一地订购门票和旅游线路了，旅游类网站逐渐开始提供出行一站式服务。例如酒店订房、租车服务、地方特产购买，甚至是电影院、KTV 一些娱乐场所的优惠预订等。中国旅游研究院等发布的《全国"互联网+旅游"发展报告（2021）》显示，"互联网+"已成为大众旅游新场景、智慧旅游新动能，中国在线旅游消费总额已达万亿元。《中华人民共和国国民经济和社会发展第十四个五年规划和 2035 年远景目标纲要》提出，深入发展大众旅游、智慧旅游，创新旅游产品体系，改善旅游消费体验。

8.3.2　旅游电子商务的功能

旅游电子商务的功能是反映系统对信息流程处理的能力，其功能规划是基于基本信息流和交易信息流，其核心依据就是交易信息流。旅游电子商务系统的功能规划必须在对旅游产业中的基本信息流和交易信息流进行分析的基础上提出旅游电子商务应具备的信息处理功能。旅游电子商务的功能一般可以分为基本功能和扩展功能两类。

1）基本功能

作为一个旅游电子商务系统，其功能的设计取决于企业商务处理的需求。旅游电子商务的基本功能是实现产品信息的展示和产品的简单交易，虽然不同类型的企业在对功能的要求上可能存在较大的差异，但从不同旅游企业的共性方面考虑，旅游电子商务的基本功能具体包括以下 7 个方面。

（1）旅游信息发布功能

旅游信息发布功能主要发布旅游目的地的基本信息和企业产品信息以及相关的促销信息。信息发布需要企业网站和内部信息系统的无缝对接，由专门的人员对信息进行编辑、审核和发布。

（2）产品展示功能

产品展示功能主要是指在网站上介绍旅游产品，实现产品内容管理，并以多媒体或虚拟现实形式展示产品。产品展示的方式会影响消费者的选择，因此需要精心设计展示风格。产品展示需要美工、编程和编辑人员的配合，有时还需要配备视频信息进行展示。

（3）咨询服务

客户的旅游咨询是互动环节的重要组成部分，如线路咨询、景区服务咨询、住宿咨询等。企业通过咨询可以了解客户的动机、需求和实际喜好，了解市场的热点情况，更能帮助其改进服务和完善产品。不管是网站、小程序还是移动服务 App，都需要具有咨询服务的功能内容。

（4）预订功能

旅游电子商务系统应能接受客户的产品预订，并确认预订和实现对订单的管理。其中，确认环节是预订功能中最关键的设计内容，旅游产品要求能实时预订、实时确认，对有效订单应有统一的安全管理设计。

（5）业务管道功能

业务管道功能主要是对电子商务业务进行统一的管道处理，既要考虑处理的吞吐量、处理速度、商务处理能力等，还要考虑业务处理的安全问题，要保证进入管道处理的业务是自动且安全的。

（6）访问客户统计分析功能

设计该功能的目的是了解旅游电子商务系统的关注度，在系统投入运行后需要分析客户的基本访问行为，统计客户的访问量和客户的所在区域，分析的目的是确定下一步的营销规划以及制订更有效的销售策略。

（7）统计报表功能

统计报表也是为了掌握当前电子商务开展的情况，主要是对预订业务及订单情况的统计，形成月度报表、季度报表以及年度报表，报表类型和具体格式需根据企业要求设计。除上述功能外，基本功能还包括营销方面的功能，如优惠券、积分商城、积分抽奖、会员签到、会员充值、裂变分销、拼团、秒杀等，以及数据加密、界面容错、广告切换、操作的个性化界面等非商务功能。限于篇幅，这里不做详细介绍。

2）扩展功能

扩展功能是旅游电子商务的基本功能以外的一些功能，是一个旅游电子商务系统体现差异化和竞争优势的主要形式。旅游电子商务系统的扩展功能主要体现在商务分析上，如对客户消费分析、趋势分析和数据挖掘等，以及一些智能化的业务处理。旅游电子商务系统的扩展功能具体包括以下 6 个方面。

（1）客户偏好挖掘

这是商务分析中常用的扩展功能，通过客户的消费资料挖掘客户的偏好，如旅游偏好、餐饮偏好、水果偏好、夜生活偏好等。这是对重要客户的深入挖掘，以分析客户的消费倾向，便于提供差异化服务或更温馨的个性化服务。

（2）客户需求挖掘

旅游电子商务系统可以通过客人的消费档案、画像分析客户的消费趋势，也可以通过客户的访问行为分析其潜在的需求。客户需求挖掘是对客户群体的数据挖掘，目的是设计出更好的产品迎合这些客户的需求。

（3）企业间系统对接功能

旅游电子商务发展到一定程度，需要实现旅游企业之间的系统对接，这是旅游企业间协作不可或缺的功能，可以实现业务的无缝处理。系统对接的关键是选择合适的合作伙伴，如旅行社如何选择饭店以建立长期的合作关系，一旦建立对接，旅游企业间相互的业务就可以完全实现电子化处理。在电子商务环境下，旅游企业之间的电子业务都需要系统对接功能。

（4）知识管理功能

知识管理是信息管理发展的高级阶段，这里的知识是指企业经营知识，企业只要善于归纳和总结知识，就能提升自己的经营能力，创造新时代的知识经济。因此，企业做好知识管理，不但能提高服务效益，还能提升企业的创新能力、盈利能力。旅游电子商务系统如果具备知识管理功能，就可以实现在不同时段对产品的智能定价。

（5）网络营销绩效分析功能

电子商务的功能之一是网络营销，为了对网络营销进行有效的评估，需要对每次网上的促销活动和网络营销效果进行在线分析。目前，绩效分析软件都是外购并整合在旅游电子商务系统中的，便于网络营销人员使用，以提高网络营销的绩效。

（6）智慧服务功能

智慧服务主要体现在客户体验和个人中心两个方面，如客户的搜索、推荐、收藏、预订、支付、取消订单、限时付款、快捷登录、一键分享、在线客服、短信通知等功能体现了人工智能的应用，又如客户的积分管理入口、分销入口、订单中心、分销中心、退款功能、充值/提现功能、站内通知、收藏记录等同样体现了人工智能的应用。智慧服务一方面完善了客户服务功能，另一方面能增加客户的个性化体验。

8.3.3　旅游电子商务的主要商务模式

旅游企业的业务存在多种类型，如企业的采购，是企业与企业之间发生的业务关系，旅行社采购观光产品或住宿产品，它们的业务仅在企业之间发生，与具体的游客没有关系；又如旅游饭店采购食品、饮料以及客房用品，也是企业与企业之间发生的业务关系。旅游企业产品的销售也存在两种主要业务类型：一种是散客消费者，如自由行、定制旅游消费者等；另一种是企业消费者，即企业客户，如企业的奖励旅游、商务旅游、考察旅游等。这两种业务关系在处理方式上存在一定的差异，这些业务通过网络化的电子手段进行在线处理，就产生了以下4种旅游电子商务的商务模式。

1）旅游企业之间的电子商务（B2B）

旅游企业之间的电子商务（Business to Business，B2B）是目前电子商务中所占份额最大的一种商务模式。旅游企业之间的电子商务主要包括产品分销、代理、采购、服务协同、拼团等。旅游服务包括食、宿、行、游、购、娱等产品，提供这些产品的企业之间存在复杂的代理和合作关系，B2B 可以提高这些企业协作的效率，有利于实现快捷的旅游服务。旅游企业的电子采购不但提高了采购效率，而且节约了资金，缩短了资金的流通周期，产生了较好的企业效益。因此，电子采购已被大多数旅游集团化企业所采用。

2) 旅游企业对旅游散客的电子商务 (B2C)

旅游企业对消费者的电子商务 (Business to Customer，B2C) 是交易量最大的一种商务模式，这里的 C 主要是指散客，如消费者的网络订房、预订机票以及预订自由行、预订度假产品等都属于 B2C 模式。旅游企业与旅游散客的电子商务主要通过企业自身的商务网站来实现，以满足散客个性化旅游的需求。该部分消费者可以通过网络获取信息、安排行程、预订客房、预订机船票、预订导游等，也可以通过网络中介服务或分销机构的网站来实现相关操作，如携程旅行网、艺龙旅行网等。B2C 属于企业主动提供信息，以激发旅游散客的旅游动机，其产品展示主要通过网上门店的形式，也可以通过中介代理服务商提供信息，从而实现旅游产品的销售。

3) 旅游企业对企业客户的电子商务 (B2E)

旅游企业对企业客户的电子商务 (Business to Enterprise，B2E) 是旅游企业对企业类客户开展的电子化服务模式。而企业客户是旅游企业经营中的重要客户，如企业的差旅代理服务、外出考察行程服务、员工疗养度假服务等。企业客户一般指非旅游类企业、机构、机关等，这些客户的外出考察、员工度假、集体旅游等往往选择与旅行社合作，成为旅游企业固定的客户群体。B2E 主要通过互联网信息系统实现业务数据交换，可以帮助非旅游企业安排公务出差、会议展览、度假旅游，控制差旅成本，降低与旅途有关的费用。这类商务模式目前发展的势头相当良好，已成为旅游企业的主要业务之一。

4) 旅游消费者对旅游企业的电子商务 (C2B)

在网络环境中，旅游消费者可以提出对旅游产品的心理价位，然后由专门的系统帮助其寻找可提供相应服务的企业，以达到交易的目的，这就是旅游消费者对旅游企业的电子商务 (Customer to Business，C2B)。这种商务模式是旅游消费者主动提出服务要求，通过网络发布旅游需求信息，旅游企业获取信息后，双方通过互动交流达成交易，如旅游消费者的自助游、定制旅游、网络旅游自定线路以及预订符合心理价位的客房都是这种模式的具体应用。目前，这种模式的实际操作包括以下 3 种情况。

①旅游消费者提供一个价格范围，让旅游企业出价。

②旅游消费者设计一条线路，吸引其他旅游消费者在网上组团，然后向旅游企业要价，以提高自己的议价能力。

③旅游消费者自行制订旅游计划。C2B 模式目前还在不断完善的过程中，但随着网络的完善，以及中介服务技术的普及，将使这种模式的应用成为旅游交易中的主流。另外，在旅游电子商务模式中，还有企业与政府之间的商务操作，以及政府与旅游企业之间的商

务操作。这些商务模式在实际中应用较少，这里就不作详细介绍了。

目前，旅游电子商务的运行基本采用线上到线下融合的模式（Online to Offline，O2O），被称为旅游O2O模式。它不同于社区O2O，通常是线上旅游电子商务平台+线下实体旅游产品连锁超市开展的电子商务，或是线上营销+线下营销开展的市场营销，又或是线上查询预订支付+线下旅行行程中目的地服务的在线直销方式。例如：百度推出的直达号，明确表示将在旅游O2O及其他生活服务领域发力；去哪儿网的联合线下资源走旅游O2O方向融合线上服务；携程旅行网通过对线下资源的掌控坚持践行旅游O2O模式。在O2O模式下，旅游企业要做的就是如何帮助消费者做消费决策的Online环节，通常可以通过旅游大数据、攻略、旅游点评、其他用户真实的体验和实时的照片或视频等知识普及性、情感传递性的方式，帮助用户做出消费决策，完成线上下单，提高客户的转化率，增加线上收益。

8.3.4　旅游电子商务的作用

旅游服务是一种跨企业的协作服务，在没有出现电子商务时，这种服务的协调基本依靠人工。人工协调不但效率低，而且容易产生差错，由此影响对客户的服务质量。

首先，电子商务出现以后，无处不在的网络可以实现企业之间以及企业与上下游企业之间的高效沟通，如旅行社与饭店之间的沟通、旅行社与景区景点之间的沟通，网络化的电子通道增进了旅游企业相互之间的业务协作，实现了对客户敏捷的协同服务。

其次，通过电子商务可以在企业内部进行高效率的沟通，旅游服务不是企业的一个部门就能够完成的，它需要企业内部各部门之间的协作，电子商务可以改进企业内部的业务处理流程，提高对客服务的敏捷度，促进企业内部的协调和配合。电子商务不仅提高了旅游企业内部的运作效率和效益，更重要的是还降低了旅游企业的经营成本，包括管理成本、沟通成本和服务成本，最终为旅游企业增加收益。

最后，旅游电子商务给旅游消费者提供了便利，也让旅游消费者得到了实惠。旅游消费者通过各种旅游网站在家里就可以了解旅游目的地的旅游信息、风土人情和文化，也可以在家中预订机票、住宿，极大地节省了旅游消费者的时间，提高了预订各类旅游产品的效率，而且节省了许多中介费用。

8.3.5　旅游电子商务实例

【案例8.5】

绿云智慧住：30秒，零接触

2020年初突如其来的全球新冠疫情，给整个饭店行业带来了经营停顿的重大影响，杭州绿云科技有限公司考虑到今后长期防疫的需要，为了给饭店业的经营保驾护航，开发了快速、零接触的智慧住快速登记软件产品。从2019年底开始，绿云就联合支付宝共同打造零接触入住设备，即绿云无接触入住方案（以下简称"绿云智慧住"）。这是一款基于支付宝刷脸设备"蜻蜓"开发的产品，由绿云提供技术支持。"蜻蜓"设备上运行的是由绿云基于支付宝底层协议开发的小程序，同时调用绿云PMS后台系统。除此以外，由绿云提供发卡机硬件设备，该款硬件设备集成了身份证阅读、制房卡、读房卡、回收房卡等诸多功能，利用技术对不同系统、不同设备的数据进行集成整合，形成了饭店接待过程的智慧住产品。经过几个月的研发和调试，该产品于2020年端午节正式向业界发布并引发热议，绿云智慧住的面世为饭店在疫情期间的正常营业提供了完全电子商务的技术和设备。

众所周知，饭店业都面临着这样一个行业困局，即高峰时段，不论接待还是退房，业务办理集中，前台需要逐一处理住客需求，导致客户排队时间长，客户体验差。在疫情期间，饭店作为高频次使用的公共场所，更迫切需要减少人与人的接触，提高运营效率，降低人力成本。绿云智慧住正好解决了饭店在经营中遇到的这一困扰。

对顾客而言，使用绿云智慧住入住时，通过支付宝智慧住小程序便可自助匹配订单，完成在线人证核验，即可自动分房获得房卡，全程不超过30秒！相较于传统人工登记入住，绿云智慧住就体现了一个字：快！并且整个过程不需要接触服务员。客人离店退房时，使用支付宝小程序可以实现线上自动结账、自助开发票，节省了客人的时间。绿云智慧住让整个入住和退房流程无接触、更安全、更自在，操作SO EASY！

对饭店而言，使用绿云智慧住后接待时间大幅度缩短，人员成本大大降低，接待入住过程完全实现了电子化处理，同时提升了客人的入住体验。对无预订散客，可通过智慧住小程序直接预订房间，同时帮助饭店建立有效的客源管理体系。

30秒，0接触，不仅改变了入住和离店的流程与手续，更体现出电子商务的科技力量，让饭店变得智慧。

（资料来源：本案例由绿云集团提供资料，有删改）

8.4　网络招聘

【案例8.6】

"24365校园招聘"推进大学生"互联网"精准就业

为进一步提升教育部"24365校园招聘"服务水平，更加精准有效地对接岗位需求和毕业生求职，教育部高校学生司（以下简称"高校学生司"）、全国高等学校信息咨询与就业指导中心（以下简称"高校信息就业中心"）邀请多家国内知名招聘网站、教育机构和宣传媒体召开"24365校园招聘"研讨会，旨在加强和推动政府、用人单位、高校紧密合作，共同推进高校毕业生"互联网"精准就业。

"24365校园招聘"服务活动作为教育部应对新冠疫情影响，强化大学毕业生稳就业、早就业、就好业的创新举措，为提供的就业岗位拓宽了就业渠道，创新了求职方式，使毕业生信息搜索、岗位咨询、简历投递实现"空中对接"。

"互联网"就业前景广阔

据介绍，"24365"校园招聘服务活动自2020年2月启动以来，在高校学生司、高校信息就业中心和五大招聘网站的共同推动下，活动服务平台发布了来自企事业单位的833万条岗位信息，汇集了大量就业需求，132万人在线注册并投递简历逾1 100万份。据了解，目前通过"24365"平台及五家招聘网站实现就业的毕业生数占全国已就业毕业生总数的三分之一。

岗位需求与毕业生求职精准对接

据了解，受疫情影响，就业岗位数量减少、学生求职诉求多维、供求信息匹配低效等是制约求职招聘的重要因素。为应对当前严峻的就业形势，"24365校园招聘"服务活动平台将原本分散的就业岗位进行了有效集成，并加大对招聘内容真实性的抽查审核力度，同时按照高校专业设置对招聘岗位进行分类改进信息表述，使毕业生能够充分了解招聘需求，降低毕业生求职成本，提升用人单位招聘效率，做好用人单位与毕业生就业精准对接。

政府、社会机构、用人单位和高校紧密联动

大学毕业生就业工作系统而复杂，尤其在2020年疫情防控的特殊时期，更需要政府、社会机构、用人单位和高校紧密联动、共同推动。"24365校园招聘"服务活动得到了社会各界的大力支持，对于加快政府职能转变、治理能力提升、社会广泛参与、提升就业工作效率起到了积极促进作用。高校学生司副司长吴爱华表示，以"24365校园招聘"服务活动为抓手，教育部还将联合更多行业部门、重点企业、产业园区等推出更多专场招聘活动，围绕重点行业、重点领域、重点区域和重点群体，提供更多岗位信息，建立起社会广泛参与、精准高效的大学生就业工作新机制。

（资料来源：人民网，有删改）

1) 网络招聘的概念

网络招聘，也被称为电子招聘，是指通过技术手段的运用，帮助企业人事经理完成招聘的过程。即企业通过公司自己的网站、第三方招聘网站等机构，使用简历数据库或搜索引擎等工具完成招聘过程。

企业用信息科技来协助整合资源的概念已经逐渐落实在中国各企业，用计算机辅助生产、营销、财务、研发等方面的管理运作已行之多年，只有人力资源管理的电子化（eHR），是近几年才开始的热门话题。根据国内外企业的实践，eHR的主要形式有电子化招聘、电子化培训、电子化学习、电子化沟通和电子化考评等，其中尤以电子化招聘（e-

Recruiting）发展最迅速。如何通过电子化招聘，让 HR 人员能更专注于企业的竞争核心——人才，以提升企业整体竞争力，也提升 HR 人员在企业内部的竞争力是所有 HR 人员关注的新课题。

网络招聘有两种主要方式：一种是注册成为人才网站的会员，在人才网站上发布招聘信息，收集求职者资料，查询合适的人才，代表企业有前程无忧、智联招聘、BOSS 直聘等；另一种是在企业网站上发布招聘信息，吸引人才。

2）网络招聘的优点

在网络技术高度发达的今天，网络招聘是一种有效的招聘手段。越来越多的公司在自己的公司网站上长期设置招聘栏目吸引求职者，不仅为公司招聘人才服务，而且增加了公司的广告效应和知名度。事实上，对许多公司而言，互联网已经不仅是一个在网上发布招聘广告的媒体，而且是具有多种功能的招聘服务系统。网络招聘之所以受到众多企业的青睐，是因为它具有较多的优点。

（1）覆盖面广

互联网的覆盖率是以往任何媒介都无法比拟的，其触角可以轻易地延伸到世界的每一个角落。网络招聘依托互联网的这个特点，实现了传统招聘方式无法获得的效果。

（2）时效性强

招聘双方主动进行网上交流，于无声无息之间，完成了及时、迅捷的互动。招聘网络平台功能强大，轻轻点击鼠标就能发布招聘信息、收到应聘信息。求职者也能快速准确地查询到所需要的信息，当查询到合适的招聘职位后还可以直接通过网站把简历提交给招聘单位，很大程度上节省了时间，提高了效率。网络招聘信息更新速度很快，每天更新的职位与人才很多，招聘双方能在第一时间掌握招聘单位的需求与人才信息。如果采取传统的求职方式，那么求职者恐怕还得来回奔波于两个城市之间，通过网络可以获取同等竞争的空间。

（3）成本低

网络招聘在节约费用上有很大的优势。招聘方在人才市场招聘，需要支付一定的摊位费，求职者要花不少钱制作精美的简历，加上门票、交通、通信等费用，频繁进入人才市场，其成本会大大高于网络招聘。在北京，一般为期两天的招聘会，每个摊位要 1 800～4 000 元，而在网上，交 4 000 元的年费，一年内就可以无限制地从 30 多万份简历里任意挑选所需的人才。如果是跨地域的招聘工作，还可以节省大量的差旅费用。据统计，用人单位通过传统的招聘会方式招收一名应届毕业生的费用为 2 000～8 000 元不等，而通过网络招聘应届毕业生的短期成本则几乎为零。对毕业生来说，通过轻点鼠标即可完成个人简历的传递，原本 1 个月才能完成的信息整理、发布工作，现在可能只要半天就能完成。这既节约了复印、打印费用，还省却了一番鞍马劳顿。

（4）针对性强

网络招聘是一个跨时空的互动过程，对供求双方而言都是主动行为，无论是用人单位还是求职者都能根据自己的条件在网上进行选择。这种积极的互动减少了招聘和应聘过程中的盲目行为。目前，一些大型的人才招聘网站都提供了个性化服务，如快捷搜索方式、条件搜索引擎等，进一步加强了网络招聘的针对性。

（5）筛选功能

目前，构成"网民"主体的是一个年轻、高学历、向往未来的群体。通过上网，招聘方就已经对求职者的基本素质有了初步的了解，相当于已经对他们进行了一次小型的计算机和英文的测试，对求职者作了一次初步筛选。

3）网络招聘缺点

（1）网络招聘技术和服务体系不完善

网络招聘并不是简单地把招聘信息搬上网，"一挂"了事。除了具备必要的技术实力，招聘网站还必须对人力资源有深刻的理解，需要有较强的市场策划与推广能力，以吸引更多的求职者。然而，目前大多数招聘网站在深层次的服务上还很薄弱，对人才市场的分析、市场供求倾向、薪资水平、相关人事制度变化等方面的咨询服务也十分有限。网络招聘的服务体系还处于初步发展阶段，需要进一步发展改进。

另外，软件版本不同或不兼容产生的乱码、互联网上广泛传播的病毒等也限制了网络招聘的发展。同时，网络求职涉及隐私权问题，个人或企业在网络上输入的信息有可能被他人窃取利用，从而造成名誉和经济上的损失。虽然有一些网络管理机构，但是并没有对网络招聘负责的部门，也缺少规范网络招聘的政策法规。因此，网络招聘市场秩序比较混乱，恶意行为时有发生，受害者在网上无处投诉，更不知道如何将其诉诸法律。

（2）信息处理的难度大和网络招聘的成功率较低

丰富的信息也就意味着信息的泛滥，先进的网络技术极大地加快了信息传递的速度，一个职位会有许多求职者。招聘组织在收到大量简历的同时，也会出现简历数量过于庞大，人力资源部门不得不花费大量的时间进行筛选，疲于应付的现象。此外，大量无效信息还会增加真正合格的候选人漏选的可能性。有统计表明，一些进行网上招聘的规模较大的企业每周要接收 500~1 000 份新简历。面对如此多的简历，人力资源管理者通常是匆匆浏览一遍后就将其中的 80% 删除了，一般浏览每份简历的时间不超过半分钟。要让公司在半分钟内通过一封 E-mail 对求职者产生兴趣，其难度可想而知。在网上有过求职经历的人中，75% 都经历过失败，40% 的人承认已经彻底失败。

（3）网络招聘信息真实度低

网络招聘面临着和传统招聘同样的问题，即信息的真实性问题。如何进行网上身份的认证，以避免虚假信息和不严肃行为的侵入，是目前困扰网络招聘发展的最大难题。网络招聘中的不真实信息来源于用人单位、招聘网站和求职者个人。

①用人单位。国内大多数招聘网站由于技术能力的限制，无法做到对每条信息的真伪——甄别，网站会员的登记还没有真正实行"实名制"，也没有强制性的核查和惩罚措施。因此，企业可以随意发布虚假信息，骗取报名费和培训费。

②招聘网站。有些招聘网站由于没有充足的信息源，就采取"盗用"知名招聘网站信

息的做法。这样，明明一个公司的招聘已经结束，但是过期的招聘信息和作废的信箱依然挂在公司根本没有正式委托过的网站上，成为无效的信息垃圾，误导了求职者。

③求职者个人。由于对个人登记没有"实名制"的要求，招聘方通过网络难以确定求职者的真实身份，无从抵制虚假简历，而且目前也缺乏有效的过滤技术，无法事先剔除虚假信息和针对性不强的信息。此外，由于网络招聘的成本较低，某些求职者并不是真的想跳槽，而只是想试探自己的身价。这一类消极求职者的不严肃投递行为也给用人单位的筛选增加了困难。

4）网络招聘的现状

近几年，由于新冠疫情的影响，线下招聘会、宣讲会等活动、跨地区出行等都受限，这些因素都使很多招聘需求转移到网络上陆续释放出来，从而提高了对网络招聘的关注和使用。

已婚男士是网络招聘求职市场绝对的"中流砥柱"。25～34 岁为求职黄金期，此阶段用户占比超 5 成；已婚用户群体超 6 成，其中男性求职用户占比及使用招聘求职软件时长均普遍高于女性；一二线城市活力强，求职机会多，近 7 成用户分布在一二线城市。

目前整体来看，在主流白领求职平台的竞争格局中，Boss 直聘保持领域内龙头地位，2023 年第一季度 Boss 直聘 MAU（网站、App 等月活跃用户数量）增至 3 970 万，同比增长 57.5%，再创新高。

招聘季是各大平台拉新的重要节点，从新增用户的地域分布情况来看，猎聘将目标市场瞄准一线、新一线城市，Boss 直聘和智联招聘发力新一线城市、二线城市，前程无忧着重开拓低线城市的下沉市场，新用户来自三线及以下城市的比率为 68.1%。

随着科技的发展，利用互联网帮助企业进行有效招聘已大规模普及，2021 年，中国互联网招聘行业市场规模为 196.8 亿元，同比增长 5.9%；预计 2022 年中国互联网招聘行业市场规模将突破 200 亿元，达到 219.8 亿元，同比 10.7 亿元；2023 年中国互联网招聘行业市场规模将突破 250 亿元。

（1）互联网线上招聘成为主流招聘方式

调研数据显示，在中国求职者和企业主要选择的线上招聘方式中，互联网招聘的占比高达 85.1%。校园招聘、内部招聘及猎头的占比较均匀，在 20%～30%。艾媒咨询分析师认为，App 能够适应当代网民的移动端上网习惯，并且具有功能齐全、无须重复登录等优点，方便求职者在各种场景下使用，受青睐度较高。

（2）求职者比例远超企业主比例

调研数据显示，互联网招聘的企业主和求职者分别占比 24.6% 和 75.4%，其中企业主和求职者的画像较相似，普遍集中在 27～39 岁，具备大学及以上学历，主要分布在一线及新一线城市。

（3）企业招聘将深入趋于数字化与智能化

中国新增就业人口规模庞大，但当下大部分企业的招聘流程仍存在重复、烦琐、处理效率低的痛点。随着科技产品不断应用落地，以及市场环境快速变化，为迎合发展需求，企业端会不断加快人才迭代进程。

企业希望通过科技赋能优化招聘工作流程，减轻沉重的招聘工作负担，并满足获取人才信息、人才筛选、人才竞争等招聘需求，通过高精准人岗匹配，迎合企业的发展战略布局，实现人才储备。为全面提升招聘工作效率并实现高效寻才，企业招聘将深入发展数字化，全面提升数字化水平，最终实现智能化。

【本章小结】

电子商务的价值主要体现在应用方面。随着电子商务的发展，各个行业开始向这个新领域扩展。网上证券是通过网络和电子商务技术实现证券信息获取和证券交易，与传统的方式相比更方便、快捷，成本更低。网上保险是客户根据自身需要在网上购买保险的过程，与传统的方式相比，它能更有针对性地满足客户的需求。"互联网+教育"是通过网络及信息技术完成教育的过程，这种教育资源可以重复利用，能够解决时空上的矛盾，更好地利用教育资源。网络旅游是通过建立信息库在网上发布相关信息，由客户自主选择和定制旅游产品与服务的过程，凭借电子商务的方式为客户旅途的方便和愉快提供了前提。网络招聘是企业通过公司自己的网站、第三方招聘网站等机构，使用简历数据库或搜索引擎等工具完成招聘过程。

【案例分析】

互联网+旅游："一部手机游云南"

2021年，国务院政府工作报告提出，"发展健康、文化、旅游、体育等服务消费。运用好'互联网+'，推进线上线下更广更深融合，发展新业态新模式，为消费者提供更多便捷舒心的服务和产品"。以互联网为代表的现代信息技术持续更新迭代，为旅游业高质量发展提供了强大动力，"互联网+旅游"愈发引得业界关注。

在文化和旅游部科技教育司公布的2020年度文化和旅游信息化发展典型案例中，"一部手机游云南"全域智慧文旅平台榜上有名，成为云南旅游产业转型升级的新引擎、游客舒心游云南的独特法宝。

自2018年10月正式上线运行以来，"一部手机游云南"不断推动云南旅游服务与旅游管理智能化、信息化、规范化，助力实现"游客旅游体验自由自在、政府管理服务无处不在"的目标。目前，"一部手机游云南"已初步建成"一中心两平台"，即一个云南旅游大数据中心、一个旅游综合管理平台"一部手机管旅游"、一个旅游综合服务平台"游云南"客户端。"一部手机管旅游"平台于2020年4月上线试运行。这是云南旅游市场治理数字化的重要尝试。

面向游客端的"游云南"客户端主要为游客提供旅游咨询、预订、导览、便捷入园、智慧厕所和智慧停车场、交通出行、投诉和退货等服务，累计下载量达2 300万次，用户数超过 760 万人；"游云南"体系为公众提供服务突破 2 亿次。

2020 年初，在疫情防控最严峻的时刻，"游云南"客户端推出"云旅游"，打造不一样的旅游体验，通过《昆明海鸥"抗疫"真实生活》《上元赏灯》《云赏花》《云春游》等系列直播，为市民、游客树立战"疫"必胜的信心。网友们纷纷留下"甘雨时降，万物以嘉，定会雨过天晴""万亩的花田不仅带来视觉的感受，也能治愈我们的心灵""西双版纳真是个好地方，要去要去"等赞美与期待。

面对突如其来的新冠疫情，"一部手机游云南"积极落实"预约错峰限量"出游要求，在 2020 年 5 月上线"分时预约"板块，实现团队游客通过行程单快速预约、核销入园，助力云南旅游业复工复产。此外，"游云南"客户端还相继上线 ETC 充值、洗手点等功能，让旅行更方便。

同时，在云南省各州市，"一部手机游云南"成为提升景区智慧化水平、推进文化和旅游服务体系建设的重要平台。如在大理白族自治州，21 个 3A 级及以上景区完成智慧景区建设。"'一部手机游云南'旅游要素全面上线，大理白族自治州全面立体的旅游信息和旅游咨询服务平台已成型。"大理白族自治州文化和旅游局有关负责人说。

怒江美丽公路小沙坝服务区是游客进入怒江大峡谷的第一站，也是大滇西旅游环线上的新亮点。"一部手机游云南"建设运营方云南腾云信息产业有限公司（以下简称"腾云公司"）与云南交投集团在小沙坝服务区探索"智慧服务区+景区+半山酒店"模式，成为新型智慧景区建设的案例。小沙坝服务区充分应用互联网、数字化前沿技术，全面对接"一部手机游云南"平台，创新性融入多种新型智能设施设备，使游客充分领略现代化服务区的便捷体验。

云南省昆（明）大（理）丽（江）、昆（明）磨（憨）两条美丽高速公路及怒江美丽公路沿线共 65 个智慧服务区已上线"一部手机游云南"平台，车位、厕所、淋浴间、油价、通知、公告等服务尽在指尖。

"云南建立了线上线下相结合的退货体系。线上依托'一部手机游云南'平台设立'30 天无理由退货'快速办理平台，线下统一设立 130 个'退货服务点'。已办理游客退货 10 633 起、退款 7 316.95 万元，游客好评率达 99.6%。'30 天无理由退货'成为诚信云南新标志。"曾艳说。曾艳认为，"一部手机游云南"充分利用大数据、人工智能等新技术，架构起强大的数字中枢，实现了旅游治理效能的提升。

面对各地的竞相发展态势，"一部手机游云南"需不断结合国家新战略、技术新模式、产业新要求、游客新需求，实现创新发展和可持续发展。第一，以区域为导向，最大程度体现云南特色，解决云南旅游的实际问题。第二，以技术为推动，充分利用新技术和新方法，不断进行升级更新。第三，以运营为目标，充分调研市场需求，深度下沉运营服务体系，同时提高服务水平和服务质量。第四，以数据为基础，持续运维旅游大数据中心，不断开发适应开放社会信息体系的数据体系，全面推动地方数字化治理和产业转型升级。

案例评析：

旅游业正在变成拉动经济发展的主力产业。立足新发展阶段，以深化供给侧结构性改革为主线，运用好"互联网+"，还应催生一系列旅游产品和新业态。如大数据在旅游服务中的深度应用，云直播、云服务、云观展、云许愿、智慧生态酒店、新型智慧生态服务区等，让"互联网+旅游"成为旅游产品和业态更新迭代的助推器。"一部手机游云南"用科技理念和手段，引领旅游行业传统流程的时代化提升，催生了诸多典型应用和创新模式，对旅游与科技融合进行了积极探索和应用实践。在科技与应用耦合的广泛性和融合度上，在统筹政府和市场深度协同方面，其资源实质性整合和发展运营模式创新实践，对行业今天推动"互联网+旅游"有积极的示范和借鉴作用。

（资料来源：八喜旅游网，有删改）

【本章习题】

1. 规范网上证券交易市场应该重点从哪些方面入手？
2. 根据我国目前的教育现状，谈谈建设网络教育平台对我国教育的影响。
3. 网络旅游的发展趋势是什么？
4. 简述网络招聘存在的风险及对策。
5. 试分析电子商务还有哪些应用领域？

【推荐站点】

1. 中国银河证券网
2. 众安保险有限公司网站
3. 携程旅行网
4. 中国大学 MOOC 国家精品课程在线学习平台
5. 国家 24365 大学生就业服务平台

第 9 章　移动电子商务

【学习要点】

1. 移动电子商务的理论基础。
2. 移动电子商务的应用。

【案例导入】

抖音，搞了个大动作！

2023 年 1 月 28 日，抖音 App 正式上线抖音超市，抖音用户在搜索栏或购物入口搜索"抖音超市"即可进入。

据了解，抖音超市提供乳饮冲调、纸品洗衣、酒水保健等九大产品品类，物流服务商为顺丰，16：00 前下单可享次日达。事实上，过去半年以来，抖音一直在谋求进军线上商超市场。有消息称从 2022 年 6 月开始，抖音已经在广州、深圳等地测试自营超市业务"抖超送货上门"。2022 年 11 月，抖音系的公司又申请了 2 枚"抖音超市"商标。

诚然，在兴趣电商业务屡创佳绩的背景下，抖音入局线上商超市场有进一步扩宽电商业务基本盘的意味。但不能忽视的是，京东、天猫凭借先发优势以及供应链资源，已经在线上商超行业取得绝对优势，即使是电商新贵拼多多都没敢推出自营超市业务。在此背景下，抖音毅然决然地入局线上商超市场，或许也昭示了其谋求破局的内在压力。

抖音很"焦虑"

作为一款移动互联网发展中期才诞生的短视频产品，抖音曾创造了惊人的月活增速。巨量引擎商业中心数据显示，2019 年 6 月，抖音月活 4.9 亿，同比增长 61%，巨幅增量引人关注。

不过随着移动互联网红利触顶，抖音也面临流量枯竭的问题。Quest Mobile 披露的《2022 中国移动互联网半年大报告》显示，截至 2022 年 6 月，中国移动互联网月活用户规模为 11.9 亿人，半年仅增长 903 万人。此时，抖音的月活规模仅为 6.8 亿。而两年前，抖音的月活就已破 6 亿。

用户规模增长几近停滞，给抖音带来的最直接负面影响就是与流量基本盘息息相关的广告业务营收触顶。2021 年 11 月，《上海证券报》报道，过去半年以来，字节跳动中国市场广告营收停止增长，其中抖音广告营收停止增长。这是自 2013 年启动商业化以来，字节跳动首次出现该情况。

其实抖音早已看到流量增长停滞可能给广告带来负面影响，因而提前押注电商业务。2020 年 6 月，字节跳动成立电商一级部门，正式入局电商赛道。与传统电商主打货架模式不同，因为平台优势是短视频内容，所以抖音主打"兴趣电商"。

事实证明，抖音的兴趣电商确实开辟了一片广阔的商业天地。抖音官方数据显示，2021 年，抖音 GMV 是 2020 年的 3.2 倍，全年购买用户数同比增长 69%。不过值得注意的是，兴趣电商与流量基本盘、创作者的创意以及算法推荐的精准度息息相关，随着这些新兴技术的红利释放殆尽，抖音的兴趣电商也面临触顶的风险。

2022 年 11 月，《晚点 Late Post》发文称，"结合流量比例、用户购买行为等数据，抖音认为兴趣电商的 GMV 天花板在 2 万~3 万亿元"。The Information 援引知情消息称，2022 年，抖音平台电商 GMV 约 1.41 万亿元。这意味着，抖音的兴趣电商业务正逼近天花板。

一方面，传统的广告业务已经很难再持续增长；另一方面，新兴的兴趣电商业务也面临触顶的压力，抖音不能不探索其他业务。

线上商超的"诱惑"

抖音推出抖音超市，一方面固然是因为线上商超与兴趣电商业务存在内在联系，另一方面，或许也是因为其看到了线上商超市场的红利。虽然近两年，在疫情、俄乌冲突、地缘政治等因素的影响下国民经济持续承压，消费者消费日趋保守，但因日用百货属于刚需型消费，超市行业依然有不俗的规模增速。中国连锁经营协会披露的数据显示，2021 年，中国 TOP100 超市企业的线上销售规模近 1 000 亿元，同比增长 40%。在此背景下，天猫、京东等先行者在线上商超市场已收获不俗的业绩。

除了可以在兴趣电商的大盘，还探寻到增量红利，超市之于抖音的另一重意义，就是可以更大程度地提升用户的转化率。早在 2022 年 5 月，抖音就在一级页面加入"商城"类目，并效仿传统电商平台，推出"双十一"、年货节等促销活动，但遗憾的是，抖音电商的转化率并不高。界面新闻披露的数据显示，"双十一"期间，抖音商城独立访客的高峰值高达 3 亿人，但只有 1.2% 的人实际下单。

对此，海豚智库电商创始人李成东表示，"兴趣电商，尤其是直播电商的天花板明显。因为直播电商本身是脉冲销售，而且对品类有限制，目前还集中在服饰、化妆品、美妆、食品等，不可能把所有品类都做了"。

也正因为如此，2022 年 5 月，抖音官宣将从兴趣电商迈入全域兴趣电商阶段，通过覆盖用户全场景、全链路购物需求，满足用户的多元需求。从这个角度来看，抖音超市上线之于抖音，除了有拓宽营收渠道的意味，还有更重要的意义是作为全域兴趣电商的"排头兵"，为抖音描绘出货架电商的品牌形象。

抖音超市面对的大山

不过在货架电商赛道，抖音或许很难轻而易举地复现兴趣电商的商业神话。因为货架电商与兴趣电商所需要的资源并不相同，兴趣电商依赖的 KOL 内容和算法推荐并不完全适用于货架电商。凭借多年的混战，目前货架电商赛道的京东、天猫、拼多多三巨头已经各安一隅，确立了 3C、服饰、小件商品的品牌形象。消费者也习惯在这些平台主动搜索、选购相应的商品。反观抖音目前的定位依旧是短视频内容平台，主要的优势也是基于算法推荐呈现内容和商品，消费者没有养成主动搜索商品的习惯，这就和主动型的超市业务存在天然的裂痕。

除了平台定位难以释放超市业务的潜在价值，抖音超市供应链方面的短板也难以满足消费者对时效的要求。虽然抖音超市官方宣称可以做到"次日达"，但客户选购一纸巾商品，配送至北京时，抖音超市的结算页面却只显示48小时发货，并未显示明确的到货时间，反观京东和天猫均可以做到次日达。这背后昭示了抖音作为一个轻资产运营的内容平台和京东、天猫作为重资产运营的电商平台在供应链实力上的差距。

可以说，在线上商超赛道，抖音超市仅剩的优势就是数以亿计的流量。抖音超市身处天猫、京东的"包围圈"中，还需要继续探索破局之法。

（资料来源：新浪财经网站，有删改）

9.1　移动电子商务概述

9.1.1　无线网络的概念及分类

在计算机网络的发展过程中，光纤高速网络、多媒体网络、智能网络和无线网络均处于高速网络的发展阶段，它可应用在移动电子商务、移动银行、移动办公、交互娱乐、远程教育、远程医疗、视频监控、军事活动和智能交通等多个领域。无线网络是移动电子商务重要基础支撑，无线网络帮助用户摆脱了网线的"束缚"，可在任意时间、任意地点使用移动设备开展移动电子商务。

按照由小到大的网络覆盖范围，无线网络可划分为无线个域网（Wireless Personal Area Network，WPAN）、无线局域网（Wireless Local Area Network，WLAN）、无线城域网（Wireless Metropolitan Area Network，WMAN）、无线广域网（Wireless Wide Area Network，WWAN）和卫星通信网。

1）无线个域网

个域网（Personal Area Network，PAN）是一种通信范围仅覆盖几米的小型计算机网络，既可用于计算机设备之间的通信，也可用于连接多个网络，以实现网络活动半径小、网络业务类型丰富、面向特定群体连接和个人信息终端互联为目标，无线个域网是一种采用无线传输介质连接的新型信息网络。在网络构成上，无线个域网必须运行在许可无线频段内，位于整个网络链末端，用于实现同一地点终端与终端间的连接。蓝牙和红外通信都属于无线个域网中的主要技术。

蓝牙是一种短距离、低成本的无线传输应用技术，用于实现移动设备之间短距离（一般为10米内）的数据交换。红外通信指的是通过红外线进行点对点数据传输，通常有效距离为 2 米以内，常用于小型近距离移动设备之间的数据交换，例如笔记本电脑之间的数据交换。

2) 无线局域网

局域网（Local Area Network，LAN）是一种在较小地域范围内能够连接各种网络设备的计算机网络，为学校、企业和商场等区域能够应用网络技术和共享网络资源提供了良好的服务平台。作为计算机网络与无线通信技术相结合的产物，无线局域网（Wireless Local Area Network，WLAN）是一种采用无线传输介质连接的局域网，可在距离有限的区域内实现无线通信。

无线局域网具有搭建便捷、易于规划和调整、可移动性、灵活性、故障易于定位、易于扩展等优点。无线局域网的搭建过程可最大限度地减少网络布线的工作量，只需安装一个或多个接入点设备，就可搭建起覆盖一定区域的无线局域网络。无线局域网可避免或减少由于网络拓扑结构的改变而重建网络的过程，在无线信号覆盖区域内的任何位置，无线局域网可使多用户以可移动的方式同时接入网络。无线局域网易于定位在由线路连接不畅而造成的网络物理故障点，并且只需更换故障设备即可恢复网络的正常连接。无线局域网具有多种配置方式，可较快地从仅有几个用户的小型局域网扩展到拥有上千用户的大型网络，并且能够提供节点间漫游等功用。

无线局域网在为网络用户带来便捷和实用的同时，也存在着性能易受干扰、速率相对较低、安全性相对较低等方面的不足之处。无线局域网需要依靠无线装置发射的无线电波才能进行信息传输，而以建筑物为典型代表的障碍物将会对电磁波起到阻碍作用，无线局域网性能也将因此受到影响。与有线信道相比，无线信道的传输率相对较低，无线局域网的最大传输速率仅适合个人终端和小规模网络的应用，无线电波不需要建立物理的连接通道，因此，其传播范围内的任何发散信号都很容易被监听到，这将造成通信信息的泄露。

【案例 9.1】

基于无线局域网的移动电子商务应用

小李在北京中关村的一家公司工作，该公司主要致力于系统研发，因此小李经常需要加班加点地工作。一天晚上，小李已经工作到很晚了，他准备从网上订餐，但他发现连接到计算机上的网络出现了问题，于是他想到了手机订餐。

基于无线局域网环境，他首先检索到公司周围的一家送餐公司，并进入其订餐界面，在该界面中他选择了一家餐厅的菜单，并选择订一份鱼香肉丝盖饭，填写了本人的简要信息、送餐地址和送餐时间后，他提交了订单，在 20 分钟内，他就收到了送来的盖饭，并同时将相关费用汇到送餐公司的账户上。

3) 无线城域网

与局域网相比，城域网（Metropolitan Area Network，MAN）延展的距离更长，连接的计算机数量更多，在一个现代都市中，一个城域网通常连接着多个局域网。

无线城域网（Wireless Metropolitan Area Network，WMAN）以提供面向互联网的高速连接为目标，是一种采用无线传输介质连接的城域网。无线城域网的形成能够满足日益增长的宽带无线接入的市场需求，并可根据移动电子商务的业务需求，提供具有较完备安全机制的实时或非实时数据传输服务。

无线城域网允许在用户终端和基站之间构建非视距的宽带连接，一个基站可最多支持上千个用户，在可靠性和服务质量方面可提供电信级的性能。而对全世界通信公司和服务提供商，无线城域网能够满足一个可扩展、长距离、大容量无线通信平台的构建需求，并可支持一整套全方位的服务，从而使服务提供商能够在降低设备成本和投资风险的前提下，力争提高系统的性能和可靠性，从而加快无线宽带设备向市场投放和无线宽带技术在世界各地部署的速度。

4）无线广域网

广域网（Wide Area Network，WAN）也被称为远程网，所覆盖的范围比城域网更大，可从几百千米到几千千米。无线广域网（Wireless Wide Area Network，WWAN）是一种采用无线传输介质连接的广域网，与其他类型的无线网络相比，无线广域网更加凸显快速移动的特性。典型的无线广域网包括全球移动通信系统（Global System for Mobile Communications，GSM）、卫星通信、3G、4G 等无线网络系统，可使用户能够利用笔记本电脑、智能手机或其他无线移动设备在网络覆盖范围内便捷地接入互联网，进行移动电子商务活动。

无线广域网移动宽带无线接入技术采用了具有低时延架构、性能好、效率高、部署灵活、成本较低等特点的 IEEE802.20 技术标准，基于将模拟声音信号数字化（Voice over Internet Protocol，VOIP）技术可提供高质量的语音业务，并可支持 3G 所能提供的全部业务。基于分组数据的纯 IP 架构，无线广域网能够处理突发性数据业务，并在业务实现、部署成本、性能优化上均具有较大的优势。无线广域网具有高可移动性，面向高吞吐量数据应用，提供对称数据服务、对数据服务时延敏感度较高、支持全球移动和漫游业务等特点。

【案例 9.2】

基于无线广域网的移动电子商务应用

周先生在外地出差，6 月 23 日是他妻子的生日，但由于工作繁忙，他不能回家陪妻子过生日，于是，周先生就想利用移动终端为妻子送上一束鲜花，并祝她生日快乐，给她一个惊喜。

基于无线广域网环境和 Android 平台鲜花预订服务，周先生在移动终端上先选择了一个异地的鲜花供应商，又选择了该供应商的一束红玫瑰，再填写了送花时间、他家地址、妻子昵称和对妻子要说的一句祝愿蜜语，并在线提交了订单，预付了服务费用。6 月 23 日那天，当他的妻子收到一束玫瑰和生日祝福时，她感到十分幸福。

5）卫星通信网

卫星通信网是利用人造地球卫星作为中继站，在两个或多个地球站之间进行通信的无线网络，是在空间和微波通信等技术基础上发展起来的宇宙无线通信系统。卫星通信网广泛应用于地面通信系统不易覆盖或网络建设成本过高的区域，典型的卫星通信网系统包括铱星移动通信系统、全球星移动通信系统、全球卫星通信网络、全球定位系统、伽利略卫星导航系统和北斗卫星导航系统等。

卫星通信网具有通信距离远、覆盖范围广、通信费用与通信距离无关、易于实现多址连接通信、通信频带宽、信息传输容量大、机动灵活、通信线路稳定可靠、信息传输质量高、构建成本与通信距离无关等优势。但是，卫星通信网具有高可靠性和长寿命的要求、发射与控制技术复杂、较大的信号传输时延和回声干扰、通信中断等局限性。此外，静止卫星通信系统之间还存在着相互的同频干扰。

9.1.2 移动电子商务概述

随着无线网络的完善和移动智能终端的普及，移动互联网已经深入人们的生活，在无线通信技术的支持下，以桌面互联网为主的传统有线电子商务逐渐发展为移动电子商务，基于移动互联网的电子商务已经成为一种重要的商业运作模式。

近年来，移动互联网保持着高速发展姿态，并加速向经济社会各领域渗透，带动电子商务由传统 PC 端加速向移动端迁移，移动电子商务正成为当前电子商务发展的新力量，同时开启了电子商务发展的新空间。

1）移动电子商务的概念

移动电子商务是指用户在支持互联网应用的现代无线通信网络平台上，借助移动的智能终端设备，完成商品或服务交易的社会经济活动；它是建立在移动通信技术、互联网技术和电子商务技术的基础之上的。移动电子商务将互联网、移动通信技术、短距离通信技术等相结合，使人们可以在任何时候（Anytime）、任何地点（Anywhere）、使用任何可用的方式（Anyway）（即所谓的"3A"）进行相应的交易活动、商务活动、金融活动和相关综合服务活动等。

移动电子商务是对传统电子商务的补充和延伸，能够实现即时商务活动、便利的身份认证、实时的信息传递以及便捷的移动支付等。随着智能移动终端性能的持续提升，移动电子商务应用不断扩展创新领域，用户可以直接利用移动设备进行网上身份认证、账单查询、网络银行业务以及基于位置的服务、互联网电子交易、社群社交和无线医疗等。

2）移动电子商务的发展历程

随着无线网络技术、移动通信技术和计算机应用技术的不断发展，移动电子商务经历了第一代、第二代和新一代的三阶段发展过程。

（1）第一代移动电子商务

第一代移动电子商务发展的特点是应用了以短信为基础的访问技术，该技术存在的问题是实时性较差，用户提出的查询需求不会立即获得答复，并且因短信信息长度受限，而使用户提出的查询请求有时无法获得完整的答复。

（2）第二代移动电子商务

第二代移动电子商务发展的特点是采用了无线应用协议，用户可利用无线终端的浏览器访问无线应用协议所支持的网页，以实现移动信息的检索功能，初步解决第一代移动电子商务的访问技术难题，但第二代移动电子商务访问技术也存在一定的缺陷。在访问无线应用协议所支持的网页的过程中，用户与移动服务间的交互能力较弱，因此，在很大程度上限制了移动电子商务应具有的灵活性和便捷性。

（3）新一代移动电子商务

无线网络技术和移动通信技术的应用与发展为新一代移动电子商务的发展奠定了坚实的基础。新一代移动电子商务融合了无线应用协议、移动 IP 技术、蓝牙技术、通用分组无线业务、第三代移动通信技术、数据库同步技术、基于智能移动终端和虚拟专用网络技术相结合的第三代移动访问与处理技术、移动定位系统、身份认证技术、基于 SOA 架构的 Web Service 等多种移动通信、信息处理和计算机网络的最新技术，使其安全性和交互能力都有了极大的提高，并能够为用户提供一种安全、快捷的现代化移动商务机制。

随着 5G 移动通信技术的兴起及其将在未来大规模地投入商用，移动电子商务势必将进入新的发展阶段。从用户体验看，5G 具有更高的速率，受益于 5G 移动通信技术，其产业链上下游创业企业将迎来新的发展机遇，与此同时，面对日益严重的网络安全威胁，如何保证政府和企业的网络信息安全，如何提高新一代移动电子商务的安全性将是一个不容忽视的重要课题。

3）移动电子商务的特点

移动电子商务给用户提供了更方便、更个性化的服务，能更好地满足现代人们生活和工作的需要，正逐渐被人们接受。移动电子商务具有以下 4 个特点。

（1）开放性与包容性

由于移动电子商务具有接入方式无线化的特点，因此，任何用户都能容易地进入网络世界，从而使网络范围延伸得更为广阔和开放。同时，这也使网络所具有的虚拟功能更加体现出现实性和包容性。

（2）方便性与快捷性

传统电子商务已使人们享受到了网络带来的便利，但其局限于必须以有线方式接入，而移动电子商务则可让用户以无线方式随时随地享受独特的商务体验，体现了移动电子商务所具有的方便性与快捷性。

（3）潜在用户规模较大

随着互联网技术的发展，各种各样的网络消费平台正在改变着用户的购物习惯，而随着移动终端的发展，部分消费者又在进一步改变着自己的购物习惯，以移动终端为载体的电子商务开始呈现。但由于移动终端屏幕的大小所限和基于移动终端的消费平台构建进程所限，无论是用户规模，还是用户消费能力，都优于传统电子商务的移动电子商务仍具有较大的潜在用户规模。

（4）用户身份安全性

传统的电子商务一直存在着用户消费信用的问题，而在移动电子商务中，手机号码具有唯一性，手机的客户识别模块（SIM）芯片中所存储的用户信息可唯一确定用户身份，这就具备了信用认证的基础，并可进一步为定制服务、技术推广与创新等其他优势提供应用保障。

4）移动电子商务的优势

在当今互联网高速发展的时代，用户已开始进行了众多的网络活动。但随着生活节奏的加快，基于有线环境的网络活动即将被无线环境的即兴网络活动替代，在此过程中，体现出了移动电子商务所具有的优势。近几年，随着中国手机支付市场的迅速拓展，已充分显示出拥有更为广泛用户基础的移动电子商务市场所具有的潜在价值，与传统电子商务相比，移动电子商务具有如下主要优势。

（1）时空优势

移动电子商务采用移动终端进行商务活动，消费者的电子商务活动不受时间和地点限制，消费者不仅可以在移动状态下工作、社交、消费等，而且可以在移动状态下满足其即时产生的需求，如获取相关信息或相关服务等。

（2）后发优势

移动电子商务领域因涉及互联网、无线通信、无线接入和软件等技术，并且其商务方式更加多元化、复杂化，因而在此领域内很容易产生新技术，同时，无线的优势正逐渐激发用户对新应用的需求，随着新技术的使用与普及，移动电子商务的市场具有后发优势，为许多企业提供了新的机遇。

（3）规模优势

当前，手机网民数量已远超 PC 网民数量，各类型移动终端设备用户数也逐年增长，无线化的移动电子商务接入方式使得任何人都可以轻易进入网络世界，从而进一步扩大了移动用户规模。

（4）渠道优势

移动电子商务与传统电子商务并不对立，是可以进行合作、互相支持、共同发展的。

（5）体验优势

移动电子商务正日益渗透人们的生活和工作中，由于其界面友好、操作简单、使用方便，易于被接受，让用户能轻松体验其魅力。

（6）个性化优势

结合移动通信网络随时随地应用的特点，移动电子商务可以有针对性地开展网络营销。例如推出基于包含大量活跃用户和潜在用户信息的数据库的个性化短信服务，以及利用无线服务商提供的人口统计信息和基于移动用户当前位置得出的信息，企业可以进行更有针对性的广告宣传，从而满足用户个性化需求。

当然，目前的移动电子商务还存在一些不足，主要是无线网络技术的应用规范还有待进一步完善，在稳定性、抗干扰性、速度等方面还逊色于有线电子商务，且应用成本仍较高。

5）实现移动电子商务的技术

移动电子商务是无线技术与电子商务共同发展的产物，主要采用的技术如下：

（1）无线应用协议

无线应用协议（Wireless Application Protocol，WAP）是开展移动电子商务的核心技术之一。通过 WAP，手机可以随时随地、方便快捷地接入互联网，真正实现不受时间和地域限制的移动电子商务。WAP 是一种通信协议，它的提出和发展是基于在移动时接入互联网的需要。WAP 提供了一套开放、统一的技术平台，用户使用移动设备很容易访问和获取以统一的内容格式表示的互联网或企业内部网的信息和各种服务。它定义了一套软硬件的接口，可以使人们像使用 PC 机一样使用移动电话收发电子邮件以及浏览互联网上的信息。同时，WAP 提供了一种应用开发和运行环境，能够支持当前最流行的嵌入式操作系统。WAP 可以支持目前使用的绝大多数无线设备，包括移动电话、FLEX 寻呼机、双向无线通信设备等。在传输网络上，WAP 也可以支持目前的各种移动网络，如 GSM、CDMA、PHS 等，它也可以支持未来的第三代移动通信系统。目前，许多电信公司已经推出了多种 WAP 产品，包括 WAP 网关、应用开发工具和 WAP 手机，向用户提供网上资讯、机票订购、流动银行、游戏、购物等服务。WAP 最主要的局限在于应用产品所依赖的无线通信线路带宽。对 GSM 来说，目前简短消息服务的数据传输速率局限在 9.6 kb/s。

（2）移动 IP

移动 IP 通过在网络层改变 IP 协议，从而实现移动计算机在互联网中的无缝漫游。移动 IP 技术使得节点在从一条链路切换到另一条链路上时无须改变它的 IP 地址，也不必中断正在进行的通信。移动 IP 技术在一定程度上能够很好地支持移动电子商务的应用，但是目前也面临一些问题，比如移动 IP 协议运行时的三角形路径问题、移动主机的安全性和功耗问题等。

（3）蓝牙

蓝牙（Bluetooth）是由爱立信、IBM、诺基亚、英特尔和东芝共同推出的一项短程无线连接标准，旨在取代有线连接，实现数字设备间的无线互联，以便确保大多数常见的计算机和通信设备之间可方便地进行通信。蓝牙作为一种低成本、低功率、小范围的无线通信技术，可以使移动电话、个人计算机、个人数字助理（PDA）、便携式计算机、打印机及其他计算机设备在短距离内无须线缆即可进行通信。例如，使用移动电话在自动售货机处进行支付，这是实现无线电子钱包的一项关键技术。蓝牙支持 64 kb/s 的实时话音传输和数据传输，传输距离为 10~100 m，其组网原则采用主从网络。

（4）通用分组无线业务

传统的 GSM 网络中，用户除通话以外最高只能以 9.6 kb/s 的传输速率进行数据通信，如 Fax、E-mail、FTP 等，这种速率只能用于传送文本和静态图像，但无法满足传送活动视频的需求。通用无线分组业务（General Packet Radio Service，GPRS）突破了GSM 网络只能提供电路交换的思维定式，将分组交换模式引入 GSM 网络中。它通过仅仅增加相应的功能实体和对现有的基站系统进行部分改造就能实现分组交换，从而提高资源利用率。GPRS 能快速建立连接，适用于频繁传送小数据量业务或非频繁传送大数据量业务。GPRS 是第 2.5 代移动通信系统。由于 GPRS 是基于分组交换的，因此用户可以保持永远在线。

（5）移动定位系统

移动电子商务的主要应用领域之一就是基于位置的业务，如它能够向旅游者和外出办公的公司员工提供当地新闻、天气及旅馆等信息。这项技术将会为本地旅游业、零售业和餐饮业的发展带来巨大商机。

（6）第三代（3G）移动通信系统

从 2.5G 发展到 3G 之后，无线通信产品将为人们提供速率高达 2 Mb/s 的宽带多媒体业务，支持高质量的话音、分组数据、多媒体业务和多用户速率通信，这将彻底改变人们的通信和生活方式。3G 作为宽带移动通信，将手机变为集语音、图像、数据传输等诸多应用于一体的未来通信终端。这将进一步促进全方位的移动电子商务得以实现和广泛开展，如实时视频播放。

（7）第四代（4G）移动通信系统

4G 技术集合了 3G 与 WLAN 技术，可以对音频、视频、图像等数据进行快速传输，其下载速度可以达到 100 Mb/s，是拨号上网速度的 2 000 倍，其传输质量和清晰度甚至能够达到高清晰电视的标准。此外，4G 技术能够在 DSL 和有线电视调制解调器尚未覆盖的地域进行部署，进而扩散到整个地区。

（8）第五代（5G）移动通信系统

5G 技术是新一代蜂窝移动通信技术，不仅拥有网络基站，还有室内基站，信号接收更好，穿透力更强，同时在基建体系中引入了 NFA 技术和网络切片技术，使 5G 传输速度可到 10 Gb/s。5G 时代的到来，为电子商务的发展解决了很多网络上的痛点问题，同时，5G 网络高速度、低延迟、高可靠性的优势，能够为电子商务活动提供更优质的网络交易环境。

移动电子商务作为一种新型的电子商务模式，利用了移动无线网络的诸多优点，相对于传统的有线电子商务有着明显的优势，是对传统电子商务的有益补充。尽管目前移动电子商务的开展还存在很多问题，但随着它的发展和迅速普及，很可能成为未来电子商务的主战场。

9.2　移动电子商务的应用

技术的应用是移动电子商务的前提，但是最终推动它不断发展的是移动电子商务提供的各项服务。

1）移动金融

移动金融包含移动银行、移动支付和移动股票等，移动电子商务使用户能随时随地在网上安全地进行个人财务管理，进一步完善互联网银行体系。用户可以使用其移动终端核查其账户、支付账单、转账以及接收付款通知等。此外，用户还能获得实时财务信息并进行金融信息的查询和浏览，快速掌握金融市场动向。常见的移动金融应用有支付宝、中国建设银行、中国工商银行、同花顺和大智慧等，如图 9.1 和图 9.2 所示。

图 9.1 中国建设银行手机银行 App 页面

图 9.2 同花顺 App 页面

2）移动办公

移动办公是指通过手机、平板电脑等移动终端设备中的移动信息化软件，与企业的办公系统进行连接，将原本公司内部的局域网变为安全的广域网，突破传统办公时间和场所对工作的限制，实现随时随地移动办公的目的，如短信提醒服务、远程会议、信息浏览与查询和远程访问内部办公网络等。移动办公有效地解决了企业管理与沟通的问题，使企业整体运作更加协调。

【案例 9.3】

智能办公选钉钉

钉钉是阿里巴巴旗下的一个专门为中国企业打造的集通信、协同办公于一体的免费智能移动办公平台。钉钉的功能与服务十分丰富，能帮助企业更好地实现工作协同和商务沟通，全方位提升企业的工作效率。

（1）沟通在线

钉钉提供了丰富的企业沟通功能，主要包括视频会议、统一通讯录和群直播等。视频会议是一种多人视频沟通方式，能够随时随地地发起与同事、客户的会议，达到面对面沟通的效果。视频会议拥有高清稳定的画面，16人以下免费，计算机或手机安装并运行钉钉即可发起或加入会议。

统一通讯录是钉钉提供的企业组织构架管理功能，通过它，企业可以导入企业内外部联系人的联系方式和自身的组织构架进行统一管理，方便企业管理人员随时随地添加、删除、查找和联系企业内外部的任何成员，真正实现企业管理的扁平化。

群直播操作简单易上手，企业人员可同时在多个内部群联播（单次直播可同步到多个群），轻松完成日常跨地域培训。

（2）协同在线

为了方便企业协同办公，钉钉还专门提供了内部协同功能，主要包括考勤、日志审批、智能文档和钉盘等。考勤功能支持 Wi-Fi 打卡，员工通过绑定手机 Wi-Fi 即可完成上班打卡，实现精准定位防作弊，同时进行脸部识别，防止他人代打卡，还能自动生成考勤报表，随时随地了解各种出勤状况。

日志功能提供了高效便捷的假勤管理方式，请假、出差、外出等数据可以随时查看。报销、付款等支持手写签名、自动关联支付宝和电子发票，财务管理更规范，一键批量付款更高效、更准确。

智能文档支持在线创建和上传文档，可邀请同事一起在线查看或编辑文档，支持计算机、手机、平板电脑等多个终端使用，随时随地轻松编辑。钉盘用于保存商务往来文件、项目文件等，员工可以随时查阅。同时，钉盘还提供了文件权限保护功能，已离职或调职员工无法进行文件的访问等操作。

（3）开放平台

除了自身提供的这些功能，钉钉还逐渐开始与其他开放平台合作，提供客户和销售管理系统、财务管理系统及企业培训平台等。通过这样的方式，钉钉能够更加全面地为企业提供智能移动办公服务，帮助企业提高运营效率和管理水平。

2019 年，已经有超过 1 000 万家企业及组织选择使用钉钉进行移动办公，钉钉的各项功能保证了企业内外部的高效沟通，让业务连接更加紧密。钉钉以企业自身为平台连接企业内外部，从而为企业打造更加高效便捷的协同环境。

（资料来源：三茅网，有删改）

3）移动教育

移动教育是指在移动的学习场所或利用移动的学习工具所实施的教育，是依托于无线移动网络、互联网及多媒体技术，学生和教师使用移动设备通过移动教学服务器实现的交互式教学活动。移动教育打破了传统教育的局限性，学生通过使用各种移动教育 App，一方面有助于激发学习兴趣，并更好地利用零散时间进行碎片化学习，提升自主学习能力；另一方面，移动教育资源丰富，交互性强，并且可以借助 App 跟踪学习进程，能够更好地满足个性化学习需求，如图 9.3 和图 9.4 所示。

图 9.3　流利说英语 App 页面

图 9.4　网易公开课 App 页面

4）订票业务

通过互联网预订机票、车票或入场券已经发展成为一项主要业务，其规模还在继续扩大。用户在互联网上可方便核查票证的有无，并进行购票和确认。移动电子商务使用户能在票价优惠或航班取消时立即得到通知，也可支付票费或在旅行途中临时更改航班或车次。借助移动设备，用户可以浏览电影剪辑、阅读评论，然后订购邻近电影院的电影票，如图 9.5 和图 9.6 所示。

图 9.5　携程旅行 App 页面

图 9.6　铁路 12306App 页面

5) 移动购物

借助移动电子商务技术，用户能够通过移动通信设备进行网上购物。即兴购物会是一大增长点，如订购鲜花、礼物、食品或快餐等。传统购物也可通过移动电子商务得到改进。例如，用户可以使用"无线电子钱包"等具有安全支付功能的移动设备，在商店或自动售货机上购物，如图 9.7 和图 9.8 所示。

图 9.7　寺库 App 页面

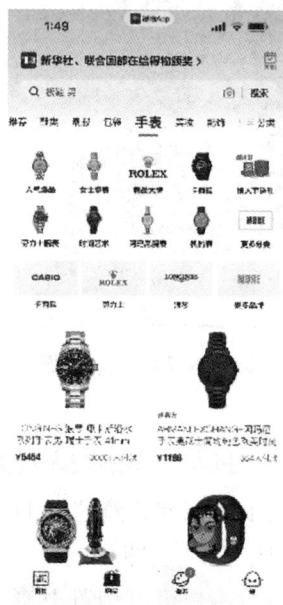

图 9.8　得物 App 页面

6）移动娱乐

移动电子商务不受空间和时间限制，只需通过手机等移动终端即可接入，使娱乐方式变得更加简单方便。同时，娱乐种类也更丰富，包括微信、QQ 等以即时沟通为主的移动服务，微博、移动广告等以信息服务为主的移动服务，移动音乐、移动游戏和移动视频等纯娱乐类移动服务。这些娱乐服务可以直接在网站或应用商店中下载或共享，并且能够为移动运营商、内容提供商和服务商带来附加收入，是影响范围较广的移动电子商务应用服务，如图 9.9 和图 9.10 所示。

图 9.9　优酷 App 页面

图 9.10　网易云音乐 App 页面

7）无线医疗

医疗产业的显著特点是每一秒对病人来说都非常关键，这一行业十分适合应用移动电子商务。在紧急情况下，救护车可以作为进行治疗的场所，而借助无线技术，救护车可以在移动的情况下同医疗中心和病人家属建立快速、动态、实时的数据交换，这对每一秒都很宝贵的病人出现的紧急情况来说至关重要。在无线医疗的商业模式中，病人、医生、保险公司都可以获益，也愿意为这项服务付费。这种服务是在时间紧迫的情形下向专业医疗人员提供关键的医疗信息。由于医疗市场的空间巨大，并且提供这种服务的公司为社会创造了价值，同时，这项服务又非常容易扩展到全国乃至世界，所以整个流程中存在着巨大的商机，如图 9.11 和图 9.12 所示。

图 9.11 春雨医生 App 页面

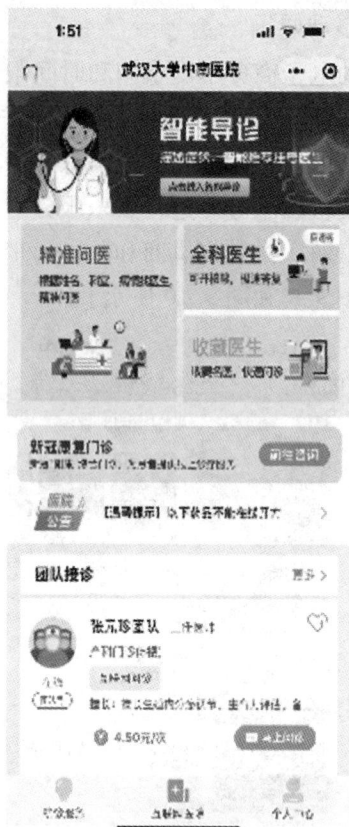

图 9.12 武汉大学中南医院微信小程序页面

移动电子商务提供的以上服务，体现了方便、个性化的特点，让人们脱离了传统的工具——计算机，让生活更随心所欲，正逐渐被人们接受。

【案例 9.4】

春雨医生——移动健康医生为您服务

春雨医生（原名"春雨掌上医生"）是国内第一家做移动健康的公司，2011 年 11 月，春雨医生移动 App 正式上线。上线之初，春雨医生主要有症状自查和咨询医生两个功能。2013 年 10 月，春雨推出病患自查的智能搜索引擎。2014 年 1 月，春雨推出"会员制"，开始试水付费制。2014 年 4 月，春雨"空中诊所"服务上线，支持医生在春雨平台上开设诊所。同时，春雨医生积极进行线下布局，在北京、上海、广州、杭州、武汉等城市开设线下诊所。2017 年 8 月，春雨医生已发展成为覆盖 17 个一级科室、吸引超过 50 万公立医院执业医师、服务患者超过 2 亿人次并积累数亿条健康数据信息的大型移动医疗服务平台。

总体而言，春雨医生拥有"自诊"和"问诊"两大核心功能。前者可提供包括自我诊断、机器导诊、众包分诊、辅助追问、辅助决策等多项功能；后者除通过移动端实时实现医患交流外，还提供诸如智能健康监测设备、第三方医疗监测机构、医院信息化系统、医药电商平台和医保支付平台等功能。

对医生而言，春雨医生可以帮助医生将碎片化时间利用起来，让医生以便捷的移动互联网沟通方式增加收入，树立个人品牌，积累患者，并且可以在医患多向互动之外加上大数据系统辅助，降低误诊率，也可以打破医院界限，进行学术互动，提高医生的整体诊疗水平。医生的收入分为两部分：第一部分为医生回答用户的免费咨询所获得的收入，该部分收入由春雨医生支付，按照一条回复支付一定金额的方式统计计算；第二部分为空中诊所的医生自我定价获得的收入，该部分设定为医生获得的全部收入由用户支付，不考虑定价折扣、春雨分成等因素。

对患者而言，可以随时随地进行快捷问诊，降低时间及金钱成本，并且可以避免过度医疗，实现"小病不大治，大病不耽误"，而远程会诊和多方意见使患者的知情权得到更大的保障。

（资料来源：360 文库，有删改）

【本章小结】

本章主要介绍了移动电子商务的相关理论，包括无线网络的相关知识，移动电子商务的概念、发展历程、特点、服务、优势以及实现移动电子商务的技术，并在第二节介绍了当前移动电子商务的多种应用领域。

【案例分析】

卖故事的花店——野兽派花店

说起花，你会想到什么？浪漫？诗意？曼妙？爱情？然而现实是花只是一种冷冰冰的商品，有明码标价，没有情感，没有故事，但这就是卖花人的机会。

"野兽派花店"这个名字被很多文艺青年所熟悉，它是国内第一家开在微博上的花店，没有实体店，甚至没有淘宝店，仅凭微博上几张花卉礼盒的照片和 140 个字的文字介绍，从 2011 年 12 月底开通微博以来，野兽派花店已经吸引了近百万粉丝，甚至连许多演艺界的明星都是它的常客。野兽派花店的名字来源于店主 Amber 的一次奇遇。一次她将自己插的花送给朋友，朋友问她这是什么风格，她说这是野兽派风格，野兽派花店由此而生。

说它特殊，是因为它既没有实体店铺，也没有淘宝店铺，而是一家开在微博上的花店。但是，它凭借微博上的几张花卉照片和一段段文字介绍，竟然在不到一年的时间里，从无到有，吸引了近 20 万粉丝的关注，其中很多人甚至成了野兽派花店的忠实粉丝。

那么，野兽派花店能成功的主要原因是什么呢？那就是引发顾客共鸣的故事。它在具体的经营过程中，认真倾听每位顾客的故事，并将故事转化为充满意境的花束，以此来满足不同顾客的需求。例如，祝福自己结婚周年快乐的，祝福父母身体健康的，想念心爱的人又不好意思表白的。这些不同的情绪，都被野兽派花店转化为相应的故事，并巧妙融入不同的花束中。

从产品的角度分析，野兽派花店设计的花并非来自花艺知识，而是来自对生活与情感的理解和对美的判断。野兽派花店善于倾听客人的故事，然后将故事转化成花束，每一束花代表一个故事，有关于结婚周年快乐的、有求婚的、有祝父母健康的，每一个故事因为丰满而如此耐人寻味。但野兽派花店并不只卖花，它已经形成了自己的产品结构，在主营定制花朵的同时经营与花朵相关的衍生产品，例如花盒、花篮、各类香水、服饰配件等，在微博上针对不同的花朵配上不同的花篮与花盒，给每一朵花起一个具有文艺范的名字，以此吸引顾客。

从定价的角度分析，因为野兽派花店售卖的花束是根据客人的故事设计的，是独一无二的，所以价格一般不菲。根据制作的难易程度以及按照定制和非定制区分，野兽派花店售出的商品价格一般在600~2 000元，如果是比较豪华的花盒和礼篮，价格甚至在3 000元以上。虽然价格昂贵，但是野兽派花店的一大卖点就是他们所选用的花朵都是罕见的，如毛边郁金香、珊瑚树等。这些需要从海外进口的名贵花朵因符合当今社会的个性需要而颇受欢迎。

从营销平台分析，新浪微博是野兽派花店第一次打响知名度的平台，并且迎来了第一批粉丝和订单。其官方微博成立于2011年底，刚开始时野兽派花店只在新浪微博上通过私信的方式与客户交流，完成订单。如今微博粉丝已达到百万人次，平均每天更新微博1~2条。虽然每天发布的微博数量不多，但是几乎每一条微博都有上百的转发量和评论量，甚至有些关于顾客"故事"的微博还有近千的转发量，特别是当邀请马伊琍、高圆圆等明星作为"Ms. Beast"做客野兽派花店时，相关微博的转发达千次。一般来讲，野兽派花店在新浪微博上发布的内容以"实体店近况"和"故事"为主，有的是顾客带来的故事，有的则是新制花束的花语类故事。此外是对本店产品的详细介绍，还有和明星好友的互动类信息，其语言风格亲切、诚恳、风趣，每条微博基本配以图片，一般都能获得很高的转发量和评论量。

从销售途径方面分析，野兽派花店的销售途径经历了一个从微博到官方网站的转变过程。最初只是在微博上发帖出售，顾客也都是花店的粉丝。顾客在微博上通过私信将自己的定制要求传达给微博客服，以此方式建立订单，客服通过私信回答顾客的问题最终达成交易。由于微博营销缺乏一个直接购买和支付工具，客户们需要先进行银行转账付款才能收货，也没有第三方监督花店服务，给花店的营销和交易带来了一定的麻烦。所以花店开设了自己的官方网站：THEBEAST野兽派，顾客能在官网上直接选购或订购产品，并有支付宝、网银两种支付手段。2014年6月，野兽派花店的微信支付平台也正式开放。同时野兽派花店的老板在微信上开通了公众账号，其个人介绍是"关于野兽派，真实的故事，重要的八卦"。微信上推送的内容和官方微博、官方网站上的内容基本一致，都是对已有产品的介绍和推广，但不同的是，每天都会发出当日的生日花及其花语意义。

案例评析：

野兽派花店所选花卉大多为进口的高级品种，经过精心修饰雕琢后，添加上具有文艺气息的名字和包装，通过微博私信下单的方式，出售给具有不同心境的人。这种经营方式不但提升了花卉的品位和层次，而且充满了创意，引发了众多顾客的追捧，进而取得了出色的售卖效果。

（资料来源：知乎，有删改）

【本章习题】

1. 简述移动电子商务的概念和特点。
2. 简述移动电子商务的应用领域。
3. 选择你熟悉的企业，谈谈其发展移动电子商务的优势。

【推荐站点】

1. 艾媒网——新经济行业分析研究报告领跑者
2. 春雨医生
3. 野兽派